A TEORIA DO ACTO
E A JUSTIÇA ADMINISTRATIVA

O novo contrato natural

LUÍS FILIPE COLAÇO ANTUNES

A TEORIA DO ACTO
E A JUSTIÇA ADMINISTRATIVA

O novo contrato natural

Reimpressão

ALMEDINA

A TEORIA DO ACTO E A JUSTIÇA ADMINISTRATIVA
O NOVO CONTRATO NATURAL

AUTOR
Luís Filipe Colaço Antunes

EDITOR
EDIÇÕES ALMEDINA, S.A.
Rua Fernandes Tomás, n.os 76, 78 e 79
3000-167 Coimbra
Tel.: 239 851 904 · Fax: 239 851 901
www.almedina.net · editora@almedina.net

DESIGN DE CAPA
FBA.

EDITOR
EDIÇÕES ALMEDINA, S.A.

PRÉ-IMPRESSÃO
GRÁFICA DE COIMBRA, LDA.

IMPRESSÃO E ACABAMENTO
DPS – DIGITAL PRINTING SERVICES, LDA
Agosto, 2015

DEPÓSITO LEGAL
238835/06

Os dados e as opiniões inseridos na presente publicação são da exclusiva responsabilidade do seu autor.

Toda a reprodução desta obra, por fotocópia ou outro qualquer processo, sem prévia autorização escrita do Editor, é ilícita e passível de procedimento judicial contra o infrator.

GRUPOALMEDINA

BIBLIOTECA NACIONAL DE PORTUGAL — CATALOGAÇÃO NA PUBLICAÇÃO

A meu Pai, que me legou uma gentileza incompreendida.

Aos meus alunos. Eles sabem quem são.

There's many different worlds
So many different suns
And we have just one world
But we live in different ones.

>   DIRE STRAITS
>   (*Brothers in Arms*)

NOTA PRÉVIA

Na continuação de estudos anteriores, pretende-se agora ensaiar um Curso de Justiça Administrativa, conjugando o direito substantivo com o direito processual.

O método escolhido levou-nos a partir da teoria do acto administrativo, objecto de um assalto desconstrutivista das teses jurisdicionais, como elemento estruturante do direito administrativo (geral) e critério sólido de acesso à justiça administrativa.

A inspiração que nos guiou neste trabalho colocou-nos, entretanto, o desafio de uma construção conceptual do contencioso administrativo.

É nossa convicção que o direito administrativo se encontra numa fase de (precária) metaestabilidade, resultante, em boa medida, da influência crescente do direito administrativo europeu e da fuga para o direito privado, a exigir uma visão conceptual, portanto dogmática, sob pena de uma noção meramente legal não ser suficiente para garantir a sua identidade e evolução.

Não se pretende oferecer uma nova noção do acto administrativo, o que seria tonto, mas tão-só relembrar os seus contornos precisos, há muito elaborados pela doutrina, destacando a sua centralidade na nova justiça administrativa.

Se o contencioso administrativo se construiu e se desenvolveu em torno da ideia de garantia jurisdicional das posições jurídicas subjectivas dos cidadãos, chegados aqui não nos podemos esquecer da parte geral e dogmática do direito administrativo. Deve ser esta a enformar o contencioso e não este a desnaturar aquela, esquecendo que o direito administrativo é uma disciplina cumulativa e complexa que serve vários Senhores e não apenas um.

É, aliás, a nova justiça administrativa a exigir a relação estreita entre o direito substantivo e o direito processual.

Em jeito de modesta advertência, não se trata aqui de escrever como se escreve mas de escrever como se fala numa sala de aula.

Ainda que todos se adaptem aos tempos, nós apenas procuramos adaptarmo-nos a nós mesmos.

Beneficiando da glória do silêncio, podemos um dia aprender que só no silêncio podemos compreender a lição da diferença e do não repetível.

Como o novo contencioso administrativo não é só o que parece, curiosamente as grandes novidades da reforma vieram acrescentar (e não diminuir) a relevância substantiva e processual do acto administrativo.

O essencial da nova justiça administrativa e os seus corolários giram em torno da nossa figura. Desde a tutela declarativa, passando pela tutela cautelar, até à tutela executiva.

Não nos propusemos descrever o novo processo administrativo, apenas compreendê-lo.

Abraveia, Dezembro de 2005

Luís Filipe Colaço Antunes

I

QUADRO COMPREENSIVO
DA JUSTIÇA ADMINISTRATIVA

QUADRO COMPREENSIVO
DA JUSTIÇA ADMINISTRATIVA

1. A justiça administrativa no dealbar do terceiro milénio. Abertura problematizante

Na esfera planetária, o novo milénio abriu sob os auspícios de um confronto tenaz entre o interesse privado, darwinisticamente interpretado, e o interesse público, personificado no acto administrativo, justamente contemporizado com os direitos e interesses legalmente protegidos dos cidadãos. Deste equilíbrio muito dependerá a relação meta-estável entre o processo civil e o processo administrativo, como também o equilíbrio entre a função específica do processo administrativo e o justo processo administrativo.

Os perigos para o direito administrativo e para o seu direito processual são muitos e espreitam de vários lados. É o perigo de uma Administração ex-pública; a brutal emergência das multinacionais (quais novas Companhias das Índias); o direito administrativo não como direito dos actos administrativos, mas mais genericamente como o direito dos "actos" de uma Administração de direito privado de interesse público; é o perigo do interesse público como interesse transgénico, análogo ao interesse comum do Tratado da Comunidade Europeia ou ainda mais vagamente ao interesse geral.

A necessidade de estabelecer a hierarquia entre os interesses controvertidos constitui o pressuposto existencial do juiz administrativo e da sua justiça. Se o juiz do processo civil, numa controvérsia entre dois ou mais sujeitos, não pode deixar de reconhecer a prevalência de um dos interesses em jogo, já o juiz administrativo, quando acolhe a pretensão do particular, diz à Administração servidora do interesse público, procedeste mal, avaliaste mal o "teu" interesse. Ora o juiz ordinário não pode dizer a um dos litigantes que este cometeu este ou aquele erro, que avaliou mal o seu interesse ou posição jurídica.

Deste modo, o juiz administrativo pode corrigir a Administração, mesmo contra a sua vontade, porque o titular, o senhor do interesse público é a lei e não a Administração. E pode fazê-lo de duas formas, ou através do vício de violação de lei – redefinindo o interesse público primário –, e aqui o juiz pode substituir-se à Administração, ou através do vício de desvio de poder, agora de forma mais limitada, indicando apenas à Administração a "troca" do interesse público primário por um interesse público secundário. Isto é assim porque o interesse público predeterminado normativamente tem sempre uma presença essencial, ainda que silenciosa, no processo administrativo [1].

Notamos, assim, uma cisão subtil entre a titularidade do interesse público pela lei e a obrigação concreta da Administração lhe dar uma efectiva realização, ainda que

---

[1] COLAÇO ANTUNES, *O Direito Administrativo e a sua Justiça no Início do Século XXI – Algumas Questões*, Coimbra, 2001, pp. 32 e ss e 47 e ss.

sempre no respeito adequado e proporcionalístico das posições jurídicas subjectivas dos particulares (artigo 266.º/1 da CRP). Cisão subtil a explicar que, em caso de controvérsia em sede jurisdicional, o juiz tenha um papel determinante, em função da natureza da actividade administrativa, podendo anular ou mesmo modificar as determinações adoptadas pela Administração.

Põe-se, portanto, o delicado problema de saber se tal cisão é exacta, sendo que se a resposta for afirmativa, como deve ser, se coloca também a questão de saber a que ponto o juiz administrativo pode tutelar o interesse público (primário) *contra* a vontade da Administração.

A resposta é igualmente delicada. Acolhendo a sentença a pretensão do autor por violação de lei, a decisão judicial é igual àquela que a Administração deveria ter tomado: a tutela correcta do interesse público posto pela lei, que vincula a Administração, conjuga-se harmoniosamente com a tutela plena da pretensão do interessado, ou, havendo discricionaridade, esta seja nula, pois o interesse público funciona aí como vínculo e limite. Se a Administração se enganou, entre a "vontade" da Administração e a "vontade" da lei, o juiz não pode deixar de privilegiar a vontade da lei.

Tratando-se de uma sentença de acolhimento da pretensão do recorrente por vício de desvio de poder, a questão torna-se mais complexa face à reserva da Administração em matéria de discricionaridade. Pode suceder que a Administração se tenha equivocado quanto à melhor realização do interesse público específico posto pela lei e tenha, por isso, convolado um interesse público secundário em interesse público primário; ou não tenha procedido a uma ponderação adequada dos interesses públicos secundários e privados. O problema agudiza-se quando, por força da porosidade da lei, não seja destacável um critério certo e positivo para a ordenação da *Stufenbau*. Nestes casos, o juiz administrativo não se pode "substituir" à Administração, fixando apenas as vinculações possíveis da futura actuação da Administração sem invadir a sua reserva própria [1].

Outra coisa, face à hiper-ponderação tão em voga, é converter o tribunal administrativo em tribunal de conflitos dos interesses em jogo, diminuindo o interesse público primário, que não está sujeito a qualquer ponderação mas apenas e tão-só a uma tarefa hermenêutica [2], com a desvantagem de atrair para a esfera do desvio de poder vícios normalmente imputados à violação de lei. Sustentamos a nossa tese na ideia de que o controlo jurisdicional, havendo discricionaridade, vem recorrendo, e bem, a princípios como a igualdade, a proporcionalidade ou a justiça (artigo 266.º/2 da CRP).

Face à importância que concedemos ao vício de violação de lei no controlo judicial da actividade administrativa discricionária, é conveniente, desde já, começar a destapar a sua relevância hermenêutica e jurisprudencial.

No direito civil, a situação, em regra, é linear: temos violação de lei quando vem adoptada uma conduta em desconformidade com o preceituado na norma jurídica. Ao invés, no direito administrativo, até pela tradicional arrumação residual do vício de violação de lei, uma violação frontal e nítida da lei é um fenómeno relativamente raro;

---

[1] Embora assim sendo, o juiz, iluminado por critérios constitucionais, não pode renunciar a uma dúvida incessante (*Zetein*) e desenvolver uma função permanentemente cognoscitiva e intelectiva na procura de uma verdade prática. Assim, CASTANHEIRA NEVES, *Curso de Introdução ao Estudo do Direito*, Coimbra, 1971-72, p. 481.

[2] COLAÇO ANTUNES, *O Direito Administrativo e a sua Justiça...*, op. cit., p. 55 e ss.

a violação de lei deriva frequentemente da legislação administrativa viver há bastante tempo numa situação de *overdose* legislativa e de alteração permanente que conferem ao ordenamento jurídico-administrativo uma feição assimétrica e polissémica ou mesmo ambígua. Daí termos falado, noutro momento, de uma nova espécie de discricionaridade administrativa centrada no âmago da vinculação [1]. Ora esta situação traduz-se na exigência de uma jurisprudência minimamente consolidada em relação à norma a aplicar ou mesmo em relação ao seu sentido, por forma a corrigir os erros oriundos originariamente da Administração.

Face à turbulência normativa e à sua vaguidade, o juiz é chamado a desempenhar, evitando a discricionaridade judicial, não apenas uma mas duas funções essenciais: tutela da unidade do ordenamento jurídico, dialecticamente entendida, e uma função *monopoiética* de "criação" do direito [2]. É, de resto, conhecido que o direito administrativo se formou (em França) a partir de uma base jurisprudencial, vindo a normatividade a constituir o *posterius* e não o *prius* da referência jurisdicional, mas sempre baseado na ideia de que à Administração compete desenvolver toda a sua actividade, mesmo que privada, em obséquio à prossecução do interesse público (artigo 2.º/5 do CPA).

---

[1] COLAÇO ANTUNES, *Para um Direito Administrativo de Garantia do Cidadão e da Administração – Tradição e Reforma*, Coimbra, 2000, p. 93 e ss.

[2] Na esteira de CASTANHEIRA NEVES, *O Instituto dos 'Assentos' e a Função Jurídica dos Supremos Tribunais,* Coimbra, 1983, p. 413, entendemos que a juridicidade é o *processus* de realização do Direito através de uma teleologia prudencial, buscando a norma e o seu sentido na solução normativo-judicativa de um certo problema.

Poder-se-ia dizer, depois, que o sistema administrativo se vem avizinhando ao dos países de *common law,* nos quais sobressai eventualmente mais a discricionaridade (que não o arbítrio) do juiz e menos a discricionaridade da Administração. Mas esta realidade pode ser (in)evitável se tivermos em consideração que o primado do princípio da tutela jurisdicional efectiva não resume toda a justiça administrativa ou até, com propriedade, que aquele princípio ganha hoje mais relevo e garantias nos tribunais administrativos.

Acresce que o direito comunitário vem reforçar esta ideia ao detectar-se o papel incontornável do Tribunal de Justiça na criação das características fundamentais do ordenamento jurídico comunitário (primado e efeito directo), o chamado efeito útil que tantas vezes tempera aquele princípio cardeal, ordenamento onde vão desaguar os ordenamentos nacionais (afluentes).

Por outro lado, a atribuição à jurisdição administrativa de áreas que antes eram da jurisdição comum não é tanto um mero aspecto técnico como um dado substancial da maior relevância. Mais exactamente, que tais domínios, pelo seu actual relevo, são agora subtraídos à autonomia privada das partes e subordinados ao interesse público em sede jurisdicional.

O âmbito e as fronteiras da Administração pública estão também a mudar. A Administração, como tem sido entendida até aqui, tinha no princípio da legalidade a referência maior; era pública em sentido subjectivo (personalidade de direito público), instrumental (actividade desenvolvida com recurso a meios de direito público) e funcional à satisfação do interesse público [1]. Inversamente, a Admi-

---

[1] Recentemente, COLAÇO ANTUNES, "Um tratado francês lido em alemão? O acto administrativo no direito comunitário e na sua

nistração actual tende a afirmar a eficiência e o resultado como critério de legitimação; pode não ser pública em sentido subjectivo (a excepção dos concessionários tem-se vindo a ampliar), nem em sentido instrumental (operando crescentemente com instrumentos de direito privado), nem em sentido funcional. Por exemplo, o concessionário privado de serviços públicos opera sobretudo em função do lucro, visto que a finalidade de interesse público que lhe é imposta é já uma consequência indirecta e reflexa (materialmente irrelevante para o gestor privado).

Como facilmente constatamos, há aqui um paradoxo curioso: a Administração é crescentemente ex-pública, ampliando-se, contraditoriamente, o âmbito da jurisdição administrativa (artigos 1.º e 4.º do ETAF). Por outras palavras, privatiza-se, por um lado, o direito ordenador do agir administrativo e desadministrativiza-se a Administração, enquanto, por outro, se alarga o território da jurisdição administrativa [1]. A explicação para este contraditório fenómeno não se apresenta nada fácil. Ou o legislador do contencioso administrativo chega mais uma vez tarde à História ou então não a compreendeu. Mais linearmente, creio que a explicação se encontra na relação do ordenamento jurídico nacional com o direito comunitário e na inata tendência deste para integrar aquele.

A revisão da nova e garantística justiça administrativa não vai ser feita pelos chamados "conservadores" mas

---

jurisprudência", in COLAÇO ANTUNES / SÁINZ MORENO, *O Acto no Contencioso Administrativo – Tradição e Reforma (Colóquio Luso--Espanhol)*, Coimbra, 2005, p. 81 e ss.

[1] Entre nós, sobre esta matéria, MARIA JOÃO ESTORNINHO, *A Fuga Para o Direito Privado – Contributo para o estudo da actividade de direito privado da Administração Pública*, Coimbra, 1996, p. 85 e ss.

pelos novos "progressistas" [1]. Naturalmente, sob o impulso do princípio da realidade, que entre nós não tem sido mais do que o mesmo argumento para diversos fins.

Será que a partida vai ser ganha pelo direito processual ao direito administrativo substantivo, quando o direito comunitário nos aproxima vertiginosamente do sistema de *common law*? Será que a discricionaridade do juiz se vai impor à discricionaridade da Administração, como acontece do outro lado do Atlântico, tornando evanescente o papel regulador do acto administrativo?

Como conciliaremos estes dilemas, sabendo que a Administração do relógio (do tempo lento) não pode dar lugar a uma forma empresarial de Administração (do tempo rápido, à semelhança do organismo de direito público)?

Não trocando o sobreiro ou o castanheiro pelo eucaliptal, o acto administrativo será sempre, agora e no futuro, o elemento vital e equilibrador do direito administrativo e do seu direito processual, daí a nossa atenção estudiosa.

O acto administrativo como elemento fundamental de uma globalização ética e juridicamente relevante ao serviço do interesse público e do cidadão. Substantivamente ao serviço da Administração e do interesse público, processualmente ao serviço do cidadão e da tutela efectiva das suas pretensões jurídicas. A não ser que a História não se cumpra sob a forma *der Staat als Kunstwerk*.

---

[1] Referimo-nos aos mentores da Reforma, que fazem uso destas expressões, quando geneticamente os fautores das posições garantísticas beneficiavam do incómodo rótulo de "progressistas", ao invés do que hoje sucede. Mudam-se os tempos, muda-se o sentido das coisas e até da História.

2. O processo administrativo como objecto dogmático de uma justiça insaciável

Quando nos confrontamos, como agora acontece, com uma profunda alteração do ordenamento processual-administrativo, devemos ter a modesta sabedoria que não basta explicar sem antes compreender. Por outras palavras, trata-se de buscar a conciliação entre a hermenêutica e a epistemologia, entre a compreensão e a explicação. Perante o *coup de théâtre* operado na justiça administrativa, onde o subjectivismo do modelo se constitui no lugar do objectivismo, impõe-se saber se o intérprete goza de alguma liberdade na descoberta da dimensão ontológica do processo administrativo, indispensável, aliás, numa reflexão dogmática apta a evitar uma espécie de homologação de acções todas igualmente compatíveis e equivalentes na sua intrínseca mutabilidade e cumulabilidade.

Não estaremos perante a tendência de converter os direitos dos particulares num instrumento insaciável [1] de utilização abusiva do processo e do direito de acção? [2]

Centralidade da perspectiva ontológica que nos impele metodologicamente a admitir a existência não apenas de uma mas de várias subjectividades na procura da *verdade processual*.

Posta assim a questão, não podemos deixar de nos interrogar se as opções político-legislativas não sujeitam a

---

[1] O termo é retirado de A. J. SEBOK, "The insatiable Constitution", in *South. Cal. Law Rev.*, 1997, p. 1709 e ss.

[2] COLAÇO ANTUNES, "Introdução ao Colóquio Luso-Espanhol", in COLAÇO ANTUNES/SÁINZ MORENO, *O Acto no Contencioso Administrativo – Tradição e Reforma (Colóquio Luso-Espanhol)*, Coimbra, 2005, p. 27 e ss.

metodologia jurídico-processual a uma estreita consequencialidade. Se, imposta uma certa unicidade metodológica, haverá espaço para um certo ecletismo metodológico, segundo várias combinações dos princípios constitucionais e dos princípios gerais do direito administrativo e do seu processo. Se, em suma, existe espaço hermenêutico para uma interpretação como actividade intelectiva implicante de momentos criativos, governada pela ideia de pré-compreensão [1], insusceptível, portanto, de se traduzir em actos meramente cognoscitivos de um determinado enunciado linguístico [2].

Estas perguntas parecem-nos pertinentes a vários títulos, embora seja suficiente recordar a queda do dogma consubstanciado na categórica afirmação de que *apenas certos objectos são dignos de estudo por parte do jurista*, como acontecia com o processo administrativo.

A questão metodológica é ainda de uma enorme importância se atendermos à vocação anti-formalista do processo administrativo (artigo 7.º do CPTA), atenta a pluralidade de acções, objectos e pedidos destinados a obter pronúncias sobre o mérito das pretensões formuladas. Isto é, uma verdade material, obcecada pela projectualidade processual do objecto.

Será que a contaminação do processo administrativo pelo processo civil não prejudicará a *sua verdade processual*?

---

[1] BAPTISTA MACHADO, *O Sistema Científico e a Teoria de Kelsen (policopiado)*, 1977, p. 7 e ss.

[2] Sobre o valor dos elementos linguísticos, a propósito do valor negativo e do valor positivo ou selectivo da letra da lei, cfr. CASTANHEIRA NEVES, "Interpretação jurídica", in *Polis*, II, 1985, p. 687; cfr. também GOMES CANOTILHO, *Direito Constitucional*, Coimbra, 1991, p. 218 e ss.

Admitindo a *veracidade da verdade processual*, de que falava CARNELUTTI [1], a resposta será negativa se ao intérprete vier concedida a liberdade, no escrupuloso respeito das amarras do sistema jurídico e da sua mentalidade, de reconhecer hermeneuticamente, no âmbito das complexas relações entre a questão de facto e a questão de direito, as particularidades do *facto administrativo*. Esta pré-compreensão é tanto mais relevante quando assistimos ao colapso teorético e jurisprudencial do mundo dos factos e à tentativa civilística da sua ressurreição pelas mãos do legislador ou pela via subsuntiva [2].

Apesar da bondade urbanizadora que presidiu à reforma, o *facto* no direito administrativo apresenta características diferenciadoras em relação ao facto no direito civil ou mesmo no direito penal, obtendo-se, processualmente, uma *verdade jurídica* que não coincide com a verdade formal nem com a verdade material. Conhecer do mérito é isso mesmo, obter uma verdade jurídica.

O *facto administrativo* é sobretudo uma criação normativa sem qualquer existência real. No direito administrativo é o Direito a gerar o facto, o que se explica, porventura, pelas origens jurisprudenciais e pelas características especiais deste ramo do direito, sendo que no direito administrativo a distinção entre facto e direito assumiu as vestes antinómicas, eventualmente patológicas, de legalidade e mérito [3]. Não fossem as razões anteriormente referenciadas, tornar-se-ia difícil compreender e explicar como

---

[1] *La prova civile,* Roma, 1915, pp. 31 e 32.
[2] Criticamente, CASTANHEIRA NEVES, *Curso de Introdução...*, op. cit., p. 468 e ss, esp. p. 473.
[3] Cfr. J. RIVERO, "La distinction du droit et du fait dans la jurisprudence du Conseil d'Etat français", in *Le Fait et le Droit. Études de Logique Juridique,* Bruxelles, 1960, p. 138.

a distinção direito-facto se convolou na distinção legalidade-mérito [1].

Precisamente a artificialidade do facto administrativo, enquanto produto da norma, deveria impedir que este caísse maioritariamente naquela parte jurisdicionalmente incontrolada da actividade administrativa. Trata-se de compreender como no direito administrativo a dialéctica facto-direito serviu historicamente para legitimar a "liberdade" da Administração na aplicação da norma – o seu juízo sobre a correcta aplicação da norma – permitindo, deste modo, contrariamente ao que sucede no direito civil, tolerar um controlo jurisdicional limitado [2].

Se, ao invés, pensarmos que o facto administrativo é criado pela norma jurídica ou que a juridicidade do facto está na sua relação criadora com a norma jurídica, poderíamos então compreender que a decisão jurisdicional não se pode resumir a um juízo sobre o juízo jurídico operado antes pela Administração. Se o facto administrativo é posterior à norma e a sentença sucede àquele, a decisão judicial pode, inclusive, adquirir natureza substitutiva [3].

A especificidade do direito administrativo está, então, que neste ramo do Direito público a relação facto-direito é substituída pela relação direito-facto, o que talvez explique, quando se trate de actividade administrativa vinculada ou de discricionaridade nula, a possibilidade substitutiva da sentença (artigos 167.º/6 e 179.º/5 do CPTA).

---

[1] Cfr. J.-M. WOEHRLING, "Le contrôle juridictionnel du pouvoir discrétionnaire en France", in V. PARISIO, *Potere discrezionale e controllo giudiziario*, Milano, 1998, p. 25 e ss, onde transparece uma certa confusão entre qualificação dos factos e poder discricionário.

[2] COLAÇO ANTUNES, *O Direito Administrativo e a sua Justiça...*, op. cit., p. 56.

[3] Cfr. G. CHIOVENDA, *Principi di diritto processuale civile*, Napoli, 1923, p. 298.

Por outro lado, não se pode esquecer que o *fim* é um elemento constitutivo do acto administrativo, o que ajuda a compreender a traumatizante colocação do facto ou do não-facto no âmbito do vício de desvio de poder e, portanto, no momento discricionário, com a consequente redução do controlo jurisdicional [1].

Resta ainda uma outra complexidade no direito administrativo; quando a norma qualificante dos factos administrativos utiliza conceitos jurídicos indeterminados, o intérprete é chamado a um esforço suplementar de qualificação de factos, porventura imaginários ou artificiais [2]. Também aqui, apesar das divergentes perspectivas, poder discricionário ou margem de livre apreciação da Administração, estamos confrontados com obstáculos a um controlo jurisdicional pleno da actividade administrativa. Daí que a acção administrativa não possa deixar de ser abstracta, apesar dos esforços subjectivistas actuais, até porque a natureza das posições jurídicas não é indiferente à natureza do poder administrativo exercitado.

Tentaremos, assim, através da interacção entre conceitos jurídicos indeterminados e a discricionaridade administrativa, como mais adiante se dará conta, miscigenar as teses viscosas de extracção alemã, que põem o acento na inelinimável ambiguidade e imprecisão dos conceitos jurídicos para justificar o desencontro entre a Administração e o juiz [3], e a impossibilidade de este se substituir àquela, com o ensinamento de GIANNINI, o que constituirá, por-

---

[1] G. SCOCA, *Contributo sul tema della fattispecie precettiva*, Perugia, 1979, p. 26 e ss.

[2] J. RIVERO, "La distinction du droit et du fait...", *op. cit.*, p. 142 e ss.

[3] C. H. ULE, "Zur Anwendung unbestimmter Rechtsbegriff im Verwaltungsrecht", in *Gedächtnisschrift für Walter Jellinek*, München, 1955, p. 324.

ventura, um caminho dogmático senão original pelo menos diferente. Com efeito, este Autor coloca o interesse público no centro da discricionaridade administrativa, como seu fundamento e limite [1], com a vantagem de acantonar a noção de mérito, confinada à (escolha da) oportunidade (cfr. o artigo 3.º/1 do CPTA). Como também afastamos aquelas tentativas [2] que procuram ver na noção (moderna) de discricionaridade o poder de apreciação dos factos, apreciação essa funcional à eleição de uma escolha entre várias igualmente legítimas.

Em extrema síntese, o facto jurídico é relevante para a discricionaridade administrativa na sua relação com a melhor realização possível do interesse público, mas nem sempre directamente, como se verá. A juridicidade da discricionaridade está na juridicidade do facto, juridicidade esta que está na relação do facto com a norma jurídica. Por outras palavras, a juridicidade do facto evidencia-se na relação qualificante da realidade extra-jurídica com a norma, o que é distinto da relação da norma-efeito e facto-efeito. Ora isto adverte-nos, desde logo, para a errónea deslocação do facto administrativo, lançando-o no limbo do desvio de poder.

Curiosamente, a nova justiça administrativa permite reviver os fantasmas do direito administrativo e ampliá-los racionalmente, como é visível nos pedidos condenatórios (artigo 66.º e segs. do CPTA) e em sede de execução das sentenças anulatórias (artigo 173.º e segs., sobretudo o artigo 176.º e segs. do CPTA). O novo processo administrativo, além de permitir uma relação mais estreita entre o

---

[1] COLAÇO ANTUNES, *O Direito Administrativo e a sua Justiça...*, *op. cit.*, p. 51.

[2] J.-M. WOEHRLING, "Le contrôle juridictionnel du pouvoir discrétionnaire en France", *op. cit.*, p. 25.

procedimento e o processo administrativo (cfr., por exemplo, os artigos 51.º e 100.º e segs. do CPTA) ou mesmo a processualização da actividade administrativa (artigo 63.º e segs. do CPTA), concebe uma conexão substantiva entre as posições jurídicas subjectivas dos particulares e o processo (com destaque para os direitos e interesses legalmente protegidos). É por aqui que pode espreitar a tentação do abuso do processo e a desfiguração do seu fim institucional, sendo que não se pode confundir a disponibilidade das posições jurídicas como a disponibilidade do processo administrativo [1].

Se a justiça administrativa justifica, em boa medida, a sua existência e credibilidade na tutela das posições jurídicas substantivas favoráveis, a verdade é que o novo processo permite, igualmente, uma viragem: não apenas a situação jurídica subjectiva como critério e regra da jurisdição administrativa, mas também esta como definição da tutela da posição jurídica processualmente projectada. Circunstância que explica, nomeadamente, as novas formas de tutela inibitória, condenatória ou mesmo cumulativa (artigos 4.º, 5.º, 21.º e 47.º e segs. do CPTA).

Poderíamos concluir este ponto, também ele preliminar, dizendo que nem todo o novo se contém no velho, como transparece claramente dos novos poderes do juiz administrativo (artigo 3.º do CPTA). Sem querer atiçar o fogo das demolições e das reconstruções, antes pelo contrário, temos, para nós, que o velho se mantém e ilumina o novo, como tentaremos demonstrar com a centralidade contenciosa do acto administrativo.

---

[1] COLAÇO ANTUNES, "Introdução ao Colóquio Luso-Espanhol", *op. cit.*, p. 28.

3. Centralidade da relação jurídica administrativa na concepção do direito administrativo e do seu processo

A nova concepção da justiça administrativa assenta numa visão do direito administrativo centrada no cidadão e na tutela das respectivas posições jurídicas substantivas favoráveis – direitos e interesses legalmente protegidos. Partindo do cidadão, adquire centralidade na configuração do direito administrativo o instituto da relação jurídica administrativa, descentrando o acto para um estatuto secundário. Quando muito, este não é mais do que uma forma de concreção da relação jurídico-administrativa [1].

O novo modelo de contencioso (administrativo) parte de uma noção paritária do direito administrativo (e daí a perigosa e problemática desvalorização do acto administrativo, artigo 180.º/1/a) e c) do CPTA), onde o princípio da legalidade é visto sobretudo como esteio da protecção das posições jurídicas do particular, omitindo-se que o mesmo princípio de juridicidade é também ele um meio de tutela do interesse público (artigo 266.º/1 da CRP). Isto para dizer que a justiça administrativa serve dois senhores e não apenas um, recorrendo a uma ideia pirandelliana: o cidadão e as suas posições jurídicas, mas também o interesse público que a Administração pública está vinculada constitucionalmente a prosseguir (artigo 266.º da CRP). Neste sentido, o contencioso administrativo é não só um

---

[1] Na Alemanha foi decisivo o contributo de N. ACHTERBERG, *Allgemeines Verwaltungsrecht*, Heidelberg, 1986, p. 137 e ss, no que se refere à articulação e transplante da noção de relação jurídica para o direito administrativo substantivo e processual.

Entre nós, é destacável a obra de V. PEREIRA DA SILVA, especialmente, *Em Busca do Acto Administrativo Perdido*, Coimbra, 1996, p. 149 e ss.

meio de tutelar eficaz e plenamente os direitos e interesses legalmente protegidos, como é também uma forma de controlo da actividade desenvolvida pela Administração.

Uma maior atenção e centralidade da noção vital de relação jurídica administrativa não nos deve, no entanto, fazer esquecer não só a sua actual problematicidade, como também a especificidade da relação jurídica no direito administrativo. Note-se, desde logo, a existência, numa das partes da relação jurídica administrativa, de um poder de autoridade previamente atribuído pela lei [1] que, de acordo com o princípio da legalidade, é fonte de poderes e prerrogativas [2] mas também de limitações e restrições, em obséquio a uma adequada prossecução do interesse público no respeito dos direitos e interesses legalmente protegidos dos particulares (artigo 266.º/1 da CRP).

Parece óbvia a relevância do instituto da relação jurídica que preside ao moderno direito administrativo [3], com refracções importantíssimas no direito processual. Com efeito, esta noção permite um estatuto mais activo do autor, que pode agora desencadear pedidos não só impugnatórios mas também condenatórios ou mesmo substitutivos, em função da natureza da actividade administrativa (vinculada ou discricionária – artigos 66.º e segs., 164.º/4/c), 167.º/6 e 179.º/5 do CPTA), com a ajuda,

---

[1] Neste sentido, GARCÍA DE ENTERRÍA/T. RAMÓN FERNÁNDEZ, *Curso de Derecho Administrativo*, vol. II, Madrid, 2001, p. 418.

[2] O conceito de prerrogativa, como assinalou já HAURIOU, enfrenta um preconceito remoto, porventura explicável à luz de um atavismo que confunde o legítimo exercício do poder com a sua imagem arbitrária em largos períodos históricos.

[3] Cfr. o importante trabalho de SORIANO GARCÍA, "Evolución del concepto de relación jurídica en su aplicación al Derecho Público", in *RAP,* n.º 90, 1979, p. 73 e ss.

inclusive, de medidas pecuniárias compulsórias (artigo 169.º, entre outros). O próprio princípio da cumulação de pedidos só ganha verdadeiramente relevo à luz da noção de relação jurídica administrativa, particularmente a cumulação sucessiva (artigo 63.º e segs. do CPTA). É a mesma relação jurídica administrativa, que assume frequentemente as vestes de relação poligonal, a permitir uma tutela mais firme dos terceiros, em especial dos contra-interessados.

Outro mérito indiscutível deste instituto é o relevo processual que assume a actuação material ou real da Administração, sempre que as posições jurídicas do cidadão venham afectadas (artigo 39.º do CPTA), através de vários pedidos que o autor pode formular com recurso à acção administrativa comum (artigos 37.º/2 e 104.º e segs. do CPTA), podendo, inclusive, assumir uma veste condenatória (positiva ou negativa), mesmo no âmbito de relações jurídicas administrativas entre particulares (artigo 37.º/3 do CPTA).

O facto da relação jurídica se assumir agora como epicentro do direito administrativo, tal não nos deve fazer cair no erro de ignorar a importância do acto (ainda o meio de actuação mais relevante da Administração) como factor de garantia e densificação da tutela das posições jurídicas do cidadão [1]. Isto mesmo é, ainda que contraditoriamente, reconhecido pelo novo processo administrativo (cfr., entre outros, os artigos 51.º, 100.º e segs. e 109.º e segs. do CPTA).

A concepção subjectivista da noção de relação jurídica administrativa e do direito processual importa refracções

---

[1] SÉRVULO CORREIA, "Impugnação de actos administrativos", in *CJA*, n.º 16, 1999, p. 11 e ss.

igualmente relevantes no objecto do processo, que acompanha plasticamente a evolução da relação jurídica (cfr., por exemplo, os artigos 63.º e 70.º do CPTA), e no papel que deve assumir o controlo de juridicidade no âmbito de uma justiça administrativa de matriz subjectivista. É, desde logo, a chamada (destacada) à cena no contencioso administrativo da pretensão processual, em substituição do acto e dos seus vícios, como também a antijuridicidade da conduta administrativa como elemento imanente e intrínseco da noção de lesividade sofrida pela posição jurídica do autor.

Somos, no entanto, dos que pensam que este entendimento deve ser matizado, não apenas porque o poder de autoridade juridicamente atribuído à Administração pública [1] e, por isso, regulado, é um pressuposto da noção de relação jurídica administrativa, como também a noção de ilegalidade nos parece um pressuposto da lesividade sofrida pelo autor. Admite-se, inclusive, que a posição jurídica do autor pode até faltar ou inexistir, o que explica, naturalmente, a acção popular ou a acção pública (artigos 9.º/2 e 55.º/1/b) do CPTA e artigo 51.º do ETAF) [2].

Outra ideia subjacente à concepção relacional-subjectivista do direito administrativo está na configuração forte de uma Administração de prestação, e daí a existência de

---

[1] Note-se que o conceito de autoridade, mérito indiscutível da doutrina italiana (SANTI ROMANO, *Corso di diritto costituzionale*, Roma, 1926), permitiu a sujeição da Administração ao Direito, superando a concepção anterior que assentava essencialmente no exercício de "direitos subjectivos" por parte da Administração.

[2] Sobre o conceito de relação jurídica administrativa, VIEIRA DE ANDRADE, *A Justiça Administrativa (Lições)*, 6.ª ed., Coimbra, 2004, p. 56 e ss, que, no seu jeito prudencial, sustenta a necessidade do legislador resolver expressamente esta questão.

pedidos desta natureza no contencioso, sendo que as compressões sofridas pelo Estado de Direito Social nas últimas décadas podem fazer decair muitíssimo esta ideia.

Para a conceptualização subjectivista, a supremacia posicional da Administração reflecte-se e esconde-se na primazia e "autoridade" do acto administrativo, o que tem permitido a alguma doutrina, obcecada por uma visão garantística, ampliar, à luz do critério da relação jurídica, a noção de acto administrativo, mesmo para efeitos contenciosos. Desnecessariamente, porque o actual processo administrativo configura uma rica e articulada panóplia de acções que tornam inútil e mutilante a desfiguração do acto administrativo.

Um limite à compreensão do alcance da figura da relação jurídica administrativa é posto pelo facto das faculdades e prerrogativas da Administração resultarem, ao contrário do direito civil, do ordenamento jurídico e não da relação jurídica, como não recaem sobre um objecto específico, em homenagem à constante e genérica obrigação (indeclinável e inalienável) de prosseguir o interesse público. Neste sentido, seja qual for a forma de actividade administrativa, que será sempre procedimental, a que nem os contratos administrativos escapam, o particular e as suas posições jurídicas confrontam-se com o interesse público e o respectivo poder de autoridade, que pode até assumir forma discricionária. Daí, a nosso ver, a necessidade de preservar, com utilidade, a figura do interesse legítimo, não confundível, como iremos ver mais adiante, com o interesse legalmente protegido.

A especificidade da relação jurídica administrativa não só nos dá conta de uma tutela não homogénea das situações jurídicas como interfere com o poder de cognição e decisão do juiz administrativo. A centralidade da relação jurídica, densificando, é certo, a tutela jurisdicional das posições jurídicas dos particulares [1], não pode, no entanto, empolar a importância do procedimento administrativo em desfavor do acto constitutivo e regulador [2].

Com a nossa concepção de relação jurídica administrativa, não se reprova que, no modelo subjectivista do contencioso administrativo, o direito à jurisdição, o objecto do processo e a pronúncia do tribunal tenham como finalidade a tutela dos direitos e interesses legalmente protegidos. Esta concepção deduz-se, aliás, expressamente do texto constitucional nos seus artigos 20.º e 268.º/4. Como não se nega que o princípio da tutela jurisdicional efectiva e plena dos direitos e interesses jurídico-subjectivo-públicos constitua o miolo da justiça administrativa. Não é isso. O que talvez não se aprove é a queda do controlo de legalidade.

A questão que se coloca aqui é a de saber qual é o papel do controlo de legalidade da actuação administrativa como meio de garantia da tutela das posições jurídicas dos particulares. Na linha de pensamento do legislador, o controlo de legalidade encontra-se subordinado à concepção subjectivista, que parece orientar a jurisdição

---

[1] V. PEREIRA DA SILVA, "Breve crónica de uma reforma anunciada", in *CJA*, n.º 1, 1997, p. 3 e ss, com o seu proverbial optimismo epistemológico, realça a centralidade da noção de relação jurídica administrativa, ainda que, salvo melhor opinião, faça perigar-ampliar a noção de acto administrativo impugnável para níveis não consentidos, inclusive pela doutrina alemã. Ultimamente pode ler-se a mesma ideia em *O Contencioso Administrativo no Divã da Psicanálise (Ensaio sobre as acções no novo processo administrativo)*, Coimbra, 2005, p. 304 e ss.

[2] Cfr. VIEIRA DE ANDRADE, "Algumas reflexões a propósito da sobrevivência do conceito de 'acto administrativo' no nosso tempo", in *Estudos em Homenagem ao Prof. Doutor Rogério Soares,* Coimbra, 2001, p. 301 e ss.

administrativa. Assim, a função essencial desta jurisdição está em sindicar a existência de uma lesão da posição jurídica subjectiva, controlo para efeitos de admissibilidade da pretensão – legitimidade processual – como para efeitos de legalidade material.

Em extrema síntese, neste modelo, a função de controlo de legalidade dos actos praticados pela Administração é apenas o objecto mediato de apreciação do juiz, o elemento intrínseco da lesão jurídica sofrida pelo autor [1]. Deste modo, a lesão sofrida aparece-nos conformada como a soma de um prejuízo ou dano com uma medida administrativa ilegal. Em termos mais claros, o controlo de legalidade da actividade administrativa encontra o seu fundamento na constatação ou não da lesão sofrida pelo interessado, o que excluiria da categoria dos actos administrativos impugnáveis todos aqueles que não motivassem uma lesão da posição jurídica do autor.

Em consonância com o nosso entendimento de relação jurídica administrativa, julgamos mais apropriada uma visão compósita e diferenciada, no sentido de que a ilegalidade venha a constituir o pressuposto da lesão da posição jurídica. A lesão é mais um critério de legitimidade processual, enquanto a ilegalidade fundamenta a impugnabilidade do acto administrativo. De resto, a inexistência de lesão não obsta à impugnação contenciosa do acto se este for ilegal, como também ficaria por explicar a presença e a utilidade da acção pública e da acção popular.

Acresce que o acto administrativo pode ser ilegal e não ser inválido. Uma coisa é a ilegalidade, outra a invali-

---

[1] Neste sentido, V. PEREIRA DA SILVA, *Para um Contencioso Administrativo dos Particulares – Esboço de uma Teoria Subjectivista do Recurso Directo de Anulação,* Coimbra, 1989, p. 271.

dade do acto. A ilegalidade do acto pode, inclusive, não comportar necessariamente qualquer lesão para a posição jurídica, que, como antes dissemos, pode até inexistir. Ora, a lesão da posição jurídica do particular só pode resultar do acto regulador ou de um acto com efeitos análogos (actos destacáveis).

Como a pronúncia do juiz incide sobre a decisão da Administração, o tribunal começa por se confrontar com a juridicidade da actuação administrativa e só depois sobre a eventual lesão sofrida pelo autor, que nos surge remetida para o mérito do juízo. De outro modo, ficaríamos sem saber da existência do acto impugnável, apesar de regulador, na hipótese de não haver qualquer lesão.

A verdade é que o princípio jurídico-constitucional da tutela judicial efectiva (artigos 20.º e 268.º/4 da CRP e artigo 2.º do CPTA), não carece de pré-compreensões erróneas, tanto mais que ele foi desenhado constitucionalmente para atender à especificidade do direito administrativo e da sua relação jurídica, o que parece esquecido pelas efabulações de uma doutrina dissolvente.

Este entendimento projecta-se naturalmente na compreensão igualmente compósita do objecto do processo, compreendendo a apreciação da ilegalidade do agir administrativo e da posição jurídica substantiva do recorrente. Esta faz parte da legalidade material e do mérito da causa, objecto de uma tutela efectiva e plena por parte do tribunal.

4. A matriz subjectivista do processo administrativo

Um dos traços do modelo subjectivista do processo administrativo reconhece-se, como se sabe, na existência de uma posição jurídica subjectiva, razão prática da própria justiça administrativa.

Neste contexto, adquire primacial importância o princípio do pedido, que constitui o momento de ligação entre as posições jurídicas substantivas favoráveis e o processo administrativo. O sentido essencial do princípio do pedido está na correspondência entre a (afirmada) titularidade de uma posição jurídica de que se tenha plena disponibilidade e a titularidade da acção (no plano processual).

O elemento especialmente caracterizante do processo administrativo, informado pelo princípio do pedido, revela-se não só na possibilidade do autor dar o impulso processual à controvérsia processual como na possibilidade de delimitar objectiva e subjectivamente a lide processual. O seu fundamento está, precisamente, na liberdade de disposição do titular das posições jurídicas. Assim sendo, a titularidade de uma posição jurídico-subjectiva disponível projecta-se processualmente em vários sentidos: condiciona, desde logo, a legitimidade processual, bem como os poderes de cognição e decisão do juiz, como também se reflecte no caso julgado e respectivos efeitos.

A referida relação com o princípio do pedido da correspondência-ligação entre a titularidade da posição jurídica subjectiva e a titularidade do direito de acção é, portanto, essencial para a caracterização do modelo subjectivista de contencioso administrativo (artigos 9.º/1 do CPTA e 268.º/4 da CRP) [1].

---

[1] De forma pregnante JORGE MIRANDA, "Os parâmetros constitucionais da reforma do contencioso administrativo", in *Reforma do Contencioso Administrativo,* vol. I (Debate Universitário), Lisboa, 2003, p. 365 e ss.

Note-se, o princípio do pedido assume (um) conteúdo técnico como veículo de transposição da realidade jurídica substantiva para o areópago do processo. De outra forma, é difícil sustentar que o processo administrativo seja inspirado pela pretensão processual [1]. Com efeito, não basta a presença da iniciativa processual para constatarmos a existência de uma pretensão processual [2].

O direito processual posto pelo modelo legal-constitucional comporta, no essencial, as ideias que defendemos antes, sem prejuízo da sua natureza miscigenada apresentar alguns desvios (artigos 9.º/2 e 55.º do CPTA). No essencial, a tutela jurisdicional surge de uma iniciativa processual de parte, directamente relacionada com a exigência de protecção de posições jurídicas subjectivas previamente existentes na esfera jurídica do autor, em consonância, aliás, com o texto constitucional (artigo 268.º/4).

Fechando as considerações anteriores, o processo administrativo apresenta dois factores característicos: primeiro, o processo administrativo está vocacionado para a tutela efectiva das posições jurídicas dos particulares; o segundo, intimamente relacionado com o primeiro, está no princípio do pedido, entendido em sentido técnico, enquanto instrumento de projecção processual das referidas situações jurídicas.

Passando do *processo ao acto* ao *processo à actividade administrativa*, sobressai no novo processo administrativo a pluralidade de pretensões e a sua "livre" cumulabilidade, utilizando para o efeito apenas uma acção (processo) e não

---

[1] Sobre a noção de pedido, MANUEL DE ANDRADE, *Noções Elementares de Processo Civil*, Coimbra, 1976, p. 320.

[2] Neste sentido, CERINO CANOVA, "La domanda giudiziale ed il suo contenuto", in ALLORIO (coordenador), *Commentario al Codice di procedura civile*, II, Torino, 1980, pp. 126 e 127.

várias, a interpor em diferentes tribunais administrativos, como acontecia antes [1]. As vantagens são óbvias.

Admitindo que o critério da natureza do pedido seguido pelos processualistas *tout court* é válido no essencial, convém, no entanto, não esquecer as pontualizações exigidas pela especificidade do direito processual administrativo, a que já fizemos anteriormente referência. Acresce que o novo contencioso administrativo não admite pretensões em estado puro ou são pouco relevantes, uma vez que as pretensões declarativas, condenatórias e constitutivas se entrelaçam frequentemente à luz do princípio da cumulação de pedidos (artigo 4.º do CPTA). Dando um exemplo, se o cidadão impugna a ilegalidade de uma multa que lhe é imposta, o normal é que peça também no mesmo processo a devolução do que antes tinha pago ou de pouco ou nada lhe servirá o provimento do primeiro pedido. Neste caso, parece configurar-se uma cumulação óbvia e *necessária* de pedidos, que tende, aliás, a ser a regra [2].

Compete-nos, então, enlaçando com o dito anteriormente, fazer algumas considerações qualificantes sobre as posições jurídicas substantivas favoráveis – *direitos subjectivos, interesses legalmente protegidos e interesses legítimos*. Face à indiscutibilidade do direito subjectivo (público), que inspira a reforma, coloca-se a questão de saber se subsiste a figura do interesse legítimo ou se este foi reconduzido à figura do interesse legalmente protegido, preferencialmente utilizada pelo legislador constitucional e ordinário desde 1982 (1.ª revisão constitucional).

---

[1] Cfr. FREITAS DO AMARAL/AROSO DE ALMEIDA, *Grandes Linhas da Reforma do Contencioso Administrativo*, Coimbra, 2002, p. 63 e ss.

[2] Sobre o princípio da cumulação de pedidos, cfr. TEIXEIRA DE SOUSA, "Cumulação de pedidos e cumulação aparente no contencioso administrativo", in *CJA*, n.º 34, 2002, p. 33 e ss.

I - Quadro compreensivo da justiça administrativa

Cremos que uma das dificuldades de compreensão da noção de interesse legítimo se prende com o facto de vir tradicionalmente identificado com um contencioso de tipo objectivista. Creio ser este equívoco que levou, primeiro, o legislador constitucional e, depois, o legislador ordinário a optar pela expressão interesse legalmente protegido. Nesta perspectiva conceptual, o interesse legítimo vem identificado com uma posição jurídica menor, na medida em que só ocasional e reflexamente protegida pelas normas postas para a tutela do interesse público. É bom de ver que, assim vistas as coisas, o recorrente assume necessariamente uma postura subsidiária de promoção do controlo jurisdicional de legalidade do acto emanado para a prossecução do interesse público. O interesse legítimo teria, assim, uma valência essencialmente processual, portanto institucional, sendo que antes do acto não existiria qualquer posição jurídica do autor [1].

Pensando nós que o interesse legítimo tem sido visto sobretudo na óptica processual, o legislador constitucional, defensor do modelo subjectivista, transfigurou esta figura no interesse legalmente protegido, reconhecendo-lhe agora plena dimensão substantiva. Por outras palavras, o interesse legalmente protegido corresponde a uma posição jurídica substantiva favorável, atinente a um bem relativo à esfera jurídica do particular e previamente reconhecido pelo ordenamento jurídico.

Aspecto essencial da figura de interesse legalmente protegido é o de se tratar de uma posição jurídica substantiva pré-existente à actividade administrativa e independente da forma assumida por esta: actícia ou material, activa ou silente. Note-se, porém, que a norma jurídica

---

[1] A. TRAVI, *Lezioni di giustizia amministrativa*, 5.ª ed., Torino, 2002, p. 47 e ss.

tende hoje a incidir e a tutelar simultaneamente o interesse público e as posições jurídicas dos privados [1] e daí a aproximação das duas figuras.

Dito isto, creio haver ainda alguma serventia para o interesse legítimo quando a Administração exercita o seu poder discricionário, que é, afinal, um elemento caracterizante da especialidade do direito administrativo [2]. Neste caso, parece-me ainda válido o entendimento que sustenta que a situação jurídica só surge depois da actuação administrativa, no pressuposto que esta seja ilegal e tenha causado um prejuízo na esfera jurídica do particular.

A autonomia entre as figuras em apreço – interesse legítimo e interesse legalmente protegido – poderia ainda passar pela distinção entre actividade vinculada no interesse público e actividade vinculada para a tutela de posições jurídicas subjectivas privadas. De acordo com esta postura doutrinal [3], o interesse legítimo seria ainda próprio da actividade referida em primeiro lugar e o direito subjectivo mais próprio da segunda. Como exemplo da primeira hipótese, poder-se-iam mencionar certas intervenções repressivas de actividades abusivas. Da segunda (hipótese), actos vinculados dirigidos, por exemplo, a satisfazer pretensões favoráveis aos particulares [4].

Relacionado com o tipo de actividade administrativa (vinculada ou discricionária) está também o critério da

---

[1] COLAÇO ANTUNES, "Constituição, Administração e interesse público. O eterno retorno ao momento originante ou o Estado contra a Administração", in *Nos 25 anos da Constituição da República Portuguesa de 1976*, Lisboa, 2001, p. 40.

[2] Sobre este ponto, cfr. COLAÇO ANTUNES, *Para um Direito Administrativo de Garantia do Cidadão...*, op. cit., p. 51 e ss.

[3] A. TRAVI, *Lezioni...*, op. cit., p. 60.

[4] Entre nós, cfr. VIEIRA DE ANDRADE, *A Justiça Administrativa...*, op. cit., p. 70 e ss.

tutela oferecida ao interesse legítimo, que, obviamente, deveria ser de natureza essencialmente impugnatório. Somos, todavia, de opinião que não é a modalidade de tutela jurisdicional a caracterizar a figura do interesse legítimo mas antes o inverso. Isto é, é a natureza do interesse legítimo, enquanto posição jurídica subjectiva, a condicionar o tipo de tutela jurisdicional, nomeadamente quanto à possibilidade de propor acções de responsabilidade.

Poderíamos ainda aprofundar a distinção entre as duas figuras, dizendo que o interesse legítimo se associa mais a uma posição passiva do particular, enquanto o interesse legalmente protegido se casa bem com posições activas, resultantes, aliás, da prévia existência da posição jurídica subjectiva. Este *status activus processualis* é, em boa medida, tributário da crescente procedimentalização da actividade administrativa e da constitucionalização das posições jurídicas mais qualificadas – direito subjectivo e interesse legalmente protegido –, presidido pelo direito fundamental à tutela jurisdicional efectiva. Procedimentalização do agir administrativo que veio, por sua vez, recortar e diminuir as diferenças entre a actividade administrativa vinculada e a actividade administrativa discricionária, transmutando, também desta forma, o interesse legítimo em interesse legalmente protegido.

Para justificar a operação plástica operada pelo legislador e pela doutrina, a "civilização" do processo administrativo pelo processo civil veio também questionar a oportunidade de manter uma categoria especial do direito administrativo com amarras fortes à noção de interesse público, objecto de algum esquecimento processual do legislador [1].

---

[1] COLAÇO ANTUNES, *O Direito Administrativo e a sua Justiça...*, op. cit., p. 11 e ss.

Depois, a influência crescente do direito administrativo comunitário nos direitos administrativos nacionais vem introduzindo elementos e institutos comuns, promovendo uma certa homogeneização das posições jurídicas subjectivas favoráveis. Aliás, o direito comunitário, nas relações entre o cidadão e a Administração, não distingue entre direitos subjectivos e interesses legítimos (= interesses legalmente protegidos). Como salientámos noutro estudo, assiste-se a uma certa desestruturação das posições jurídicas subjectivas clássicas, em que a figura do direito subjectivo parece absorver todas as outras [1].

Um problema permanece para todos aqueles que sustentam a utilidade da figura do interesse legítimo. Qual é o interesse, a posição jurídica que corresponde ao interesse legítimo que a contradistinga do direito subjectivo e do interesse legalmente protegido? Qual o seu conteúdo?

Uma primeira nota para dizer que não se pode resumir tal "interesse" ao interesse à legalidade – juridicidade da actividade administrativa. É óbvia a lesão de um interesse legítimo sempre que a Administração exercita o seu poder sem observar as regras que disciplinam a sua actuação. Mas isso não significa que o conteúdo do interesse legítimo se confunda com (i)legalidade da actividade administrativa. Esta, a legalidade, pode ser objecto de um interesse simples ou de facto minimamente qualificado e não apenas de uma posição jurídica substantiva. Como objectivo genérico comum a todos os cidadãos. Mas se pretendemos identificar o objecto de uma posição jurídica qualificada é necessário ter em consideração o interesse específico do seu titular. Esta é a grande dificuldade

---

[1] COLAÇO ANTUNES, "Um tratado francês lido em alemão?...", in *Colóquio Luso-Espanhol, op. cit.*, p. 98 e ss.

da nossa enigmática figura. Vejamos um exemplo: o interesse material do recorrente, que se manifesta no resultado positivo do concurso, não é, como é habitual dizer-se, um pressuposto de facto, um elemento pré-jurídico, estranho ao interesse legítimo, mas antes constitui um componente essencial deste. É aqui que reside o conteúdo do interesse legítimo, o "interesse próprio" do interesse legítimo. O que o recorrente pretende fazer valer em juízo não é apenas o interesse à legalidade da actuação administrativa mas também o seu interesse a ser provido na vaga a que concorre. Este interesse é essencial e não apenas um interesse espúrio, nem sequer ou apenas um interesse à legalidade do agir administrativo [1].

Se a lei, no caso do interesse legítimo, não garante a realização da posição jurídica de forma autónoma, como acontece com o direito subjectivo, isso não significa que o direito a uma segunda oportunidade consubstancie a posição jurídica em que se traduz o interesse legítimo [2]. O exemplo referido tem igualmente o mérito de distanciar o conceito de interesse legítimo do conceito de interesse legalmente protegido, uma vez que o primeiro, ao contrário do segundo, não existe antes de instaurada a relação jurídica administrativa.

5. Os conceitos de acção e de pretensão

O princípio constitucional da tutela judicial efectiva (artigos 20.º e 268.º/4 da CRP) preside, como noutras alte-

---

[1] A. TRAVI, *Lezioni...*, op. cit., p. 72.
[2] Cfr. FREITAS DO AMARAL, *Curso de Direito Administrativo*, vol. II, Coimbra, 2001, p. 64 e ss, sendo que este Autor defendia antes uma tese redutora do interesse legítimo.

rações introduzidas pela reforma, à adopção de uma nova metodologia estruturante das formas de processo principais – acção administrativa comum (artigos 35.º e segs. e 37.º e segs. do CPTA) e acção administrativa especial (artigo 46.º e segs. do CPTA) – em substituição dos chamados meios processuais que correspondem agora a diferentes tipos de pretensões.

Esclarecido o critério das formas de processo como vias principais de acesso aos tribunais administrativos e à sua justiça, observa-se uma variedade enorme de pretensões (artigo 2.º do CPTA) que podem agora ser accionadas no âmbito de cada forma de processo principal, isto é, da acção administrativa comum e da acção administrativa especial. Não se trata, portanto, de instituir novos meios processuais autónomos e separados entre si, mas de estabelecer regras específicas e adequadas à accionabilidade de cada um dos tipos de pretensões sob a forma, por exemplo, da acção administrativa especial (artigos 46.º, 47.º e 50.º e segs. do CPTA). Daí a actual estrutura dualista das formas de processo principais, que cobre também a diferente natureza da actuação administrativa – autoritária e paritária.

O que antes dissemos não afasta a necessidade de uma clarificação dos conceitos de pretensão e de acção (administrativa), por forma a perceber o alcance da reforma e até do princípio da tutela jurisdicional efectiva. Note-se que, ao invés do que antes sucedia, o autor pode accionar várias pretensões no mesmo processo, ou seja, numa só acção administrativa, sendo que algumas delas de cariz condenatório podem ser propostas já no processo declarativo principal (cfr. os artigos 47.º, 51.º/4 e 66.º e segs. do CPTA).

Como em todo e qualquer processo, na justiça administrativa a pretensão processual é o pedido juridicamente fundado que o autor formula em relação a um terceiro perante o tribunal.

Uma leitura menos atenta e embalada pelo tónus garantístico do Código de Processo nos Tribunais Administrativos, poderia conduzir-nos a uma leitura monista de acção, em que a titularidade de direitos ou interesses legalmente protegidos não se apresenta separada da tutela judicial [1]. Nesse caso, quem tem o direito é quem tem a acção, isto é, o autor a que o tribunal reconhece idoneidade para levar a cabo uma determinada pretensão processual.

Na concepção monista de acção (SAVIGNY) confunde--se a acção com o direito substantivo, com as pretensões juridicamente subjectivas.

Na concepção dualista de acção esta apresenta-se como um poder jurídico de natureza processual, distinto do direito material. Por outras palavras, é necessário autonomizar as posições jurídicas, que relacionam os diferentes sujeitos, do processo propriamente dito, enquanto instrumento para a apreciação e realização coactiva das referidas posições jurídicas subjectivas. As normas processuais, quaisquer que elas sejam, regulam o processo a que recorrem os cidadãos para obter a tutela plena dos seus direitos e interesses legalmente protegidos [2].

O direito de acção é um direito de carácter processual, cujo exercício está sujeito a determinadas regras e requisitos postos pelo legislador no respeito pela Constituição.

Enquanto na concepção monista de acção existem tantas acções como direitos subjectivos, para a concepção dualista o direito de acção é um direito processual único

---

[1] Cfr. TEIXEIRA DE SOUSA, *Estudos Sobre o Novo Processo Civil*, Lisboa, 1997, p. 36 e ss.

[2] Sobre o conceito de acção é incontornável o trabalho de W. HENKE, *Das subjektive öffentliche Recht*, Tübingen, 1968, p. 7 e ss.

em que vêm exercitados diferentes tipos de pretensões, sem que tenha de existir sempre uma forma jurídica individualizada, como acontece (parcialmente) com a acção popular (artigo 52.º/3 da CRP, artigo 9.º/2 do CPTA e a Lei n.º 83/95, de 31 de Agosto).

Tendo presente o quadro jurídico-constitucional, podemos constatar que o direito fundamental à tutela judicial efectiva (artigo 268.º/4 da CRP) pressupõe o direito constitucional de acção em sentido dualista, ou seja, como direito de acesso ao Direito e aos Tribunais (artigo 20.º da CRP). Trata-se, com efeito, de um direito (de acção) pré--extra-processual, no sentido de que não se refere a um processo concreto mas à idoneidade do particular poder deduzir pretensões perante os tribunais e, assim, alcançar plena satisfação dos seus direitos ou interesses legalmente protegidos. É a própria Lei Fundamental a exigir que o direito à tutela judicial efectiva se concretize através da admissão e regulação processual de todas as pretensões necessárias à satisfação plena das posições jurídicas dos particulares.

Parece claro que o CPTA, quando utiliza a expressão pedidos para se referir à impugnação de um acto ou à condenação à prática de um acto legalmente devido ou mesmo à adopção de actos e operações materiais necessárias à reconstituição da situação que existiria se o acto anulado não tivesse sido praticado, quer significar as pretensões deduzidas pelo autor num só processo-acção.

Para definitivo esclarecimento da questão conceptual a que nos vimos referindo, importa trazer à colação as expressões alemãs *Klage* e *Anspruch* [1]. A palavra *Klage* traduz-se normalmente como *acção* e utiliza-se para for-

---

[1] Cfr., por todos, F. HUFEN, *Verwaltungsprozeβrecht*, 4.ª ed., München, 2000, p. 239 e ss.

mar as palavras compostas que designam os distintos tipos de pedidos – de impugnação (*Anfechtungsklage*), de condenação (*Verpflichtungsklage*), declarativo (*Feststellungsklage*) e por aí adiante. O sentido da expressão *acção* no direito alemão designa não só o direito de acesso à jurisdição como o meio em que se concretiza o acesso à via judicial (*Klageschrift*). Por sua vez, o conceito de *Anspruch* quer significar o que nós chamamos de *pretensão*, aludindo mais a uma pretensão substantiva do que a uma pretensão de tipo processual. Se a pretensão pode identificar-se com o objecto do processo (pelo menos numa leitura subjectivista), já a acção se refere ao direito de agir. Se o conceito de acção é algo que se faz processualmente em defesa de posições jurídicas subjectivas, a pretensão é algo de que previamente se tem disponibilidade, um direito, por exemplo. Por outras palavras, a acção significa o poder ou direito de promover o exercício da função jurisdicional, enquanto a noção de pretensão deve ser empregue para nos referirmos às posições jurídicas subjectivas do autor que legitimam o exercício do direito de acção.

A unir os dois conceitos está o direito fundamental à tutela jurisdicional efectiva, que garante o direito de acção e, assim, vincula o legislador à plena abertura das vias processuais, e, por outro, garante a satisfação efectiva das pretensões deduzidas em juízo, principalmente quando estão em causa posições jurídicas substantivas favoráveis.

Voltaremos a este assunto quando tratarmos do objecto do processo impugnatório.

6. O processo administrativo como processo especial de partes

É opinião generalizada entre os autores que o processo administrativo é um processo de partes. Numa primeira aproximação, isto significa que o processo administrativo está especificamente vocacionado para a tutela das posições jurídicas subjectivas.

A observação precedente peca por ser demasiado óbvia, o que exige um conjunto de reflexões complementares. Para começar, não é argumento convincente e muito menos científico situar no passado uma teoria como critério da sua (in)validade ou (in)correcção. A configuração do processo administrativo como processo de partes carece de uma demonstração bem mais convincente, que passa por considerações de índole processualística e pela qualificação e distinção das posições jurídicas subjectivas, com relevo para o interesse legalmente protegido e para o interesse legítimo. É, aliás, conhecido e reconhecido o debate que, no âmbito dos modelos processuais de justiça administrativa [1], tem animado a doutrina sobre o objecto e a função do processo administrativo.

Impõe-se, antes de mais, uma precisão metodológica. A distinção entre os modelos objectivista e subjectivista de processo administrativo deve basear-se no seu conteúdo, estrutura e efeitos, sem enfatizar o aspecto teleológico [2]. Porque não só um instituto jurídico pode ter natureza plurifuncional, como o critério finalista resulta pouco profícuo e até equívoco. Ninguém pode contestar que o processo desenvolve uma função pública – a realização da justiça administrativa – que resulta da conjugação equilibrada do interesse público com a tutela efectiva das posições jurídicas envolvidas. Com efeito, não se pode negar, mesmo nos processos que tenham por objecto específico a

---

[1] VIEIRA DE ANDRADE, *A Justiça Administrativa...*, op. cit., p. 36 e ss.
[2] VIEIRA DE ANDRADE, *A Justiça Administrativa...*, op. cit., pp. 12 e ss, 17 e 18.

tutela das posições jurídicas subjectivas, que o *dictum* do tribunal, ao prosseguir a tutela das referidas posições jurídicas, desenvolve uma função de reafirmação da legalidade do caso concreto. O que acabamos de afirmar é ainda mais pregnante no processo administrativo, no qual o juiz, ao tomar em devida consideração a tutela dos direitos e interesses legalmente protegidos, opera, como tínhamos visto antes, um controlo de legalidade sobre a actuação da Administração pública.

O critério teleológico não consente, de facto, a elaboração de modelos conceptuais e processuais rigorosos, estando a sua utilidade centrada mais nas consequências jurídico-processuais que se podem extrair dos modelos em confronto – subjectivista e objectivista – mas diminuindo a sua serventia para fins classificatórios [1].

Pensamos que a chave da distinção entre os modelos processuais de contencioso administrativo estará no conteúdo e estrutura do processo administrativo, bem como nos princípios que o enformam (artigo 2.º e segs. do CPTA). Começando pela estrutura do processo administrativo, condicionada pelos princípios que presidem ao Código de Processo nos Tribunais Administrativos, elemento distintivo do processo de natureza subjectivista é, como vimos, o princípio do pedido. Num processo de tipo objectivista, que tem também o seu momento inicial ou introdutório, o pedido é representado por um mero acto de impulso que nada tem a ver com o exercício de uma verdadeira acção judicial, conotada com a pretensão processual dirigida à afirmação e tutela de uma posição jurídica. No modelo subjectivista, a relação, ainda que autónoma, entre o processo e o direito substantivo e procedimental é muito

---

[1] G. TOMMASEO, "I poteri a contenuto oggettivo. I profili sistematici", in *Riv. dir. civ.*, 1998, p. 495 e ss.

mais intensa, aspecto normalmente ignorado pela doutrina [1]. Agora, o fundamento da proposição da acção ou da causa é uma posição jurídica qualificada.

Em resumo, são processos administrativos de parte, de matriz subjectivista, os processos nos quais através de uma pretensão (em sentido técnico) se faz valer em juízo um direito ou interesse legalmente protegido.

Poderíamos ainda acrescentar, não fosse a natureza mista de processo administrativo configurado pelo CPTA, que o relevo e extensão do princípio do inquisitório é mais consentâneo com um processo administrativo de índole objectivista, o que não sucede entre nós. Normalmente, os processos de conteúdo objectivista são presididos pelo princípio do inquisitório não só a nível formal, quanto aos poderes do juiz, mas também do ponto de vista material, ou seja, no plano da delimitação oficiosa do objecto do processo. Creio que os extensos poderes do juiz administrativo, alargando, inclusive, a causa de pedir (artigo 95.º/2 do CPTA) ou introduzindo entorses ao princípio do pedido (artigo 120.º/3 do CPTA), encontra justificação nos princípios da justiça material e da tutela judicial efectiva (artigos 7.º e 2.º do CPTA).

Tendo tocado no direito fundamental à tutela judicial efectiva, também aqui o conteúdo teleológico não constitui um critério suficiente da distinção dos modelos processuais, visto que aquele direito e princípio fundamental se aplica também à outra parte, precisamente à Administração pública. Constituindo uma matéria delicada e controversa, sempre diríamos que a aplicação do referido direito

---

[1] Este aspecto foi particularmente destacado por PROTO PISANI, "Dell'esercizio dell'azione", in ALLORIO, *Commentario del codice di procedura civile*, I, Torino, 1973, pp. 1051 e 1052.

à tutela judicial não varia em função do direito regulador da actividade da Administração mas antes em função da existência de prerrogativas ou privilégios desta. Neste caso, parece-me que poderá haver limitações à aplicabilidade do referido princípio constitucional à Administração.

Julgo, no entanto, inquestionável que as pessoas colectivas públicas são titulares do direito à tutela judicial efectiva. Isto é válido quando actuam sem a veste de *ius imperii* quer quando agem na qualidade de sujeitos públicos munidos de autoridade reguladora. Cremos, aliás, que outro entendimento não seria compatível com o princípio da igualdade das partes (artigo 6.º do CPTA). Mesmo que não venham reconhecidas posições jurídicas subjectivas à Administração, sempre se deveria reconhecer a existência de um direito fundamental a um processo justo e equitativo, em suma, um direito fundamental processual. Este esforço hermenêutico deve ser feito no âmbito dos artigos 20.º e 268.º/4 da CRP, cujo sentido e alcance depende muito da distinção, operada pela doutrina alemã, entre o direito fundamental à tutela judicial efectiva e os direitos processuais fundamentais [1].

Para alguns autores, o problema põe-se ao nível dos âmbitos processuais em que a Administração não goza da titularidade do direito fundamental à tutela judicial efectiva, incluindo aí os casos em que a Administração, embora usufrua do referido direito, não o pode invocar por força da sua posição privilegiada [2]. Referimo-nos à autotutela exe-

---

[1] *Prozeßgrundrechte*, §103. Cfr. M. SACHS, *Grundgesetz Kommentar*, 2.ª ed., München, 2000, p. 1830 e ss.

[2] Neste sentido, HUERGO LORA, "El derecho a la tutela judicial efectiva de las Administraciones públicas en la jurisprudencia constitucional", in *Repertorio Aranzadi del Tribunal Constitucional*, III, 1999, p. 2668.

cutiva sob a forma de executoriedade e não propriamente à executividade.

Quanto a nós, o problema coloca-se mais em saber se, para este efeito, a Administração pode ser equiparada ao cidadão, se é titular ou não de posições jurídicas, uma vez que esta actua como poder em defesa do interesse público que lhe cumpre prosseguir. Pese a dificuldade da questão, tendemos a sustentar que a Administração, enquanto parte processual, deve gozar dos mesmos direitos que as demais partes que actuam num pleito como demandantes ou demandados.

Seja quem for a pessoa – física ou jurídica, pública ou privada – tem direito a obter uma tutela efectiva. Note-se que numa controvérsia jurídico-administrativa, em que a Administração actua normalmente como parte demandada, a Administração não defende poderes ou prerrogativas por si mesmos mas antes afirma e defende a legalidade da decisão que se impugna e, consequentemente, o interesse público que prossegue. Para o efeito, limita-se a combater os argumentos de quem recorre. De resto, não vemos motivos que obstem a que Administração goze do direito à igualdade processual e a um justo processo.

Em síntese, não ignorando a literalidade e até a intencionalidade (compreensível, aliás, por razões bem conhecidas) do direito fundamental reconhecido no n.º 4 do artigo 268.º e no artigo 20.º da CRP, a Administração, mesmo que não se lhe reconheça a titularidade de posições jurídicas subjectivas, actua no exercício de poderes administrativos em defesa do interesse público, que é, precisamente, a contraparte essencial no processo administrativo, em função do qual o ordenamento jurídico lhe outorga os poderes e competências necessários, aliás, indeclináveis (artigo 29.º do CPA).

O critério e sustento decisivo da nossa tese está sobretudo no facto da Administração não ser titular dos interesses públicos que defende em juízo, mas a lei, que a vincula ao exercício do direito de acção e lhe confere os mesmo direitos das outras partes processuais.

7. O princípio da justiça material. O mérito

Com a reforma da justiça administrativa (artigo 7.º do CPTA) assiste-se a uma condenação do formalismo, que conduzia, no contencioso anterior, a um número elevadíssimo de decisões meramente formais, em que o tribunal não chegava a apreciar o mérito da causa. As absolvições da instância eram constantes, ao invés do que hoje sucede (artigos 4.º/3/4, 47.º/6, 88.º e 89.º/2/3/4 do CPTA).

O sentido mais profundo deste princípio, ao inspirar todos os âmbitos jurisdicionais, significa que é essencial permitir ao juiz o exame da questão de fundo. Neste sentido, a concepção das formalidades processuais deve ser vista como uma garantia do acerto da decisão judicial e não como uma carreira de obstáculos destinados a impedir a pronúncia sobre o mérito da causa. Como resulta óbvio, este princípio não é mais do que uma forma de manifestação do princípio da tutela jurisdicional efectiva a que o juiz administrativo se encontra vinculado (artigo 7.º do CPTA)[1].

Ao admitir-se que nenhum requisito formal possa converter-se num obstáculo que impeça injustificadamente uma pronúncia sobre o fundo da causa, o critério anti--formalista, que preside à concepção da justiça material,

---

[1] FREITAS DO AMARAL/AROSO DE ALMEIDA, *Grandes Linhas da Reforma...*, op. cit., p. 75 e ss.

não pode consentir que o absolutismo da forma conduza ou permita uma denegação da justiça e uma derrota da justiça efectiva e material.

Numa perspectiva constitucional, não nos parecem admissíveis obstáculos excessivos, produto de um formalismo exasperado ou até de uma interpretação materialmente menos avisada, na medida em que não sejam justificados ou adequados às finalidades para que foram estabelecidos. Aliás, ao princípio da justiça material não é alheio o princípio do justo processo.

Esta metodologia deve ser utilizada quer para ajuizar a exigência legal de um requisito como para julgar a sua aplicação a um caso concreto. É que o princípio da tutela jurisdicional efectiva não pode ser comprometido por formalismos obstaculizantes, socorrendo-se de uma interpretação que, embora acomodada ao teor literal da norma, é contrária ao seu espírito e à mentalidade e finalidade do sistema processual-administrativo.

Daí que o legislador permita, nomeadamente, a substituição da petição (artigos 4.º/3/4, 12.º/4, 14.º/3, 47.º/6 e 89.º/2 do CPTA) e tenha introduzido, depois de eliminar o despacho de indeferimento liminar, um despacho de aperfeiçoamento, através do qual (na tramitação da acção administrativa especial) se impõe ao juiz o dever de corrigir as deficiências notórias ou, não sendo isso possível, convidar à correcção ou substituição dos articulados ou mesmo a suprir as excepções dilatórias (artigo 88.º do CPTA).

Dito isto, convém ainda fazer algumas pontualizações necessárias, que mais não seja para ensinar a distinguir o mérito administrativo, da competência da Administração, do juízo de mérito que compete ao juiz do processo.

Desde as origens do contencioso administrativo, o processo ao acto e à sua ilegalidade funcionou como paradigma da experiência de cognição do mérito. Mais precisamente como critério separador [1].

No que respeita ao juízo de mérito, para melhor compreender os motivos que induziram o juiz para posições timoratas, a palavra *mérito* tem um significado polissémico, variando o seu sentido em função do poder exercitado. Assim, devemos distinguir o mérito como objecto de apreciação do juiz do mérito referido à Administração. O primeiro tem a ver com a ampliação dos poderes de cognição e decisão do juiz, enquanto o segundo vem referenciado, segundo a doutrina mais avisada, com a oportunidade e a conveniência da decisão administrativa [2]. Trata-se, portanto, de uma noção nebulosa nem sempre devidamente recortada da discricionariedade administrativa propriamente dita.

Na óptica do juiz e dos seus poderes de cognição e decisão, é necessário observar que o mérito tem sido interpretado de forma restritiva e mutilante, no sentido de limitar reconstrutivamente o acesso do juiz administrativo aos factos sobre os quais a Administração forma o seu convencimento ao emanar o acto administrativo.

Se do ponto de vista administrativo é possível falar de mérito como oportunidade ou boa administração, na óptica do reexame jurisdicional da actividade administrativa, a faculdade de exercitar o juízo de mérito corresponde à introdução na jurisdição administrativa de modelos de judicar próximos do juiz do tribunal comum. Ao juiz

---

[1] Cfr. FREITAS DO AMARAL, "Régimen jurídico de la ejecución de sentencias de los tribunales administrativos en Portugal", in *REDA*, n.º 70, 1991, p. 345 e ss.

[2] Sobre o mérito administrativo, A. AMORTH, *Il merito dell'atto amministrativo*, Milano, 1939, p. 18 e ss. Entre nós, ROGÉRIO SOARES, *Interesse Público, Legalidade e Mérito*, Coimbra, 1955.

ordinário é normalmente consentido decidir depois de ter adquirido plena consciência dos factos, com recurso a adequados meios instrutórios, em relação aos quais vêm judicados os comportamentos e os actos emergentes no âmbito da controvérsia.

Compreende-se então a atitude receosa e por vezes paralisante do juiz administrativo em relação ao mérito, na medida em que tal significa a ampliação dos poderes de penetração na apreciação e qualificação dos factos e das coisas [1]. No contexto do velho contencioso compreendia-se que o juiz se restringisse ao controlo dos vícios de legalidade e, em particular, ao desvio de poder, praticamente o único canal de comunicação do juiz com a Administração activa quando esta exercita um poder discricionário.

Agora, dispondo de um contencioso de plena jurisdição (artigo 3.º do CPTA), orientado pelos princípios da tutela jurisdicional efectiva e da justiça material, os justificados receios do juiz devem esbater-se à luz de uma compreensibilidade menos rígida do princípio da separação de poderes.

O novo contencioso administrativo deve não só ressuscitar o desvio de poder como sobretudo o vício de violação de lei, permitindo ao juiz "olhar" mais atentamente a Administração à luz dos princípios da proporcionalidade, da razoabilidade ou da boa-fé [2], garantindo, deste modo, o acesso satisfatório ou possível aos factos administrativos.

---

[1] COLAÇO ANTUNES, *O Direito Administrativo e a sua Justiça...*, op. cit., p. 58.

[2] COLAÇO ANTUNES, "Interesse público, proporcionalidade e mérito – Relevância e autonomia processual do princípio da proporcionalidade" in *Estudos em Homenagem à Professora Doutora Isabel de Magalhães Collaço*, Coimbra, 2002, p. 552 e ss.

I - Quadro compreensivo da justiça administrativa

É este um dos campos onde o processo administrativo é posto à prova como meio de realização de uma justiça efectiva e material. É também aqui que surge o delicado problema do controlo jurisdicional da chamada (impropriamente) discricionaridade técnica, com recurso à prova pericial.

Um dos aspectos que mais condiciona a justiça administrativa material radica na existência de uma *Administração formal,* que actua sobretudo através de actos formais e documentos. O obstáculo da *paperasserie* entorpece, sem dúvida, o processo de cognição da realidade factual pelo juiz, obstáculo que poderá ser mitigado com uma sábia utilização dos meios informáticos. Com o documento – prova – estamos novamente confrontados com a prova formal ou jurídica, com uma verdade convencional ou artificial. O elemento decisivo torna-se então a *percepção* (do facto a provar). Se a prova não é senão o processo de fixação dos factos controversos por parte do juiz, a percepção do facto a provar é a forma mais eficaz e mais simples do processo. Daí a mesma conclusão formalista, o juiz prova e ganha a sua convicção porque controla. Curiosamente, apesar da secundarização da prova testemunhal no "velho" contencioso (artigo 12.º da LPTA), esta perspectiva não técnica da prova não encontrou grande espaço no direito processual administrativo, apesar da centralidade do documento e da ideia de representação ou de correspondência (teoria da correspondência que teve em WITTGENSTEIN o maior vulto) que aquele transmite. A razão pode estar na discricionaridade da Administração e na ausência de uma prequalificação dos factos a provar, pondo no centro do processo administrativo o "juízo" ao acto feito antes pela Administração. Ora, é também isto que explica, como veremos, um controlo jurisdicional do acto receoso e limitado.

De todo o modo, o objectivo de uma justiça material dificilmente poderá ser atingido se não for ultrapassada a mentalidade da constante fuga às responsabilidades, regra de ouro da nossa incultura cívica e administrativa.

8. O âmbito da jurisdição administrativa portuguesa

Quando nos confrontamos com o âmbito da jurisdição administrativa, embatemos imediatamente com o sentido e alcance do artigo 212.º/3 da CRP[1]. As dificuldades começam, desde logo, por saber se a norma constitucional consagra uma reserva material absoluta de jurisdição (administrativa) ou apenas um modelo típico, susceptível de adaptações à luz da liberdade constitutiva do legislador. Mesmo adoptando esta interpretação, a discricionariedade legislativa encontra um limite intransponível no núcleo essencial do modelo constitucional de justiça administrativa.

Como a Constituição parece erigir em critério delimitador da jurisdição administrativa a relação jurídico-administrativa, o intérprete confronta-se também aqui com a dificuldade de oferecer uma noção consistente desta figura. Dificuldade considerável, se atendermos à célebre fuga para o direito privado do direito administrativo e ao fenómeno de desadministrativização.

---

[1] Sobre o alcance da reserva constitucional da jurisdição administrativa, cfr. VIEIRA DE ANDRADE, *A Justiça Administrativa...*, *op. cit.*, p. 109 e ss; SÉRVULO CORREIA/DINIZ DE AYALA/RUI MEDEIROS, *Estudos de Direito Processual Administrativo*, Lisboa, 2002, p. 128 e ss; SÉRVULO CORREIA, "A arbitragem voluntária no domínio dos contratos administrativos", in *Estudos em Memória do Prof. Doutor João de Castro Mendes*, Lisboa, 1994, p. 254.

A complexidade aumenta ao tentar perceber os actuais contornos da noção de Administração pública, nomeadamente para efeitos jurisdicionais. Bastará lembrar, no âmbito da contratação pública, a nova noção de Administração adjudicante oferecida pelo direito comunitário, através da figura de organismo de direito público [1], ou mesmo a chamada administração independente (artigo 267.º/3 da CRP).

Recordada a problematização do tema, o quadro apresenta-se igualmente complexo ao nível do âmbito legal da jurisdição administrativa (artigos 1.º e 4.º do ETAF), se bem que o legislador nos ofereça aqui e ali alguns pontos relativamente firmes quanto à dilucidação das questões anteriormente postas. De todo o modo, verificou-se um claro alargamento da jurisdição administrativa, nomeadamente em matéria de responsabilidade civil e de contratos (artigo 4.º/1/e), f) e g) do ETAF).

A técnica legislativa utilizada pelo legislador, não muito feliz na sua redacção, foi a da combinação da cláusula geral (artigo 1.º do ETAF), de influência constitucional (artigo 212.º/3), com a enumeração específico-exemplificativa de cariz positivo (n.º 1) e de cariz negativo (especialmente o n.º 2), sendo que o artigo 4.º do ETAF se divorciou, por vezes, do critério enunciado na cláusula geral, juntando (ou subtraindo) matérias que ora escapam à noção de relação jurídica administrativa, ora retirando à jurisdição administrativa matérias formal e materialmente administrativas [2].

---

[1] COLAÇO ANTUNES, "Um tratado francês lido em alemão?...", in *Colóquio Luso-Espanhol, op. cit.*, p. 81 e ss.
[2] Criticamente, SÉRVULO CORREIA, *Direito do Contencioso Administrativo*, I, Lisboa, 2005, p. 716.

Em suma, o legislador não parece ter seguido à risca a noção de relação jurídica administrativa, ou então, para caracterizar esta, serviu-se de diferentes critérios [1]. Se em algumas das alíneas do n.º 1 do artigo 4.º do ETAF, para além de enumerar alguns dos litígios mais relevantes que devem caber, pela natureza das coisas, à jurisdição administrativa, utilizou o critério subjectivo, definindo a relação jurídico-administrativa pela presença da Administração pública (artigo 4.º/1/h)), já noutras alíneas parece privilegiar o direito ordenador (artigo 4.º/1/e) e f)) [2]. Noutros casos, parece ainda determinar o critério da relação jurídico-administrativa pelo exercício de poderes administrativos ou a presença de relevantes interesses públicos naquelas alíneas relativas a actos jurídicos praticados por privados (artigo 4.º/1/d) i)).

Tendo em atenção alguma infidelidade do legislador (artigo 4.º do ETAF), parece-nos avisado interpretar conjugadamente este artigo com o artigo 1.º do ETAF, que reproduz, em boa medida, o critério constitucional (artigo 212.º/3). Note-se que o sistema de cláusula geral é um sistema que parece eleger o processo administrativo como "processo comum" da actividade administrativa e os tribunais administrativos como os tribunais comuns em matéria administrativa. Porém, como já foi dito, o legislador não foi particularmente feliz na redacção do artigo 4.º do ETAF, oferecendo sinais contraditórios quanto à interpretação das várias alíneas.

Acresce ainda a dificuldade do legislador não nos oferecer uma noção de relação jurídico-administrativa,

---

[1] Cfr. FREITAS DO AMARAL / AROSO DE ALMEIDA, *Grandes Linhas da Reforma...*, op. cit., p. 28.

[2] Cfr. AROSO DE ALMEIDA, *O Novo Regime do Processo nos Tribunais Administrativos*, 4.ª ed., Coimbra, 2005, p. 105 e ss.

aspecto que se estranha, se atendermos à veia pedagógica que parece tê-lo orientado na feitura da nova justiça administrativa.

Repare-se, como também já fizemos notar, que o conceito de pessoa colectiva de direito público, ajudando também ele a delimitar o âmbito da jurisdição administrativa (artigo 4.º/1/b)), não se apresenta uniforme e nem sequer coincidente com o conceito de entidades públicas [1], com a agravante da doutrina utilizar uma multiplicidade de critérios classificatórios de pessoas colectivas de direito público.

Marcando o essencial, qualquer que seja a noção de Direito Administrativo e de Administração pública, o que caracteriza a sua actuação é o de esta vir sempre referida à prossecução do interesse público (mesmo servindo-se do direito privado) e a uma situação de imposição de autoridade de consequências jurídicas. Mesmo nas relações jurídico-administrativas de natureza paritária, como parecem ser as de índole contratual, não se pode ignorar o peso da autoridade da Administração (artigo 180.º do CPA) e a presença do interesse público, pois sem este elemento finalístico ou teleológico perde sentido qualquer ideia de Administração pública e de direito administrativo.

Cremos para nós que, para efeitos contenciosos e até substantivos, o conceito de relação jurídico-administrativa é um conceito doutrinal e não tanto legal, marcado, no essencial, pela presença da Administração pública ou do interesse público.

---

[1] MÁRIO ESTEVES DE OLIVEIRA / RODRIGO ESTEVES DE OLIVEIRA, *Código de Processo nos Tribunais Administrativos – Estatuto dos Tribunais Administrativos e Fiscais – Anotados*, vol I, Coimbra, 2004, p. 43 e ss.

Um outro aspecto relevante para a definição do âmbito da jurisdição administrativa reside na possibilidade de impugnar actos materialmente administrativos oriundos de entidades organicamente não administrativas (artigo 4.º/1/c) do ETAF), bem como o alargamento da jurisdição administrativa a actos jurídicos praticados por poderes públicos (no âmbito da responsabilidade civil extra-contratual (artigo 4.º/1/g)). Neste sentido, o ETAF parece distinguir entre actividade administrativa e actividade institucional, sujeitando, com algumas excepções (artigos 4.º/2/3 e 24.º/1 do ETAF), os actos provenientes de órgãos formalmente não administrativos ao controlo dos tribunais administrativos. Não todos os actos, como vimos, sendo que nalguns casos parece ter vingado um certo temor reverencial (cfr. especialmente o artigo 4.º/3/b) e c) do ETAF), como também se poderia ter ido mais longe no que tange aos actos praticados no exercício da função política e legislativa, nomeadamente quando se aproximam do carácter regulador do acto ou do regulamento administrativo (Decretos-Lei muito pormenorizados)[1].

Por outro lado, as normas constantes das alíneas a) e c), respectivamente dos artigos 4.º/2 e 24.º/1 do ETAF, devem ser interpretadas com algum cuidado, pois não nos parece que toda a actuação parlamentar *não* legislativa esteja, por inteiro, sujeita à jurisdição administrativa. Para evitar crispações desnecessárias e até o respeito pelo princípio da separação dos poderes, cremos oportuno chamar a atenção para a natureza de certos actos praticados pela Assembleia da República, como acontecerá com os actos relativos a matérias de funcionalismo público ou à

---

[1] Cfr. VIEIRA DE ANDRADE, *A Justiça Administrativa...*, op. cit., p. 235, nota 485.

administração ou gestão do património. Portanto, uma leitura restrita da actividade não legislativa do Parlamento, como objecto de apreciação pelos tribunais administrativos.

Os tribunais administrativos (princípio da devolução facultativa ou da suficiência discricionária do processo – artigo 15.º do CPTA) podem ainda conhecer de questões prejudiciais da competência de tribunal pertencente a outra jurisdição, de tribunais não administrativos, à excepção, em princípio, de questões prejudiciais de direito constitucional e, em alguns casos, de direito comunitário – reenvio prejudicial (artigo 234.º do TCE) [1].

Como sabemos, no exercício da função jurisdicional, mesmo em matéria administrativa, os tribunais confrontam-se frequentemente com o surgimento de autênticos conflitos intersubjectivos ou sociais, tematicamente distintos dos que constituem o objecto principal do processo (administrativo), mas tão estritamente relacionados com estes que a sua solução comporta, em relação ao litígio principal, uma espécie de incontornável antecedente lógico, de tal forma que não é possível resolver o processo principal sem ter previamente julgado das referidas questões prejudiciais. A título de exemplo, se o tribunal administrativo julga da validade de um acto negativo de atribuição de uma pensão de viuvez, importa esclarecer previamente a relação de parentesco ou a validade do casamento hipoteticamente celebrado.

Dúvidas subsistem também em relação às questões prejudiciais de natureza penal, que julgo caberem melhor

---

[1] MÁRIO ESTEVES DE OLIVEIRA/RODRIGO ESTEVES DE OLIVEIRA, *Código de Processo nos Tribunais Administrativos...*, op. cit., p. 189. Cfr. sobretudo FAUSTO DE QUADROS/ANA MARTINS, *Contencioso Comunitário*, Coimbra, 2002, pp. 17 e 50 e ss.

ao juiz penal competente, pelo que se advoga uma leitura complexa e cuidada do referido artigo 15.º do CPTA.

9. Unidade e dualidade de jurisdições: um olhar pelo direito comparado

No ordenamento jurídico português, como acontece, em geral, nos países da Europa continental, a jurisdição administrativa apresenta-se autonomamente em relação à chamada jurisdição comum, sem que tal signifique considerar esta última como a jurisdição por excelência. Isto é assim desde a revisão constitucional de 1989 (cfr. os artigos 209.º/1/b) e 212.º/3 da CRP), que veio estabelecer a mesma dignidade judiciária para os tribunais administrativos, deixando de constituir uma jurisdição menor [1].

A justiça administrativa e os seus institutos dependem frequentemente da evolução das relações entre o cidadão, a Administração e a ordem jurisdicional, mas também das condicionantes próprias da cultura jurídica dos distintos países.

Um dos modelos mais significativos para compreender a nossa justiça administrativa e a respectiva estrutura judiciária foi o contencioso administrativo francês. Com efeito, em França, radicou-se inicialmente um modelo de contencioso administrativo de tipo objectivista, no qual as controvérsias entre o cidadão e a Administração foram atribuídas a um juiz especial – o Conselho de Estado. Depois de vicissitudes várias, o modelo judicialista de organização judiciária tem vindo a afirmar-se, sem ter

---

[1] No que se refere ao âmbito legal da jurisdição administrativa, cfr., desenvolvidamente, VIEIRA DE ANDRADE, *A Justiça Administrativa...*, op. cit., p. 118 e ss.

deixado de ser um modelo paradigmático ou de referência. A própria expressão "contencioso administrativo" é normalmente utilizada em França e noutros países, inclusive no nosso, querendo, com isso, designar, genericamente, o conjunto de institutos e instrumentos processuais predispostos para a tutela das posições jurídicas do cidadão nas suas relações com a Administração pública [1]. A expressão tem ainda serventia para esclarecer, em sentido mais específico, um sistema jurisdicional em que a tutela dos direitos e interesses legalmente protegidos dos particulares, nos seus confrontos com a Administração, vem atribuída a uma jurisdição própria, distinta da que constituem os tribunais comuns.

Na Alemanha, após a reforma de 1960, a jurisdição administrativa é entendida como uma jurisdição plena dos direitos dos cidadãos, competente para julgar os litígios emergentes da relação jurídico-administrativa. Os tribunais administrativos são tribunais autênticos, como acontece também entre nós, e os seus juízes usufruem dos mesmos direitos e deveres do juiz ordinário-comum.

Na Itália vigora provavelmente o único modelo dualístico, fazendo assentar a separação entre o juiz comum e o juiz administrativo na distinção entre as posições jurídicas subjectivas do cidadão nas suas relações com a Administração [2]. Quando estão em causa direitos subjectivos, é competente o tribunal comum, se se tratar de interesses

---

[1] SÉRVULO CORREIA, *Direito do Contencioso Administrativo*, op. cit., pp. 33 e ss e 43 e ss; GOMES CANOTILHO/VITAL MOREIRA, *Constituição da República Portuguesa Anotada*, Coimbra, 1993, p. 814.

[2] Seguimos aqui o entendimento e os critérios de M. NIGRO, *Giustizia amministrativa*, 5.ª ed. revista por E. CARDI e A. NIGRO, Bologna, 2000, p. 39 e ss, que divide os sistemas de justiça administrativa (sob o âmbito da tutela jurisdicional) em dois grandes grupos: sistemas monistas e sistemas dualistas, esp. p. 41.

legítimos a competência é do juiz administrativo, sendo que a competência deste último se tem vindo a alargar ultimamente com a chamada jurisdição exclusiva em função da matéria, independentemente da qualificação das posições jurídicas.

Em Portugal, os artigos 209.º/1/b) e 212.º/3 da Constituição conferem uma colocação constitucional à justiça administrativa sob dois pontos de vista diferentes: o primeiro, confere a mesma dignidade jurídico-constitucional aos tribunais administrativos, como acontece normalmente com os tribunais judiciais. O segundo, define o âmbito da jurisdição administrativa orientado pelo critério da relação jurídica administrativa.

O artigo 212.º/3 da Constituição, sujeito a interpretações diversas quanto ao seu sentido e alcance [1], define, objectivamente, o âmbito da jurisdição administrativa. Os actos praticados pela Administração sujeitos a normas de direito público constituem o alvo da tutela dos direitos e interesses legalmente protegidos, deixando, todavia, ao legislador ordinário e à sua discricionariedade, no respeito pelo núcleo duro do regime constitucional, a possibilidade de devolver (mas também o inverso) certas matérias formal e materialmente administrativas para outras jurisdições, como acontece em matéria de contra-ordenações ou de expropriação por utilidade pública; mais exactamente, as acções relativas aos litígios quanto ao justo valor das indemnizações continuam a caber aos tribunais judiciais. Nesta matéria vigora mesmo um regime de dualidade de

---

[1] VIEIRA DE ANDRADE, *A Justiça Administrativa...*, op. cit., p. 109 e ss, esp. pp. 113 e 114; DINIZ DE AYALA, "Monismo(s) ou dualismo(s) em direito administrativo", in SÉRVULO CORREIA / DINIZ DE AYALA/RUI MEDEIROS, *Estudos de Direito Processual Administrativo*, op. cit., p. 143 e ss.

jurisdições, uma vez que o legislador não foi tão longe como se pensava e esperava (o artigo 5.º da Lei n.º 13/2002, de 19 de Fevereiro, veio alterar apenas os artigos 74.º e 77.º do Código das Expropriações, aprovado pela Lei n.º 168/99, de 18 de Setembro).

No artigo 212.º/3 da CRP emerge ainda a institucionalização de um juiz administrativo aderente materialmente à Administração, o que nos tem levado a concluir que aí se estatui uma jurisdição material absoluta dos tribunais administrativos. Por outras palavras, sempre que subsista um poder da Administração atribuído por normas de direito administrativo, o particular não pode levar a sua pretensão a um tribunal judicial.

Em extrema síntese, duas diversas razões constituem os problemas essenciais da jurisdição administrativa, tanto que a diferente relevância atribuída a estes dois motivos não só identifica os caracteres do sistema como explica certas devoluções, em teoria impróprias: a especificidade da Administração e do seu direito regulador (não se esqueça que mesmo no mais garantístico Estado de Direito, a Administração funciona como autoridade e, portanto, como titular de um poder (artigo 266.º/1 da CRP)) e a exigência, também constitucional, de tutela efectiva das posições jurídicas subjectivas[1]. Se o primeiro motivo justifica um direito processual administrativo, com a sua jurisdição própria, especializada, e até o alargamento desta a matérias formalmente não-administrativas, já o segundo motivo poderia levar a considerar como modelo a justiça comum, na qual pontifica uma posição igualitária entre as partes.

A especificidade da relação jurídico-administrativa contemplada no artigo 212.º/3 da CRP está na natureza

---

[1] A. TRAVI, *Lezioni...*, op. cit., p. 6.

pública do direito que regula a actuação da Administração ou, em última instância, no interesse público que esta prossegue, o que justificaria certos desvios legislativos à regra constitucionalmente enunciada (artigo 4.º/1/e) e h) do ETAF). O critério do direito regulador emerge também no ordenamento alemão.

Em resumo, o nosso modelo *legal* de jurisdição administrativa caracteriza-se por um modelo preferencialmente monista, ainda que apresente alguns desvios dualísticos consideráveis e até injustificáveis. Nem sequer funcionalmente justificáveis com a criação de uma rede local de tribunais administrativos (TAC's) [1].

Frequentemente, como sucedeu no momento da discussão pública da reforma, surge a tendência para olhar o sistema anglo-saxónico, mais precisamente o britânico, como modelo, por forma a tentar demonstrar que o direito administrativo e a sua justiça não seriam necessários à regulação das relações entre o cidadão e a Administração. A *common law*, afirmava DICEY, não aceita o direito administrativo porque a sua natureza é incompatível com o espírito do sistema jurídico [2].

Se nos países da Europa continental o direito administrativo e a sua justiça são fruto de uma redução e controlo da autoridade administrativa e da sua actividade, mas sobretudo da necessidade de a tornar racionalmente compatível com a tutela dos direitos dos cidadãos, no Reino Unido, e de modo geral no sistema de *common law*, seguiu-se um movimento inverso, orientado para a criação

---

[1] FREITAS DO AMARAL / AROSO DE ALMEIDA, *Grandes Linhas da Reforma...*, op. cit., p. 21 e ss.
[2] SÉRVULO CORREIA, *Direito do Contencioso Administrativo*, op. cit., p. 140 e ss.

de "juízos especiais" em sectores em que a tutela dos cidadãos não encontrava uma solução adequada.

Procurando descortinar uma aproximação entre o sistema de *civil law* e o de *common law* na nossa matéria, não atenderemos tanto às diferenças entre eles, por este ser o método normalmente utilizado. A globalização e, em particular, o direito comunitário, também aqui impõem as suas regras.

No Reino Unido, como em geral na *common law*, não se pode falar rigorosamente de justiça administrativa, onde tem pontificado um rígido sistema monista de tutela jurisdicional. De todo o modo, creio podermos falar mais acertadamente de "administração judiciária", articulada em procedimentos administrativos sob forma quase-jurisdicional e concluídos com decisões quase-judiciais. Ao mesmo tempo damo-nos conta da criação de *Administrative Courts and Tribunals*, que a doutrina identifica, em regra, com autoridades administrativas independentes, vocacionadas para a tutela da legalidade e de direitos no âmbito de relações jurídicas especiais [1].

O modelo de jurisdição única arranca, na versão anglo-saxónica, do princípio da separação de poderes e da *Rule of Law*, que exclui ou pelo menos excluía a existência de um direito administrativo para a regulação da actividade dos sujeitos públicos, o que era ainda enfatizado por uma concepção particular da independência do juiz e pela natureza jurisprudencial deste Direito. A ideia fundamental assenta ainda na equiparação de todos os sujeitos de direito, independentemente da natureza pública ou

---

[1] Este parece ser o entendimento do Professor FREITAS DO AMARAL, *Curso de Direito Administrativo*, vol. I, 2.ª ed., Coimbra, 1996, p. 116.

privada da relação jurídica. Outro factor a ter em conta está na ausência de uma cultura da pessoa jurídica pública e dos respectivos órgãos, enquanto forma organizativa dos poderes públicos, permitindo ver a "relação jurídica administrativa" como aquela relação que se estabelece entre o cidadão e o funcionário ou o agente administrativo concretamente considerado.

A sujeição da Administração pública à *ordinary law* e à cognição dos *ordinary tribunals* tem sido considerada nesta experiência a melhor solução. Porém, tal não significa que a actividade administrativa não esteja sujeita a um controlo jurisdicional apertado e até garantístico, permitindo-se que a impugnação contenciosa de actos, inclusive por motivos de mérito, possa abranger erros de direito e de facto, sendo mesmo considerado erro de direito, na base da *no evidence rule*, a apreciação de factos privados de suporte instrutório [1].

As acções proponíveis têm seguido tradicionalmente, se bem que o regime tende a uniformizar-se a partir dos anos oitenta do século passado, as formas próprias da *common law* e da *equity*. Segundo os primeiros, o particular pode agir segundo uma via inibitória, para prevenir actos ou comportamentos da Administração, ou pela via anulatória (*certiorari*), que pressupõe já a prática do acto ou ainda, havendo silêncio ou incumprimento, através do *mandamus*, obtendo-se, por esta via, um *facere*

---

[1] SÉRVULO CORREIA, "O controlo jurisdicional da Administração no direito inglês", in *Estudos de Direito Público em Honra do Professor Marcello Caetano* (coord. de FREITAS DO AMARAL e OUTROS), Lisboa, 1973, p. 107 e ss. Veja-se ainda, por exemplo, sobre os limites do controlo jurisdicional dos actos administrativos, S. A. DE SMITH, *Constitutional and Administrative Law*, London, 1978; J. F. GARDNER, *Administrative Law*, London, 1980.

específico a que o funcionário estava obrigado juridicamente [1].

Através da *equity* pode obter-se um *facere* (*mandatory injunction*), um *non facere* (*prohibitory injunction*) ou uma declaração de ilegalidade (*declaration*), agora na base de princípios diversos aos da *common law*.

No que diz respeito aos vícios, para além da *illegality*, podem fazer-se valer a *procedural improperty* e a *irrationality*, em larga medida reconduzíveis à *ultra vires doctrine* (violação dos limites teleológicos impostos pelo legislador), de cujo âmbito resulta excluído o *error of law on the face of the record*, visto como carência ou contraditoriedade da fundamentação da decisão final em relação aos elementos apurados em sede instrutória [2].

Relativamente à experiência jurisdicional alemã, bem conhecida entre nós, bastarão apenas algumas notas.

A Constituição alemã, no seu célebre artigo 19.º, dispõe que os cidadãos lesados por actuações públicas têm o direito de acesso aos tribunais. A disposição tem carácter geral, englobando quer os tribunais comuns quer os tribunais administrativos. Na experiência alemã, ao contrário do que sucede em Itália, o âmbito da jurisdição administrativa não se faz com base na distinção entre as diferentes posições jurídicas subjectivas. A Constituição consagra uma jurisdição administrativa com a mesma dignidade jurídica da jurisdição comum, vindo disciplinada

---

[1] Cfr., entre outros, W. WADE / C. FORSYTH, *Administrative Law*, Oxford, 2000, p. 737 e ss; W. WADE, "*Administrative Justice in Great Britain*", in A. PIRAS, *Administrative Law: The Procedure of Justice*, I, Milano, 1991, p. 135 e ss.

[2] Cfr. SÉRVULO CORREIA, *Direito do Contencioso Administrativo*, *op. cit.*, p. 127 e ss; COLAÇO ANTUNES, "Interesse público, proporcionalidade e mérito...," *op. cit.*, p. 565 e ss.

pela *Verwaltungsgerichtsordnung* de 1960, sujeita, entretanto, a várias alterações, com realce para a reforma de 1 de Novembro de 1996.

O critério de delimitação da jurisdição administrativa é aparentemente simples, pontificando aí a natureza pública (não constitucional) ou privada do direito regulador da actuação da Administração. No primeiro caso, os litígios serão dirimidos nos tribunais administrativos, no segundo, nos tribunais judiciais (§ 40 VwGO), vigorando o sistema geral de competência [1].

Precisada a natureza jurídica dos tribunais administrativos e a estrita natureza judicial da tutela oferecida a todo e cada um que venha lesado pela actuação da Administração pública, a *Verwaltungsgerichtsordnung* de 1960, sucessivamente alterada, prevê no seu § 42 quer a anulação de acto ilegal quer o pedido de condenação da Administração à emanação do acto ou à prestação de uma actividade.

Assim, ao contrário do que dispõe o artigo 51.º/4 do CPTA, na Alemanha, o § 42 VwGO estatui, no seu n.º 1, quer o pedido impugnatório, quer o pedido condenatório, sem obrigar, como acontece entre nós, à convolação do primeiro no segundo. Creio ser uma solução mais sábia e prudente, dispondo o n.º 2 que a acção é admissível apenas quando o autor tenha sofrido uma lesão dos seus (próprios) direitos pelo acto administrativo ou pela sua recusa ou omissão.

Nos termos do sucessivo § 43, o juiz administrativo pode ser também chamado a conhecer de uma relação jurídica administrativa através da propositura de uma acção

---

[1] SÉRVULO CORREIA, *Direito do Contencioso Administrativo*, op. cit., p. 92.

declarativa sobre a existência ou não de uma relação jurídica de direito público ou da nulidade de um acto administrativo quando o autor invoque um *berechtigtes Interesse*. Este conceito não é imediatamente traduzível pela nossa noção de interesse legalmente protegido.

Num sistema rico e articulado de acções, como o alemão, o autor pode desencadear acções constitutivas, declarativas, condenatórias ou de prestação, mas não substitutivas [1].

O modelo germânico de justiça administrativa, que tem as suas origens no sistema meridional (Baviera) e configura uma tutela plena das posições jurídicas subjectivas, teve uma grande influência modeladora da reforma de 2002/2004, sobretudo na acção de condenação à prática de acto legalmente devido. Como na Alemanha, a Constituição (artigos 20.º e 268.º/4) teve um efeito propulsivo das reformas legislativas operadas no contencioso, em particular na última, que consubstancia o actual modelo legal de contencioso administrativo de matriz subjectivista.

Em resumidas palavras, quanto ao âmbito da jurisdição administrativa, podemos dizer que na República Federal da Alemanha vigora um sistema misto, mitigado, próximo do que se passa entre nós.

Vejamos, por último, a França, modelo originante não só do nosso contencioso administrativo como também de outros países, Espanha e Itália, sendo que, pelo menos

---

[1] COLAÇO ANTUNES, "A acção de condenação e o direito ao acto", in COLAÇO ANTUNES / SÁINZ MORENO, *O Acto no Contencioso Administrativo – Tradição e Reforma (Colóquio Luso-Espanhol)*, Coimbra, 2005, p. 228. Na doutrina alemã, vastíssima aliás, cfr., a título exemplificativo, F. SCHOCH/SCHMIDT AßMANN /R. PIETZNER, *Verwaltungsgerichtsordnung, Kommentar*, 2.ª ed., München, 2003; F. HUFEN, *Verwaltungsprozeßrecht*, 5.ª ed., München, 2003.

neste último, se nota também uma influência dos modelos belga, austríaco e alemão.

O modelo francês de contencioso administrativo, tradicionalmente assente numa Administração fortemente centralizada e no *recours d'annulation*, exerceu uma enorme influência sobre o legislador nacional, com destaque para o Conselho de Estado, órgão central de consulta do Governo com funções jurisdicionais de controlo de legalidade dos actos administrativos. Vigora em França uma noção restrita de justiça administrativa, excluindo-se as impugnações administrativas que, em certos casos, têm uma natureza preventiva e pressuposta ao recurso contencioso de anulação, como acontecia entre nós (artigo 25.º da LPTA) até à revisão constitucional de 1989 (artigo 268.º/4 da CRP) e acontece ainda na Alemanha [1].

Privilegiando o persistente primado do legislador e a correspondente sujeição da Administração à lei (princípio da legalidade), conferiu-se de imediato ao acto administrativo uma dimensão garantística que permitiu ao contencioso de anulação elevar-se a elemento estruturante da justiça administrativa francesa.

Depois de uma primeira fase de *justice retenue*, passou-se, com a lei de 24 de Maio de 1872, a uma *justice déléguée*, afirmando-se crescentemente, apesar de algumas peias formais, como um modelo judicialista. Desde

---

[1] Entre nós, recentemente, SÉRVULO CORREIA, *Direito do Contencioso Administrativo*, op. cit., pp. 43 e ss e 50 e ss. Cfr. a obra fundamental de M. GLÓRIA DIAS GARCIA, *Da Justiça Administrativa em Portugal – Sua Origem e Evolução*, Lisboa, 1994, p. 38 e ss. Como é evidente, a doutrina francesa é interminável. Cfr., no entanto, R. CHAPUS, *Droit du Contentieux Administratif*, 8.ª ed., Paris, 1999, p. 884 e ss; J. RIVERO, "Dualité de juridictions et protection des libertés", in *RFDA*, n.º 6, 1990, p. 735 e ss; J. LEMASURIER, *Le Contentieux Administratif en Droit Comparé*, Paris, 2001, p. 11 e ss.

1987, a organização judiciária conta com tribunais administrativos de apelo, que se vieram juntar aos tribunais administrativos e ao Conselho de Estado.

O âmbito da jurisdição administrativa segue o critério do direito regulador. A separação entre a jurisdição comum e a jurisdição administrativa é conformada pela natureza do direito objectivo disciplinador da matéria: direito privado – tribunal comum –, direito administrativo – tribunal administrativo. Esta regra geral vem depois especificada na determinação do direito aplicável, atendo--se, por um lado, à natureza da entidade que emana o acto, aos elementos formais do acto, ao seu conteúdo e até aos seus efeitos e, por outro lado, à natureza da actividade globalmente entendida (serviço público). Os conflitos de jurisdição são resolvidos pelos Tribunais de Conflitos, pelo menos nos casos mais complexos, com uma composição paritária de juízes administrativos e da jurisdição comum. As coisas têm-se passado genericamente assim desde o célebre *Acórdão Blanco*, de 8 de Fevereiro de 1873, que constitui, aliás, um dos mitos fundadores do direito administrativo.

É também no direito administrativo francês que arranca, sobretudo a partir de DUGUIT, a distinção entre o contencioso por natureza (anulatório) e o contencioso de plena jurisdição ou de atribuição, inicialmente restringido às acções de responsabilidade e às acções contratuais.

Curiosamente, ao invés do que tem sucedido entre nós, a relevância constitucional da justiça administrativa não tem merecido grande atenção dos textos constitucionais franceses, sendo sobretudo obra da jurisprudência e da liberdade constitutiva do legislador, ainda que no respeito das grandes linhas da Lei Fundamental francesa. É como se a Administração tivesse uma vida constitucional autónoma, o que explica, de certo modo, que o Conselho de

Estado funcione como uma espécie de tribunal constitucional de segundo nível em relação ao *Conseil Constitutionnel*.

II

UMA PEQUENA VIAGEM PELA TEORIA DO ACTO
ADMINISTRATIVO: REFRACÇÕES PROCESSUAIS

UMA PEQUENA VIAGEM PELA TEORIA DO ACTO ADMINISTRATIVO: REFRACÇÕES PROCESSUAIS

1. A decisão administrativa como pensamento do acto

Como quase todas as expressões que se utilizam simultaneamente na linguagem jurídica, política ou mesmo no uso comum do homem unidimensional, o termo decisão aparece envolto numa certa nebulosidade e imprecisão.

Indeterminação conceptual acentuada no campo jurídico pela sua aplicação tantas vezes indiscriminada no direito substantivo e também no chamado direito adjectivo (por exemplo, a sentença vem frequentemente apelidada de decisão judicial, tal como o acto se confunde, por vezes, com a decisão administrativa). Creio mesmo que esta ambiguidade no direito administrativo ressalta da natureza geneticamente hermafrodita da noção de decisão administrativa, como tentaremos demonstrar.

Origem processual-judicialista na Alemanha, e daí uma certa noção contenciosa da decisão administrativa (recursos administrativos), que teve, inclusive, refracções na doutrina italiana [1] e portuguesa, como iremos ver adiante.

---

[1] Veja-se, desde logo, C. VITTA, "Nozione degli atti amministrativi e loro classificazione", in *Giur. it.*, IV, 1906, p. 213 e ss; M. NIGRO,

As influências desta concepção podem também encontrar-se na originária configuração francesa do contencioso administrativo, onde pontificava uma rígida separação de poderes que conduzia a Administração a desempenhar funções jurisdicionais.

Origem privatística, ligada à noção de acto administrativo como negócio jurídico de direito público, na Alemanha e na Itália, o que explica provavelmente o desaparecimento ou mesmo esquecimento da noção de decisão do vocabulário jurídico-administrativo italiano durante bastante tempo [1].

A referência psicologista da noção de decisão teve igualmente a sua relevância, positiva e negativa, para a percepção do jurista [2], sendo que a vontade dos órgãos das pessoas colectivas de direito público não é facilmente recondutível aos processos psicológicos humanos. Nestes, ao contrário do processo de formação das entidades administrativas, não é possível ou não é tão facilmente distinguível separar ou individualizar os vários momentos de

---

Le decisioni amministrative, Napoli, 1953, p. 33 e ss; M. NIGRO, "Decisione amministrativa", in *Enc. dir.*, XII, Milano, 1962, p. 812; A. M. SANDULLI, *Manuale di diritto amministrativo*, Napoli, 1984, p. 610; E. CAPACCIOLI, *Manuale di diritto amministrativo*, Padova, 1983, p. 351.

[1] K. KORMANN, *System der rechtsgeschäftlichen Staatsakte*, Aalen, 1962, p. 25 e ss. O autor, distinguindo quatro conceitos de acto administrativo, opta por um conceito estrito de acto, ao defender que o conceito amplo carece de utilidade em consequência da distinta natureza jurídica dos actos administrativos negociais e não negociais e do diferente regime a que estes estão sujeitos.

[2] A célebre teoria da articulação defendida por M. S. GIANNINI, "Accertamenti amministrativi e decisioni amministrative", in *Foro it.*, IV, 1952, p. 169 e ss, e por G. ZANOBINI, *Scritti vari di diritto pubblico*, Milano, 1955, p. 203 (que contém a recolha de textos anteriores). Veja-se, ainda, *Lezioni di diritto amministrativo*, Milano, 1950, p. 77.

formação da vontade. Já na vida e no agir das entidades administrativas esta operação é não só verificável como vem ampliada pela procedimentalização da actividade administrativa e a consequente e faseada participação dos particulares, bem como de sujeitos de direito público. Constata-se, hoje, a existência de procedimentos complexos, com fases distintas, ainda que articuladas (subprocedimentos, pré-procedimentos, etc.), onde as várias fases ou momentos surgem com (uma) maior nitidez e autonomia, o que se projecta (naturalmente) na configuração de actos preliminares, actos preparatórios e nos actos destacáveis ou mesmo em actos finais parciais e, consequentemente, no âmbito do próprio contencioso administrativo (artigo 51.º do CPTA).

Foi colhendo, assim, a ideia de que a figura do procedimento administrativo é essencial à compreensão da noção jurídica de decisão administrativa, tal como acontece com a figura do acto administrativo, como é manifesto na doutrina italiana (ainda que confusa) e, sobretudo, na alemã. O palco natural destas figuras não deixa de ser o mesmo – o procedimento administrativo. Tal constatação não nos deve, porém, conduzir a uma noção dissolvente de decisão administrativa, de modo que esta se confunda com o próprio procedimento administrativo, como parece resultar de alguma doutrina euforicamente procedimentalista e hiperponderativa. A decisão, embora assuma uma dimensão essencialmente procedimental (participação-ponderação de interesses, alternativas, etc.), não explica totalmente a formação da vontade administrativa.

Um outro aspecto relevante, que se prende com a noção de decisão (final), enquanto manifestação de vontade do órgão administrativo (artigos 106.º e 107.º do CPA) é o princípio da boa-fé (artigo 6.º-A do CPA). Embora tentemos aprofundar mais adiante a problemática do princípio da boa-fé, sempre diremos que este princípio não pode ser transposto de plano, tal como foi e é configurado pelos privatistas, para o direito público e, em particular, para o direito administrativo. Por uma razão simples, a sua vigência no direito administrativo assume, pelo lado da Administração, uma íntima relação e vínculo com o interesse público. Não indo tão longe como GUICCIARDI [1], que advogou a sua desnecessidade no direito administrativo, na medida em que tal papel compete ao interesse público, sempre reafirmamos o cuidado e a sua importância no direito administrativo.

Por agora, importa realçar que a decisão administrativa não tem uma natureza essencialmente vinculada [2], mas, ao contrário, comporta uma larga discricionaridade administrativa. É importante salientar isto, porque o entendimento dominante parece apontar noutro sentido. Decidir é fazer opções, escolhas, que, portanto, obrigam a um exercício considerável do poder discricionário. Decidir, como é óbvio, quer dizer pôr fim ao *iter* lógico-volitivo que conduz à formulação de uma proposta ou modelo de acção, acção esta que lhe sucede temporalmente. A decisão administrativa como *manifestação* impura de *vontade* do órgão competente.

Na doutrina alemã, a quem é normalmente assacada a paternidade do termo [3], a noção de decisão adminis-

---

[1] E. GUICCIARDI, Recensione a K. H. Schmitt, "Treu und Glauben im Verwaltungsrecht. Zugleich ein Beitrag zur jurisitischen Methodenlehre", in *Arch. giur. dir. pubbl.*, 1936, pp. 566 e ss.

[2] Sustentando, ainda que de forma inconclusiva, a natureza essencialmente vinculada da decisão administrativa, M. NIGRO, "Decisione amministrativa", *op. cit.*, p. 816.

[3] K. KORMANN, *System der rechtsgeschäftlichen Staatsakte*, *op. cit.*, p. 63; A. MERKL, "Zum Problem der Rechtskraft in Justiz und Verwaltung", in *Zeitschr. öff. Rechts*, 1919, p. 456; *ID., Die Lehre von*

trativa é inicialmente considerada como uma espécie de acto verificativo ou declarativo, com refracções na doutrina italiana, especialmente em NIGRO [1]. Todavia, os autores pós-pandectísticos referem-se a uma construção jurídica do acto administrativo associada aos esquemas mentais processualísticos do "acto jurisdicional". Com uma pontualização, uma das questões mais debatidas pela doutrina alemã de então foi precisamente a da chamada *Rechtskraft* do acto administrativo, entendendo-se com esta expressão não tanto a eficácia do caso julgado ou do caso decidido, mas o conceito de imperatividade do acto [2]. É, portanto, neste quadro jurídico-cultural, que a noção de decisão administrativa (*Entscheidung*, erraticamente referida à noção de acto administrativo) vem elaborada e aperfeiçoada pelos autores de língua alemã – desde BERNATZIK, MERKL e MAYER [3].

A decisão é, para a doutrina originante, o acto administrativo declarativo que se justapõe ao acto administrativo propriamente dito (*Verfügung*). [4]. A problemática agudizou-se na doutrina alemã, na medida da controvérsia sobre o conceito de jurisdição; se MERKL entende que as decisões administrativas constituem o exercício de uma

---

der Rechtskraft, Leipzig, Wien, 1923; O. MAYER, "Zur Lehre von der materiallen Rechtskraft in Verwaltungssachen", in *Arch. öff. Rechts,* 1906, p. 1 e ss.

[1] M. S. GIANNINI, "Decisioni amministrativi contenziose", in *Foro amm.,* I, 1949, p. 316.

[2] M. S. GIANNINI, "Accertamenti amministrativi...", *op. cit.,* p. 170.

[3] Cfr. E. FORSTHOFF, *Lehrbuch des Verwaltungsrechts,* München, 1973, p. 229 e ss; Entre nós, ROGÉRIO SOARES, *Direito Administrativo,* Coimbra, 1978, pp. 127 e 128.

[4] M. S. GIANNINI, "Accertamenti amministrativi...", *op. cit.,* p. 170.

actividade intrinsecamente jurisdicional, enquanto as sentenças dispositivas são vistas como um exercício de uma actividade eminentemente administrativa, já outros autores, considerando inaceitável esta bigamia conceptual, separam as águas, renovando a autonomia administrativa do acto [1].

Note-se que esta distinção e conceptualização de origem processualista e judicial (da decisão administrativa) leva-nos igualmente a problematizar a tradicional distinção entre sentenças declarativas, constitutivas e condenatórias, uma vez que, como refere GIANNINI [2], a doutrina processualista desde há muito tem vindo a salientar que qualquer sentença comporta um momento verificativo-avaliativo e que, portanto, a estrutura lógica da sentença não constitui o elemento maior ou mais idóneo para fundar uma classificação normativa das sentenças. O elemento fundamental não está aí, mas no modo como a sentença tutela o Direito e os direitos dos cidadãos e conforma, portanto, a relação jurídico-administrativa.

Cremos que é esta configuração processualista das sentenças a inspirar a distinção entre actos administrativos constitutivos, declarativos e permissivos. Sem dúvida que tal distinção a ser (e é) importante, deve relevar do critério que assinalámos antes, sendo que há aspectos colaterais, por vezes ignorados, que podem assumir uma enorme relevância. Assim, por exemplo, a distinção entre actos constitutivos e actos declarativos (GIANNINI)

---

[1] Neste aspecto, a obra de MAYER é absolutamente indispensável.

[2] M. S. GIANNINI, "Accertamenti amministrativi...", op. cit., p. 178.

não pode ignorar que o efeito constitutivo ou declarativo seja frequentemente produzido não pelo acto administrativo (*stricto sensu*) mas pelo acto enquanto facto jurídico: as inscrições nos registos públicos, por exemplo, têm efeitos declarativos enquanto actos e constitutivos enquanto factos; já as licenças ou autorizações têm, inversamente, efeitos constitutivos enquanto actos administrativos e declarativos enquanto factos (GIANNINI).

No que se refere à doutrina italiana, embora bastante influenciada, pelo menos inicialmente (VITTA), pela doutrina alemã (sentença e acto), a configuração jurídica da noção de decisão administrativa ressente-se da originária construção do acto administrativo como negócio jurídico de direito público ou mesmo das concepções privatísticas do negócio jurídico.

No que toca à concepção jurídica desta figura no direito italiano, o primeiro autor a sobressair é, como dissemos, na esteira dos autores alemães, VITTA [1]. Para este autor, a decisão administrativa é um acto que reconhece ou declara se a actuação da administração é conforme à lei ou se tal comportamento é oportuno. Num segundo trabalho [2], a decisão administrativa vem considerada como um *acto preliminar* em relação a outros actos administrativos, o que constitui, nas palavras de GIANNINI, uma preciosa intuição que depois o Mestre retoma de forma definitiva [3]. Começa, assim, a desenhar-se uma concepção admi-

---

[1] C. VITTA, "Nozione degli atti amministrativi...", *op. cit.*, p. 213.

[2] C. VITTA, "Gli atti certificativi e le decisioni amministrative", in *Giur. it.*, IV, 1924, p. 97, citado por M. S. GIANNINI, "Accertamenti amministrativi...", *op. cit.*, p. 171.

[3] M. S. GIANNINI, *Diritto amministrativo*, vol. II, Milano, 1988, p. 578 e ss.

nistrativa, portanto não contenciosa, de decisão administrativa [1].

Embora a noção de decisão administrativa apareça ainda envolta numa certa nebulosidade, que não a permite distinguir, com clareza, dos actos de certeza jurídica e de ciência ou mesmo dos actos declarativos e avaliativos, não há dúvida que estamos perante um contributo extremamente relevante. Pena foi que tal indicação tenha caído durante longo tempo no esquecimento, o que veio permitir à doutrina sucessiva, como acontece com NIGRO, deixar a noção ser absorvida pela figura dos *accertamenti amministrativi,* levando mesmo NIGRO a considerar a decisão administrativa uma espécie de *accertamento amministrativo* e, portanto, um acto declarativo com efeitos constitutivos [2].

Para GIANNINI [3], as decisões administrativas são actos administrativos. Embora inicialmente influenciado pelas teses psicologistas da formação da vontade, rapidamente se dá conta da importância do procedimento administrativo, e respectiva participação dos particulares, para as configurar em termos definitivos como actos administrativos de natureza preliminar, como havia feito VITTA. Mas foi mais longe. A captação da importância do procedimento administrativo leva-o a afirmar que em todos os

---

[1] Neste sentido, ainda que de forma equívoca, P. VIRGA, *Il provvedimento amministrativo,* Milano, 1968, p. 105; mais claramente, ainda que reconduza a noção de decisão à de acto administrativo, CANNADA BARTOLI, "Decisione amministrativa", in *Nov. dig. it.,* V, Torino, 1960, p. 269, enquanto F. BENVENUTI, "Autotutela", in *Enc. dir.,* IV, 1959, enquadra a decisão administrativa no âmbito da autotutela com resquícios ainda litigiosos.

[2] M. NIGRO, "Decisione amministrativa", *op. cit.,* p. 812.

[3] M. S. GIANNINI, "Accertamenti amministrativi...", *op. cit.,* p. 175 e ss, esp. p. 179.

procedimentos existe uma fase de decisão, definindo-a como determinação da *vontade do acto administrativo*. Esta fase da decisão administrativa, do ponto de vista organizativo, já tinha sido reconhecida, faltando agora ver qual a sua função ao nível do ordenamento jurídico-administrativo, inclusive, qual a sua relevância contenciosa.

Seguindo, mais uma vez, a lição deste Autor universal, as decisões administrativas não se devem confundir com os actos de certeza (jurídica ou de ciência) e já aqui há um avanço em relação à doutrina de VITTA ou mesmo de NIGRO. A verdade é que as decisões contêm juízos mas nem sempre *accertamenti,* sendo que estes devem ser apreendidos como pressuposto da decisão e não como conteúdo ou objecto desta.

Se os juízos são os elementos lógico-jurídicos do acto administrativo (versando normalmente sobre uma relação jurídica), as decisões administrativas são manifestações (im)puras, porque procedimentais. São, portanto, uma espécie de pensamento ou espírito do acto, enquanto os juízos se distinguem dos actos verificativos, na medida em que nem todos os juízos são manifestações de ciência ou de direito.

As decisões administrativas, como actos que contêm a determinação da vontade administrativa, e este é outro passo importante, podem revelar-se juridicamente de formas diferentes. As decisões não são apenas um elemento do acto [1], vinculado ou discricionário, antes podem constituir o acto constitutivo do procedimento, o acto "final". Tal sucede sempre que dela resulte o efeito jurídico posto pela norma administrativa. Por exemplo, o indeferimento de

---

[1] Neste sentido, entre nós, veja-se, ESTEVES DE OLIVEIRA / /PEDRO GONÇALVES/PACHECO DE AMORIM, *Código do Procedimento Administrativo*, 2.ª ed., Coimbra, 1997, p. 550.

uma autorização, cumpridas as normas procedimentais para o efeito. Nestes casos, a determinação da vontade é suficiente para produzir os efeitos jurídicos do acto (autorizativo). Não há aqui qualquer acto sucessivo ou qualquer volição ou comando, nem qualquer acto integrativo da eficácia (que não seja a notificação). A decisão, como *determinação do querido* é já idónea a produzir efeitos jurídicos, embora não os produza todos quando o acto sucessivo é necessário e só com ele se esgotam os referidos efeitos legais. O acto sucessivo não é, neste caso, o acto integrativo de eficácia, como acontece, por exemplo, com os actos de controlo.

Começa, então, a configurar-se uma concepção de decisão administrativa como acto administrativo preliminar *mas não* preparatório ou instrumental, criando a obrigação para a autoridade administrativa (sucessiva) de emanar o acto seguinte [1]. Nasce, assim, o direito subjectivo do particular obter da Administração o acto sucessivo e devido, subsistindo (sempre), mesmo na ausência deste, um interesse juridicamente protegido. Ainda que a decisão venha absorvida pelo acto constitutivo, tal não significa que perca autonomia funcional-procedimental, fazendo surgir imediatamente pretensões subjectivas dos particulares, como as que assinalámos antes.

GIANNINI configura ainda outras situações hipotisáveis de decisão administrativa: para além do caso em que a decisão produz efeitos jurídicos *preliminares* (e, portanto, impugnáveis), existe ainda a situação em que produz apenas efeitos finais; no meio fica a decisão que produz efeitos em parte preliminares e em parte finais, sendo a outra parte dos efeitos finais conexa ao acto

---

[1] ROGÉRIO SOARES, *Direito Administrativo, op. cit.*, p. 130.

sucessivo [1]. No que tange aos efeitos parciais produzidos, a decisão é impugnável independentemente do acto sucessivo. Vislumbra-se aqui a abertura decisiva para a concepção do *provvedimento,* ou seja, para a noção de acto administrativo regulador.

Em síntese, a decisão administrativa, enquanto manifestação de vontade, pode produzir todos os efeitos resultantes da manifestação de autoridade administrativa. Neste caso estamos perante uma decisão-acto. A sua "imagem" bem poderia ser a dos actos negativos ou das decisões tomadas em procedimentos de segundo grau, mas, neste (último) caso, tal entendimento vem prejudicado quando (não) venha absorvido o acto originariamente impugnado e a impugnação contenciosa vá dirigida contra este (estando aqui em causa o problema dos actos confirmativos, artigo 53.º do CPTA).

Em segundo lugar, vêm as decisões que, embora constituam um acto administrativo, se justapõem no procedimento a um outro acto com carácter definitivo e constitutivo. Por exemplo, o subprocedimento relativo à declaração de utilidade pública nas expropriações (artigo 10.º e segs. do Código das Expropriações, Lei n.º 168/99, de 18 de Setembro). Agora, conforme a fase do procedimento administrativo, as decisões podem produzir os seus próprios efeitos, ao lado dos efeitos de outros actos. Os efeitos jurídicos podem ser finais ou (pelo menos) em parte finais, ou ainda em parte preliminares, configurando-se, assim, uma situação intermédia. Vejam-se a decisão (resolução) de expropriar (artigo 10.º do C. Exp.), a decisão de contratar da Administração, a decisão relativa à declaração de impacto ambiental no subprocedimento respectivo, se bem

---

[1] M. S. GIANNINI, "Accertamenti amministrativi...", *op. cit.,* p. 179.

que estes actos possam ser classificados como actos de certeza (de ciência) com efeitos constitutivos subjectivos e não apenas objectivos (artigo 17.º do Decreto-Lei n.º 69/2000, de 3 de Maio, alterado ultimamente pelo Decreto-Lei n.º 197/2005, de 8 de Novembro); ou ainda a decisão (deliberação) de elaborar um plano urbanístico (PDM, por exemplo – artigo 74.º do Decreto-Lei n.º 380/99, de 22 de Setembro, sucessivamente alterado); ou a decisão relativa à realização de uma infra-estrutura ou à sua localização [1].

O que distingue os dois tipos de decisão é que no primeiro caso, decisão-acto, a formulação da vontade produzida é suficiente para produzir todos os efeitos jurídicos possíveis; já na segunda situação, a decisão produz um efeito preliminar. Neste caso há uma decisão e um acto, a primeira relativa ao objecto do acto, a segunda à vontade do acto. Na hipótese formulada em primeiro lugar, temos simplesmente uma decisão-acto que produz todos os efeitos.

Por último, as decisões administrativas podem ser entendidas como uma componente dos actos complexos. Para alguns, o exemplo pode ser, mais uma vez, o procedimento de elaboração dos planos urbanísticos, vindo estes classificados como actos complexos [2]. Esta última categorização não tem grande utilidade, na medida em que mal se distingue das decisões preliminares de que falámos anteriormente.

---

[1] Cfr. o Acórdão do STA, de 14 de Março de 1995 (AD, n.º 415, 1996, p. 838 e ss) sobre a localização da ponte sobre o rio Tejo.

[2] Esta tripla categorização arranca da obra inicial de GIANNINI, embora posteriormente tenha vindo a cair a terceira categoria de situações.
Cfr., do referido Autor, *Diritto amministrativo, op. cit.*, p. 581; veja-se ainda F. MERUSI/G. TOSCANO, "Decisioni amministrative", in *Enc. giur. (Treccani)*, vol. II, 1988, p. 2.

Numa matéria em que a configuração do direito positivo revela aspectos de atipicidade, como é o caso, por vezes, do direito administrativo, pode acontecer que haja decisões que têm características preliminares ou mesmo intermédias ou ainda parcialmente finais e que, portanto, podem pertencer a uma ou outra categoria de acordo com a fase ou a tipologia dos procedimentos. Assim, no procedimento de expropriação-sanção (artigo 88.º da CRP), a decisão relativa ao arrendamento ou à concessão de explorações compulsivas, se for positiva pode ser apenas um elemento do acto complexo, mas se for negativa é uma decisão-acto directa e autonomamente impugnável.

Em resumo, as decisões administrativas são manifestações de vontade que contêm frequentemente uma verificação ou avaliação, mais como elemento lógico do que estritamente jurídico. As decisões administrativas não são meros actos instrumentais [1] e, portanto, preparatórios ou executivos, nem manifestações parciais de vontade que, juntamente com outras manifestações, compõem os actos complexos (*lato sensu*). Como manifestações de vontade podem esgotar inteiramente o momento volitivo da Administração e, nestes casos, constituem o acto principal do procedimento, o acto verdadeiramente constitutivo.

Regressemos à doutrina alemã, que é bem mais iluminante, e ao seu *idealismo procedimental*, isto é, o procedimento administrativo como decisão e como acto administrativo.

No procedimento administrativo, de acordo com um plano funcional, uma série de acções são reguladas com vista a um determinado objectivo. O procedimento, em sentido jurídico, é dirigido, através de uma "decisão" mais

---

[1] ROGÉRIO SOARES, *Direito Administrativo*, op. cit., p. 127 e ss.

ou menos formal, à constituição ou constatação de direitos, deveres ou situações jurídicas. Nesta perspectiva, será certamente possível sintetizar com a expressão *direito sobre o procedimento administrativo* as normas e os princípios jurídicos que, através da fixação dos seus pressupostos e dos (respectivos) efeitos formais, regulam as modalidades da actividade administrativa. Já não é tão fácil distinguir, com precisão, o direito procedimental administrativo e o direito administrativo material, ao invés do que sucede com o direito administrativo (geral) e o direito processual administrativo [1].

O direito sobre o procedimento e as outras normas e princípios jurídicos que regem a actividade administrativa não pertencem exclusivamente a um âmbito particular do direito administrativo, são antes partes integrantes do direito administrativo geral. Numerosos princípios e disposições jurídicas, que bem podem ser concebidos como normas de direito procedimental administrativo, devem ser mesmo "atribuídas" ao direito administrativo material, na medida em que determinam também o conteúdo dos direitos e dos deveres dos particulares. Isto é particularmente válido para as regras que fazem parte da teoria do acto administrativo [2]. Com efeito, ao acto cumpre uma dupla função: por um lado é um acto procedimental, que *decide* o procedimento administrativo; por outro, determina, constituindo ou verificando, concedendo ou impondo ónus, a posição jurídica do ou dos interessados face à Admi-

---

[1] C. H. ULE / H. W. LAUBINGER, *Das Verwaltungsverfahrensgesetz*, Köln, 1986, p. 118.
[2] P. BADURA, "Das Verwaltungsverfahrensgesetz", in *Allgemeines Verwaltungsrecht* (sob a direcção de ERICHSEN e MARTENS), Berlin, 1977, p. 243 e ss.

nistração, portanto um acto regulador, algo parecido com o *provvedimento* italiano.

Em síntese, o procedimento administrativo, na sua existência e formação, consiste num desenvolvimento e aplicação dos princípios do Estado de Direito no âmbito da actividade administrativa. Note-se, todavia, que a lei alemã do procedimento administrativo aponta para uma noção relativamente restrita de acto administrativo (§ 35VwftG), ao contrário do que se diz frequentemente. Não se poder ter tudo por dois "escudos", subjectivação do contencioso administrativo e uma noção alargada de acto. O que lá está é sobretudo o acto conclusivo do procedimento [1], logo o acto regulador.

A lei do procedimento administrativo alemã pretendeu, se bem entendemos as coisas, conciliar a actividade administrativa própria de uma Administração executiva com a actividade constitutiva de uma Administração prestadora [2]. Neste sentido, o processo de formação da decisão tornou-se mais poliédrico e mais complexo. Na base de pressupostos fixados legalmente, a forma decisional surge-nos agora como um processo empírico participado, em substituição do belo e pronto acto administrativo. Acto que já não é filho dilecto de uma manifestação pura de vontade do órgão administrativo. A *decisão* é simultaneamente um processo de operações sucessivas, no âmbito de uma determinada unidade temporal, e o resultado da interacção

---

[1] W. SCHMITT-GLAESER, "Anspruch Hoffnung und Erfüllung. Das Verwaltungsverfahren und sein Gesetz – eine einleitende Bemerkung", in W. SCHMITT-GLAESER, *Verwaltungsverfahren*, Stuttgart, 1977, p. 5 e ss.

[2] Exemplo que, creio, foi seguido entre nós pelo CPA, o que significa que muitas observações aqui anotadas são também válidas para o nosso direito procedimental.

entre o sujeito da decisão, o sistema e o seu ambiente [1]. Enquanto processo de operações sucessivas, a decisão administrativa consiste agora num procedimento articulado em várias fases que conduz ao resultado final. O acto-decisão conclusivo do procedimento assume a forma de reepílogo do processo decisional.

A crescente afirmação da actividade administrativa constitutiva põe a nu a relevância jurídica do "processo" de decisão e o direito da organização administrativa, bem como o direito que regula a actividade das entidades administrativas. Esta autoprogramação da Administração dá à organização formal da decisão um significado material, de maneira que o procedimento decisional, com especial saliência para a fase instrutória, comporta efeitos importantíssimos e mesmo determinantes para o conteúdo da decisão final [2].

Formalmente, a decisão sobre direitos e deveres das partes implicadas no procedimento constitui o objectivo e a conclusão (formal) de um procedimento administrativo. Por outro lado, a decisão é um acto administrativo que regula a posição jurídica das partes enquanto produto concreto da relação jurídica de direito público e que constitui o objecto do procedimento [3].

O acto administrativo tem, portanto, uma função de *direito procedimental* e uma função de *direito material*. Enquanto decisão procedimental põe termo a um procedimento administrativo; por força dos seus efeitos regulado-

---

[1] W. SCHMITT-GLAESER, "Anspruch Hoffnung und Erfüllung..." *op. cit.*, p. 35.

[2] Veja-se, entre nós, o artigo 105.º do CPA, onde se fala de "proposta de decisão".

[3] P. BADURA, "Das Verwaltungsverfahrensgesetz", *op. cit.*, p. 264.

res sobre os direitos e os interesses legalmente protegidos, segundo o direito material, constitui um acto favorável ou desfavorável às pretensões dos particulares. Em relação à (sua) função de direito procedimental pode ser definido como *decisão administrativa* [1]; já em relação à função de direito material deve ser entendido como acto administrativo regulador dirigido a produzir efeitos jurídicos imediatos em relação a terceiros [2].

O problema e dificuldade da autonomia conceptual dos dois conceitos – acto e decisão – está em que a peculiaridade da actividade administrativa não permite distinguir claramente o direito sobre o procedimento administrativo e os efeitos jurídicos procedimentais do acto administrativo. O acto administrativo é um modo específico de realização e concretização do direito procedimental objectivo, isto é, uma decisão que produz efeitos jurídicos autónomos capazes de uma particular validade. Estabelecendo para o futuro o que para os interessados deve valer como direito do caso concreto, o acto administrativo produz um efeito decisional e vinculante definido do ponto de vista procedimental, mas primacialmente significativo do ponto de vista material e subjectivo.

Em síntese, juridicamente, a decisão administrativa constitui o objectivo e a conclusão de um procedimento ordenado formalmente. Em sentido material, temos um acto administrativo regulador da relação jurídica estabelecida entre o particular e a Administração.

Para concluir este ponto, importa referir que, para a doutrina e o direito franceses, na esteira da doutrina alemã, a decisão administrativa não adquire autonomia

---

[1] Cfr. o §73 VwGO.
[2] P. BADURA, "Das Verwaltungsverfahrensgesetz", *op. cit.*, p. 302.

em relação ao acto administrativo. Não existindo autonomamente o termo decisão, a terminologia francesa da escola fundadora de HAURIOU traduziu com o termo *décision* o conceito (alemão) *Verfügung* ou acto administrativo. Tese esta que teve refracções na doutrina italiana clássica, como acontece com CANNADA BARTOLI.

No que se refere à doutrina portuguesa [1], para ROGÉRIO SOARES [2], "muitos dos actos de 2.º grau assumem a configuração de decisões, ou seja, actos verificativos (na linha de BERNATZIK) que põem termo a uma controvérsia entre a Administração e um particular ou entre dois particulares" [3], ressoando ainda uma percepção contenciosa das decisões quando diz (parecendo aderir implicitamente à tese de NIGRO) que este conceito permite "reconduzir a uma fórmula comum a totalidade dos problemas que se levantam naqueles procedimentos administrativos em que estão presentes conflitos de interesses ou de opiniões que devem ser resolvidos por uma aplicação estrita da lei" [4].

Para ESTEVES DE OLIVEIRA e os Autores que o acompanham no comentário ao CPA [5], seguindo, de perto,

---

[1] MARCELLO CAETANO, *Manual de Direito Administrativo*, vol. I, 10.ª ed., Coimbra, 1980, pp. 427 e 428; FREITAS DO AMARAL, *Curso...*, vol. II, *op. cit.*, p. 208 e ss, que parece reconduzir a noção de decisão administrativa à de acto; SÉRVULO CORREIA, *Noções de Direito Administrativo*, I, Lisboa, 1982, p. 258 e ss; V. PEREIRA DA SILVA, *Em Busca do Acto...*, *op. cit.*, p. 573 e ss; ESTEVES DE OLIVEIRA, "Reflexão sobre o conceito de acto administrativo", in *RDA*, 1982, p. 285 e ss.

[2] ROGÉRIO SOARES, *Direito Administrativo, op. cit.*, p. 127 e ss.

[3] ROGÉRIO SOARES, *Direito Administrativo, op. cit*, p. 128.

[4] ROGÉRIO SOARES, *Direito Administrativo, op. cit*, p. 128. Mais recentemente, "O acto administrativo", in *Scientia Iuridica*, 1990, p. 38 e ss.

[5] ESTEVES DE OLIVEIRA E OUTROS, *Código do Procedimento Administrativo, op. cit.*, p. 550.

a noção de acto administrativo de ROGÉRIO SOARES, a decisão aparece configurada como um elemento do acto ou, para utilizar as palavras dos Autores, "o primeiro dos elementos da noção legal de acto administrativo consiste em ser ele uma decisão..."[1]. Para depois acrescentarem que o artigo 120.º do CPA adoptou "uma fórmula similar à que noutros direitos se utiliza para esses efeitos – como é o caso do *provvedimento* do direito italiano ou da *Entscheidung* do direito alemão"[2]. Concluem, afirmando que a opção do legislador foi a de reconduzir "a noção de acto administrativo ao elemento decisão".

Em nossa opinião não é assim, nem no direito italiano, como acabámos de ver, nem na doutrina alemã, onde, como também referimos, o conceito de *Entscheidung* significa decisão (administrativa) e o acto administrativo *Verfügung*. Não se trata, portanto, apenas de um elemento ou ainda menos do primeiro elemento do acto. Antes disso há toda uma série de operações que (sinteticamente) vão da concepção do fim à volição, passando pela determinação do pretendido pelo agente administrativo.

Como a linguagem do legislador tem um valor relativo [3], não exageraremos ao dizer que o direito é também o que os juristas dizem ser o direito; quanto ao texto do artigo 120.º do CPA, parece-me eivado de uma conceptuologia não estritamente jurídica, no que toca ao termo decisão, o que dificulta a distinção entre os dois conceitos. Nomeadamente, nem todas as decisões produzem efeitos externos autónomos, como acontece com os actos admi-

---

[1] ESTEVES DE OLIVEIRA E OUTROS, *Código do Procedimento Administrativo, op. cit.*, p. 550.
[2] ESTEVES DE OLIVEIRA E OUTROS, *Código do Procedimento Administrativo, op. cit.*, p. 550.
[3] FREITAS DO AMARAL, *Curso...*, vol. II, *op. cit.*, pp. 221 e 222.

nistrativos, como nem todos os seus efeitos são finais, podendo antes ser preliminares ou intermédios.

Ao que julgamos, ainda que o modelo procedimental seja o alemão, segue-se aqui a concepção francesa de *décision* que, como notámos, se faz equivaler à noção de *Verfügung,* sendo que este conceito traduz a realidade do acto administrativo e não a de decisão administrativa.

É certo também que a linguagem da lei alemã do procedimento administrativo (que se revelou uma fonte relevantíssima do CPA) opera com os dois conceitos, embora nos pareça que o termo decisão venha referido ao direito procedimental (decisão final do procedimento) e o conceito de acto administrativo caiba ao direito material, enquanto definidor da relação jurídica do cidadão com a Administração (acto regulador).

O que agora verdadeiramente está em causa é o conteúdo da relação jurídica administrativa [1]. Na fenomenologia da moderna doutrina administrativa, superando os resquícios da doutrina do negócio jurídico, a formulação do conteúdo do acto administrativo adquire uma relevância autónoma em relação à *constituição* do próprio acto. A relevância da declaração de vontade (e da encoberta tese do negócio jurídico público) está subjacente, ainda que inconscientemente, às teorias que defendem uma noção ampla de acto administrativo e até nas teses que advogam um conceito estrito de acto administrativo [2]. Quanto às últimas importa pontualizar que a expressão declaração de vontade vem entendida como regulação, que é, como

---

[1] R. BOCANEGRA, *Lecciones Sobre el Acto Administrativo*, 2.ª ed., Madrid, 2004, p. 33 e ss.
[2] P. KRAUSE, *Rechtsformen des Verwaltungshandelns. Überlegung zu einem System der Handlungsformen der Verwaltung mit Ausnahme der Rechtssetzung,* Berlin, 1974, pp. 66 e ss e 187 e ss.

se sabe, um dos elementos fundamentais do acto administrativo [1].

Na nossa modesta opinião, não nos parece que a noção de declaração de vontade (e, por maioria de razão, de negócio jurídico) possa servir para caracterizar adequadamente o conceito (estrito) de acto administrativo [2]. Observe-se que o acto administrativo se define pela heterodeterminação do agente que actua num caso concreto, não havendo, ao invés da figura de direito privado, uma regulação criadora em sintonia com a vontade do órgão ou agente administrativo, visto que a vontade, a existir, é a que vem expressa na lei aplicável à situação concreta. Acresce que o critério para determinar a validade do acto não consiste em provar se se ajusta ou não à vontade do agente mas se é conforme à lei, *maxime* ao fim predeterminado normativamente.

A haver algum lastro da declaração de vontade da Administração, ela seria apenas relevante nos actos administrativos discricionários. Todavia, o nosso entendimento não vai neste sentido, porque, mesmo admitindo tal hipótese, a utilidade do conceito de negócio jurídico serviria tão-somente, com reservas, para classificar os actos administrativos (vinculados ou discricionários), mas nunca para os definir ou delimitar de outras figuras. Note-se que o poder administrativo adquire um carácter essencialmente intelectivo, o que, desde logo, limita a liberdade de escolha da Administração [3].

---

[1] Com uma visão relativamente incoincidente, G. ANABITARTE / / M. REXACH, *Acto y Procedimiento Administrativo*, Madrid, 2001, pp. 38 e ss e 44.

[2] Cfr. ROGÉRIO SOARES, *Direito Administrativo*, op. cit., p. 58, que chama a atenção para a teoria do negócio jurídico (de direito público).

[3] Cfr. ROGÉRIO SOARES, *Direito Administrativo*, op. cit., p. 96.

Aliás, a equiparação entre acto administrativo discricionário e negócio jurídico (através da noção de declaração de vontade) deve ser afastada porque o âmbito de discricionaridade do acto permitido pela lei está sempre vinculado pela prossecução do interesse público. Logo, o que existe eventualmente é alguma analogia mas nunca identidade entre as duas figuras. Em bom rigor, os vícios de vontade (e a chamada ilicitude) só afectarão a validade do acto discricionário se a sua presença impedir o intérprete de saber qual poderia ser a melhor decisão, a decisão acertada. Portanto, a sua utilidade, a verificar-se, tem apenas o mérito de indiciar uma utilização incorrecta do poder discricionário. Tem, portanto, apenas um efeito sintomatológico, a insinuar o vício de desvio de poder.

Já quanto aos actos administrativos vinculados, tais vícios, como o elemento volitivo se reconhece na lei, são de todo irrelevantes. Todavia, como assinala FLUME [1], se o controlo da vontade do funcionário não é possível, o mesmo já não sucede com a vontade de actuação (*Handlungswille*), que não existiria, por exemplo, num acto objecto de violência, coacção ou maquinação fraudulenta. Mesmo nestes casos, existirá controlo da declaração de vontade? Não creio, embora não nos impeça de reconhecer aos órgãos administrativos uma margem de subjectividade conformadora (*Gestaltungssubjektivität*) [2].

Em extrema síntese, a única vontade que manifestam os actos é a vontade da lei, que a Administração deve

---

[1] W. FLUME, *Das Rechtsgeschäft*, 2.ª ed., Berlin, 1975, p. 42 e ss.

[2] U. RÜPING, *Verwaltungswille und Verwaltungsakt*, Bonn, 1986, p. 112 e ss.

cumprir rigorosamente, o que justifica o primado do princípio da legalidade-fundamento (princípio da precedência da lei). A peculiaridade da declaração de vontade no direito administrativo reside no facto de não constituir uma declaração de vontade, porque o seu conteúdo cria, modifica ou extingue relações jurídicas determinadas normativamente, que não resultam do estado psicológico ou intelectual do agente.

Se assim fosse, se a declaração de vontade fosse um elemento distintivo do acto em relação a outras formas de manifestação da actividade administrativa, então depararíamos com um resultado absurdo, o da exclusão da categoria de acto administrativo de todos aqueles que tivessem uma natureza vinculada.

Resumindo a problemática *decisória*, devemos dizer que, no actual ordenamento jurídico-administrativo, a palavra decisão adquire uma validade polissémica. No CPA, o termo (decisão) não tem sempre o mesmo sentido. Desde logo, como princípio geral (artigo 9.º), onde o conceito de decisão se refere ao dever da Administração "se pronunciar sobre todos os assuntos da sua competência que lhes sejam apresentados pelos particulares..." (artigo 9.º/1). Estão aqui em causa os princípios jurídicos fundamentais da segurança jurídica e da eficiência e, nesse sentido, julgamos que, apesar do sentido literal do referido preceito, o dever de decidir deve incluir os procedimentos iniciados oficiosamente, na medida em que também aí permanecem os interessados. Depois, a decisão pode querer significar tanto o elemento decisório (acto) que, pondo termo ao procedimento, decide sobre a questão colocada e, portanto, define a situação jurídica do particular face à Administração, como a forma genérica de pôr termo a um procedimento, incluindo a decisão final expressa (artigo 107.º), o deferimento tácito (artigo 108.º/1) ou o indeferimento tácito (artigo 109.º/1), em que não há verdadeiramente qualquer acto administrativo, ou ainda outras formas larvares como a desistência e renúncia (artigo 110.º), a deserção (artigo 111.º) e a impossibilidade material de continuar (artigo 112.º). Poderíamos acrescentar que o termo decisão expressa ainda a ideia de que o órgão administrativo emana um acto jurídico sem esclarecer o conteúdo do referido acto ou aquela outra situação em que o termo do procedimento adquire foros consensuais ou contratuais (artigo 178.º e segs., sempre do CPA).

Em resumo, o conceito de decisão administrativa nem sempre revela um significado e conteúdo jurídicos precisos: forma genérica de pôr termo ao procedimento, acto final regulador, acto preliminar, acto destacável ou mesmo acto final parcial.

Caberá ao intérprete, com base na lei e atendendo aos contornos do caso concreto, desentranhar hermeneuticamente o sentido de um conceito obscurecido por um certo mediatismo linguístico e ôntico. Como vimos, o termo decisão administrativa vem, inclusive, referenciado pelo legislador e pela doutrina para designar (em contraposição com o conceito abstracto de acto) o acto que define uma situação jurídica individual e concreta.

Em suma, ainda que de forma ambígua, a contenciosidade da decisão administrativa parece-nos incontornável, com especial relevo para a configuração dos actos instrumentais (preparatórios) com eficácia externa, mais propriamente os chamados actos destacáveis, ou os chamados actos finais parciais. Em muitos casos trata-se de actos com a designação de decisão, noutros, como decorre do Despacho Normativo n.º 47/2001 (D.R., I Série B, de 21 de Dezembro) de *novos* tipos de actos com a designação de decisão.

Para nós, a decisão administrativa distingue-se dos actos verificativos e avaliativos [1]. Este tipo de actos destina-se a constituir especificamente uma certeza jurídica ou de ciência. Este tipo de actos não produz inevitavelmente efeitos jurídicos que possam ser autonomamente impugnáveis. Trata-se de actos destinados a conceber a certeza como bem jurídico, vocacionados, em primeira linha, a produzir situações objectivas, ao invés dos actos e das decisões administrativas [2].

Ora, as decisões administrativas não são actos de certeza para a Administração decidir com base neles, mas antes actos essencialmente discricionários, como não constituem situações objectivas de ciência ou de reconhecimento legal, nem, por outro lado, são necessariamente constitutivas, modificativas ou extintivas de direitos, embora as produzam frequentemente enquanto decisão-acto. Os actos de certeza podem constituir juízos mas não decisões-actos, como a decisão, enquanto manifestação de vontade, pode(m) incluir um acto verificativo-avaliativo (actos de certeza) mas como elemento lógico, não jurídico – como seu pressuposto [3]. Estes são essencialmente actos preparatórios, ainda que possam gozar de autonomia para efeitos contenciosos. Acresce que se todos os actos verificativos-avaliativos contêm juízos, nem todos os juízos são juridicamente actos verificativos.

A decisão é o acto de vontade dirigido a empreender uma acção com a qual a entidade decidente pensa realizar,

---

[1] Entre nós, com alguma incoincidência, cfr. ROGÉRIO SOARES, *Direito Administrativo, op. cit.,* p. 133 e ss.
[2] M. S. GIANNINI, "Accertamenti amministrativi...", *op. cit.,* p. 175 e ss.
[3] M. S. GIANNINI, "Accertamenti amministrativi...", *op. cit.,* pp. 175 e 177.

discricionária e articuladamente, no procedimento, o fim posto pela lei – o interesse público primário. Enfim, uma matéria complexa a necessitar de maior atenção da doutrina.

Concluindo, o termo decisão foi oferecendo, com a procedimentalização da actividade administrativa, uma amplitude maior ao acto administrativo, quer do ponto de vista procedimental quer do ponto de vista material, para efeitos jurisdicionais.

Tendo presente a distinção entre decisão e acto administrativo é possível individualizar uma pluralidade de momentos ou fases que concorrem para formação da decisão (procedimental), enquanto o acto administrativo, igual a si mesmo, assume o papel sintetizador dos vários momentos em que se articula o processo decisional.

Vários estudos recentes sublinham a separação do momento do acto relativamente ao da decisão, individualizando o último no *iter* procedimental. Segundo GIANNINI [1], que não se afasta muito da doutrina alemã, a fase da decisão é o conjunto de actos praticados entre o momento lógico em que termina a instrução e aquele em que o acto (propriamente dito) é adoptado. Neste sentido, releva juridicamente entre uma fase procedimental (em sentido estrito), em que se escolhe e decide, e uma fase actícia, na qual o que foi decidido vem elevado a regra produtiva de efeitos jurídicos, isto é, o direito do caso concreto definido pelo acto administrativo (regulador).

Para além de um redimensionamento procedimental do acto impugnável, a decisão administrativa tem pelo menos mais uma consequência suplementar. Se a predeterminação da decisão permite uma antecipação da dis-

---

[1] *Diritto amministrativo*, vol. II, *op. cit.*, p. 103.

cricionaridade, então também o controlo jurisdicional deve ser antecipado àquele momento. Deste modo, o desvio de poder deve ser apreciado também em relação ao momento central (instrutório) do processo volitivo e não apenas relativamente ao acto final, sendo aquele, afinal, o *clou* do poder discricionário. Vício de desvio de poder que não é apenas o vício do escopo mas também o vício da causa e dos motivos.

A alteração qualitativa do controlo jurisdicional sobre o desvio de poder passa, assim, pela sua antecipação ao momento em que a Administração elege as suas predeterminações e escolhas básicas, dando, inclusive, outro alcance ao princípio da proporcionalidade ao densificar o controlo de legalidade-juridicidade. O juiz não pode ignorar agora (sem se limitar a apreciar a suficiência e justificabilidade dos actos) o resultado da decisão, conjugando-o com os elementos relevantes da situação de facto. Por outras palavras, a pronúncia do juiz incorpora um juízo de congruência e proporcionalidade entre o que foi decidido e a realidade sobre a qual o acto incidiu, com refracções nas relações intersubjectivas (terceiros).

Como é óbvio, o juiz ao antecipar o controlo sobre o vício de desvio de poder não pode (artigo 3.º do CPTA) pretender eleger uma solução hipoteticamente melhor do que a que foi tomada pela Administração através do acto impugnado. O que pode e deve fazer é controlar os aspectos e os momentos procedimentais que revelem um *deficit* relativamente à racionalidade e justiça do caso concreto, no pressuposto de adquirirem uma relevância que ponha em causa a legalidade do exercício de poder nos termos fixados pelo acto.

O único obstáculo que se poderia levantar é de natureza processual, pertinente à existência ou não de interesse processual do autor, o que passará pelo cumprimento e compreensibilidade dos requisitos (e âmbito) postos pelo artigo 51.º do CPTA, que abordaremos mais para diante.

2. O princípio da boa-fé como regra fundamental da actividade administrativa

Face ao esforço teórico antes desenvolvido, impõe--se uma referência ao princípio da boa-fé. Em poucas palavras, o princípio da boa-fé (artigo 266.º/2 da CRP, por força da revisão de 1997, e artigo 6.º-A do CPA) como *cânone essencial da actividade administrativo-procedimental.*

Importa pontualizar que o princípio vem entendido em sentido objectivo, exprimindo uma regra de conduta a que a Administração se encontra vinculada (mas também os particulares) [1]. Como se sabe, a noção civilista de boa-fé exprime a tendência para a objectivação das relações intersubjectivas através da integração e superação da teoria da vontade e da teoria da declaração [2].

O que se pretende sublinhar é a extrema importância deste princípio no âmbito da relação jurídico-administrativa. É precisamente a relação de desigualdade, posta pela autoridade administrativa em conformidade com a lei, a justificar toda a sua pregnância neste campo. A reforçar

---

[1] Afastamos, portanto, a noção subjectiva de boa-fé referida a um estado psicológico de ignorância ou de erro tutelado em determinados casos pelo ordenamento jurídico.

[2] Neste sentido, MENEZES CORDEIRO, na sua magnífica obra sobre a figura do abuso do direito, sustenta uma visão unitária do princípio da boa-fé, superadora de uma separação cortante entre as suas dimensões subjectiva e objectiva. Na mesma senda, agora no direito administrativo, U. ALLEGRETTI, *L'imparzialità amministrativa*, Padova, 1965, p. 276.

a nossa ideia está, inclusive, o reconhecimento de que o princípio da boa-fé teve originariamente o seu espaço de actuação precisamente nas relações jurídicas não paritárias [1].

Nesta senda, o princípio da boa-fé não pode confinar-se no direito administrativo ao princípio de *non venire contra factum proprium* [2], de que falaremos mais adiante. Em articulação com o princípio da protecção da confiança, sem ignorar rituais ou situações preexistentes (a *praxis* administrativa), o princípio da boa-fé deve encontrar o seu espaço próprio no âmbito do procedimento administrativo conducente à formação da decisão administrativa e, consequentemente, à manifestação de "vontade" do órgão administrativo. Se o interesse público não substitui nem preenche o princípio da boa-fé, por outro lado a boa-fé não prevalece se assentar apenas em expectativas baseadas em actos ou comportamentos anteriores da Administração, porque, a não ser que haja vinculação [3], deve prevalecer a realização do interesse público primário, mutável em face das circunstâncias do caso [4].

---

[1] L. LOMBARDI, *Dalla "fides" alla "bona fides"*, Milano, 1961, p. 61; F. MANGANARO, *Principio di buona fede e attività delle amministrazioni pubbliche,* Napoli, 1995, pp. 14 e ss.

[2] F. MERUSI, *L'affidamento del cittadino*, Milano, 1970, p. 30.

[3] Sobre a teoria das *Selbstbindungen der Verwltung,* cfr., entre vários, J. PIETZKER, "Selbstbindung der Verwaltung", in *Neue Juristische Wochenschrift,* 1981, p. 2087 e ss; H. SCHOLLER, "Selbstbindung und Selbstfreiung der Verwaltung", in *Verwaltungs Archiv,* 1968, pp. 254 e 255.

[4] Neste sentido, A. SANDULLI, "Il procedimento", in *Trattato di diritto amministrativo* (coord. S. Cassese), II, Milano, 2000, p. 969, embora este Autor seja mais reticente sobre a aplicabilidade do referido princípio no direito público e em particular no direito administrativo. Veja-se ainda na doutrina italiana F. MERUSI, "Il principio di buona fede nel diritto amministrativo", in *Scritti per Mario Nigro,* II, *Problemi attuali di diritto amministrativo,* Milano, 1991, p. 217 e ss, e

Outra coisa é, postos os limites dos artigos 140.º e 141.º do CPA, a possibilidade de revogação de actos (aparentemente) legais e ilegais que se tenham consolidado, configurar um acto de natureza ablativa e, portanto, merecedor da devida indemnização ao particular [1].

---

já antes, do mesmo Autor, *L'affidamento del cittadino*, op. cit., esp. p. 172 e ss. Mais recentemente, F. MANGANARO, *Principio di buona fede e attività delle amministrazioni pubbliche*, op.cit., esp. p. 113 e ss.

Na doutrina espanhola, veja-se, por exemplo, J. GONZÁLEZ PÉREZ, *El Principio General de la Buena Fe en el Derecho Administrativo*, 3.ª ed., Madrid, 1999, esp. pp. 52 e ss, onde se pode ver também a conexão entre o princípio da boa-fé e o princípio da protecção da confiança. Mais recentemente, CASTILLO BLANCO, *La Protección de Confianza en el Derecho Administrativo*, Madrid, 1998, esp. pp. 178 e ss e 271 e ss, onde sustenta a autonomia dos dois conceitos. Por sua vez, PAREJO ALFONSO, no *Prólogo* à referida obra, põe em dúvida a distinção entre os dois princípios, acentuando que a diferença, a existir, está no maior alcance do princípio da protecção da confiança. De todo o modo, parece-nos errónea uma transposição mecânica deste princípio do ordenamento germânico, onde pontifica um particular regime de anulação e revogação dos actos administrativos. Digno de nota é o estudo de SÁINZ MORENO, "La buena fe en las relaciones de la Administración con los administrados", in *RAP*, n.º 89, 1979, p. 293 e ss. Por último, GARCÍA LUENGO, *El Principio de Protección de la Confianza en el Derecho Administrativo*, Madrid, 2002.

[1] Assim, a doutrina suíça, H. HUBER, "Vertrauensschutz", in *Verwaltungsrecht zwischen Freiheit, Teilbare und Bildung. Festgabe aus Anlass des 25 jährigen Bestehens des Bundesverwaltungsgericht*, München, 1978, p. 325 e ss.

Já a doutrina alemã parece apontar, relativamente aos actos ilegais, para um sistema compensatório com base no problemático § 48/2/3 da VwVfG, que distingue situações diferentes. Sobre este ponto, a doutrina é abundante e contraditória. Cfr., entre outros, D. GÖLDNER, "Die Rücknahme rechtswidriger begunstigender Verwaltungsakte nach dem neuen Verwaltungsverfahrenrecht", in *DöV*, 1979, p. 807 e ss.

A ter em conta, ainda que não possamos aqui desenvolver o tema, está a recepção dos princípios da boa-fé e da protecção da confiança no direito comunitário, notando-se também aqui o papel pro-

A relevância deste princípio perpassa por toda a actividade administrativa (ampliada, aliás, pelo fenómeno da contratualização), comportando imensas repercussões – que vão desde a eventual invalidade do acto até funcionar como limite à sua revogação (artigo 140.º do CPA) [1], passando pela fundamentação do acto ou a responsabilidade administrativa. A validade do acto dificilmente pode subsistir quando a Administração, em violação do princípio da boa-fé, viole grosseiramente não só o interesse público como os direitos e interesses legalmente protegidos dos particulares.

Em nosso modesto parecer, a fase do procedimento onde o princípio da boa-fé atinge o zénite é a instrução (em sentido amplo), onde arranca já uma proposta-projecto de decisão-acto (artigo 105.º do CPA), sendo que o princípio da boa-fé é tão relevante para a formação procedimental da "vontade" da Administração como para a configuração justa e equitativa do acto constitutivo definidor da relação jurídica.

---

pulsor do TJCE, sobretudo a partir de 1965 – sentença de 13 de Julho de 1965, Processo 111/63, *Lemmuz Werke* vs *Alta Autoridade*.

[1] Embora ao abrigo do princípio da protecção da confiança legítima (entendido como uma manifestação ou dimensão do princípio da boa-fé), cfr., especialmente, F. OSSENBÜHL, *Die Rücknahme fehlerhafter begüngstigender Verwaltungsakte,* 2.ª ed., Berlin, 1965, p. 73 e ss, que acrescenta a sua relação com o princípio da segurança jurídica). A doutrina alemã trata igualmente da questão delicada e pertinente relativa à eliminação de actos com *Dauerwirkung,* sobretudo quando uma autorização inicialmente legal se transforma, por força da alteração dos pressupostos de facto e de direito, em ilegal. Cfr., entre muitos, M. LEHNER, "Der rückwirkende Widerruf von begüngstigenden Verwaltungsakten nach dem Eintritt einer Sachverhaltsänderung", in *Die Verwaltung,* 1993, n.º 2, p. 204 e ss; H. MAURER, *Allgemeines Verwaltungsrecht,* München, 13.ª ed., 2000, pp. 274 e 275.

Depois da revisão constitucional de 1997, para além da sua constitucionalização, não há dúvida que o princípio da boa-fé ganhou autonomia face aos outros princípios consagrados no artigo 266.°/2 da CRP. Embora a sua relação com os princípios da imparcialidade, legalidade, proporcionalidade e justiça seja relevante (sem se poder de todo afastar), a verdade é que não nos parece ajustado reconduzir totalmente a boa-fé aos princípios da legalidade (fim – interesse público) ou da proporcionalidade ou da justiça [1].

Sem prejuízo da boa-fé adquirir uma importância notável no âmbito do princípio da proporcionalidade, no justo equilíbrio entre a melhor realização possível do interesse público (primário) e o menor dano aos direitos e interesses legalmente protegidos dos particulares, parece-nos avisado afastar o equívoco de reconduzir o princípio da boa-fé à ponderação dos interesses envolvidos no procedimento.

Por falar em interesse público, face à frequente discricionaridade que caracteriza a figura do acto administrativo, impõem-se ainda algumas pontualizações. Sem querer substituir o interesse público, que é o vínculo maior da actividade administrativa discricionária, o princípio da boa-fé desempenha aqui um papel relevantíssimo, na medida em que não pode autonomamente confundir-se a posição jurídica da Administração com o interesse público

---

[1] U. ALLEGRETTI, *L'imparzialità amministrativa*, op. cit., que reconduz o princípio da boa-fé ao princípio da imparcialidade. Já O. BACHOF, "Vertrauensschutz im Verwaltungsrecht. Aussprache und Schlussworte", in *VVDStRL*, 1974, p. 228 e ss, sustenta a autonomia do princípio da boa-fé (que reconduz ao princípio da protecção da confiança), afirmando, inclusive, a sua natureza constitucional.

que naturalmente deve prosseguir [1]. Continuamos a pensar, apesar da complexidade dos conceitos indeterminados e da crescente procedimentalização-participação do agir administrativo, que compete à lei definir e qualificar o interesse público essencial, sob pena de se reconhecer uma discricionaridade (à Administração) quanto aos fins. Todavia, isto não deve significar, nem sequer implicitamente, que o princípio da boa-fé substitua o interesse público à luz da banalidade de base (mais ou menos enfática) da paridade das partes na relação jurídica administrativa. Seria então mais uma fuga-sublimação do direito público para o direito privado, que, porventura, não ampliaria a esfera de actuação deste princípio.

Se o princípio da boa-fé está já ínsito no dever da Administração prosseguir o interesse público, a verdade é que o procedimento administrativo ao dar relevo à participação dos cidadãos (além de outros sujeitos de direito público) veio dar-lhe outro alcance e significado jurídicos [2]. É, precisamente, a configuração da Administração como *parte imparcial* a obrigá-la a não poder ignorar os direitos e interesses manifestados no procedimento na justa realização do interesse público com o menor sacrifício das posições jurídicas substantivas. Cai, assim, o mito de visualizar a Administração como parte *não* imparcial (porque parte paritária), o que, obviamente, ampliaria o campo de actuação do princípio da boa-fé mas dificultaria a sua aplicação.

Uma outra refracção relevante do princípio da boa-fé, entre outras, é também a de afastar necessariamente a

---

[1] COLAÇO ANTUNES, "Constituição, Administração e interesse público...", *op. cit.*, p. 38.
[2] Reticentemente, M. S. GIANNINI, *Istituzioni di diritto amministrativo,* Milano, 1981, pp. 517 e 518.

convicção da presunção de legalidade do acto, no pressuposto que actuando a Administração na prossecução do interesse público a má-fé não seria logicamente configurável, como parece sustentar GUICCIARDI. Objecção que se rebate, recordando, mais uma vez, que não é válida a inevitável identificação do interesse subjectivo da Administração com o interesse público primário predeterminado normativamente.

A tese enunciada teria, aliás, o inconveniente de fazer recair substancialmente a responsabilidade administrativa no funcionário, que teria agido então negligentemente [1], afastando-se, assim, o princípio da solidariedade constitucionalmente consagrado (artigo 22.º da CRP) e, portanto, a sua imputabilidade à Administração (mesmo que aquele tenha sido demitido).

No direito administrativo ganha também relevância a sua função interpretativa (sem cair em delírios hermenêuticos), mas sobretudo a sua função integrativa [2], quando a actuação da Administração se reveste de alguma discricionaridade ou margem de livre apreciação. Em bom rigor, a aplicação do princípio da boa-fé no direito administrativo aconselha à elaboração de uma teoria da figura da cláusula geral, de que a boa-fé é um dos paradigmas.

Há autores para quem a posição da Administração não é a mesma quando a actividade administrativa é vinculada ou discricionária. Se na primeira é *imparcial,* na segunda é *parte imparcial* no exercício do poder dis-

---

[1] Dizemos negligentemente e não dolosamente, porque entendemos que negligência e boa-fé (em sentido subjectivo) não são incompatíveis, o que já não acontece quando o funcionário actua dolosamente.

[2] Cfr. J. GONZÁLEZ PÉREZ, *El Principio General...*, op. cit., p. 83 e ss.

cricionário¹. Quanto a nós, não nos parece que seja assim, porque em ambas as situações, a causa do acto é o interesse público. Acresce que a procedimentalização da actividade administrativa veio amenizar as diferenças e as consequências resultantes dos dois tipos de actuação da Administração². Por outras palavras, o princípio da boa-fé opera como regra do procedimento administrativo, que é também o lugar, ainda que na parte final, onde a Administração exercita o seu poder discricionário.

A boa-fé (em sentido objectivo) deve ser vista então como regra da função administrativa (direito procedimental) e do acto (direito material), nomeadamente no que respeita à respectiva fundamentação, funcionando como elemento autónomo ou sintomático do desvio de poder ou mesmo do vício de violação de lei, conforme, em princípio, a natureza da actividade administrativa.

O princípio da boa-fé é agora também um limite constitucional (autónomo) ao exercício do poder discricionário (artigo 266.º/2 da CRP) que, ao invés do que se diz, é a regra e a marca do Direito Administrativo (com tendências até para se expandir)³. De regra deontológica da actividade administrativa passa agora a regra axiológica.

O princípio da boa-fé é, assim, um dos elementos constitutivos de uma decisão justa e participada e, portanto, um critério de avaliação do exercício do poder admi-

---

¹ Assim, U. ALLEGRETTI, *L'imparzialità amministrativa*, op. cit., p. 130 e ss.

² COLAÇO ANTUNES, *O Procedimento Administrativo de Avaliação de Impacto Ambiental – Para uma Tutela Preventiva do Ambiente,* Coimbra, 1998, pp. 249 e ss.

³ COLAÇO ANTUNES, *Para um Direito Administrativo de Garantia...*, op. cit., p. 50 e ss.

nistrativo, inclusive, em matéria dos *viscontianos* (malditos) deferimentos tácitos. A pregnância do princípio da boa-fé atinge aqui particularmente não apenas a Administração – provocando pelo menos a anulação do acto – como também os particulares. Um aspecto a discutir é, aliás, o de saber quais as refracções do comportamento de má-fé dos particulares sobre a validade do acto tacitamente deferido. Não querendo ser conclusivo, ele deverá funcionar, pelo menos, como elemento sintomático da sua possível invalidade (ainda que menor).

Em conclusão, o princípio da boa-fé obriga a Administração sem excluir os particulares e, assumindo relevância autónoma no direito administrativo, constitui um critério interpretativo e integrativo da juridicidade e da correcção do comportamento da Administração e dos seus actos. Em suma, o princípio da boa-fé como critério de decisão e regra de conduta dos sujeitos da relação jurídica administrativa, "vinculando" especialmente a Administração no exercício de poderes discricionários.

Se nos é permitido um respiro filosófico, a dificuldade maior da aplicabilidade do princípio da boa-fé no direito administrativo não está na primariedade do interesse público mas antes na ausência de uma *linguagem* comum e de uma *intenção ética* (WITTGENSTEIN) dos sujeitos da relação jurídica e até do próprio Direito (transformado numa espécie de engenharia social). Como pode haver boa-fé se nos esquecemos do ser moral e ético que devemos ser ou se o Direito deixa de sê-lo?

Com um fundamento próximo mas autónomo do princípio da boa-fé está o princípio *venire contra factum proprium,* cuja sede de aplicabilidade é, por natureza, o processo.

A doutrina dos actos próprios, o atraso desleal (*Verwirkung*, que descaracteriza imediatamente qualquer ideia de urgência)¹, a confiança legítima e, por fim, o *damnum qued quis sua culpa sensit, sibe et non alteri debet imputari* (os defeitos dos actos nunca podem aproveitar a quem de uma forma ou de outra os causou), mais conhecido simplesmente por *nemo auditur propriam turpitudinem allegans,* são alguns dos princípios gerais de Direito que têm o seu fundamento na regra da boa-fé². Estes princípios cobram sentido em qualquer tipo de relação jurídica³, pelo que, apesar da sua origem civilista⁴, são aplicáveis plenamente no direito administrativo e no seu processo⁵.

Ganha, assim, especial sentido e importância na relação jurídico-administrativa a regra *venire contra factum proprium.* Princípio que deve ser interpretado sem as amarras do direito civil, pelo que no direito administrativo a referida técnica jurídica não é apenas aplicável aos actos vinculados mas também aos actos discricionários. De outro modo, salvo melhor opinião, esta figura jurídica pouca serventia teria neste ramo do direito público.

Estimamos, portanto, que o melhor entendimento desta técnica de resolução de conflitos está em estabelecer

---

¹ Cfr. K. H. LENZ, *Das Vertrauensschutzprinzip. Zugleich eine notwendige Besinnung auf die Grundlage unserer Rechtsordnung,* Berlin, 1968, esp. p. 35 e ss.

² O Tribunal Europeu dos Direitos do Homem vem utilizando o princípio do *nemo auditur...* na sua jurisprudência. Cfr. a sentença de 5 de Fevereiro de 2002 (caso *Conka v. Bélgica*) ou a sentença de 27 de Outubro de 1993 (caso *Pombo Beherr B. U. v. Países Baixos*).

³ Cfr. F. OSSENBÜHL, "Vertrauensschutz im sozialen rechtsstaat", in *DöV,* 1972, p. 25 e ss.

⁴ Cfr., entre nós, BAPTISTA MACHADO, *Obra Dispersa,* vol. I, Braga, 1991, p. 345 e ss, esp. p. 384 e ss.

⁵ Na doutrina alemã, cfr., entre outros, H. PETTENKOFER, *Der Vertrauensschutz bei behördlichen Auskünften und Zusagen,* Wüzburg, 1969, p. 48 e ss.

vinculações jurídicas deduzidas de comportamentos e actuações indirectas ou tácitas dos sujeitos, públicos ou privados [1]. Naturalmente, esta regra-princípio está sujeita a alguns pressupostos que passaremos a enunciar.

Para começar, a existência de uma certa conduta juridicamente relevante e eficaz. Para que haja uma conduta relevante e eficaz, o que se deve valorar não é apenas o acto em si mesmo mas a sua inserção procedimental, enquanto factor revelador do modo de proceder para o futuro (o silêncio, a inactividade, o precedente administrativo, etc.) [2].

É claro que a conduta da Administração tem de ser legítima (legal), sendo que a doutrina dos actos próprios é inaplicável a condutas administrativas que impeçam a prossecução do interesse público.

Em segundo lugar, a inadmissibilidade de *venire contra factum proprium* é sinónimo da inadmissibilidade de uma pretensão contraditória.

Em terceiro lugar, a incompatibilidade ou contradição entre a conduta anterior e a pretensão posterior segundo o princípio da boa-fé, a exigir uma substancial identidade entre os objectos sobre que incide a referida conduta contraditória.

Por último, a identidade dos sujeitos em relação à conduta anterior e à pretensão posterior.

Podemos ainda fazer referência à importância do *precedente administrativo*, na medida em que o afastamento da Administração de condutas anteriores pode ser reve-

---

[1] Assim, GONZÁLEZ PÉREZ, *El Principio General...*, op. cit., pp. 30 e 178 e ss.

[2] Sobre este ponto, cfr. DÍEZ PICAZO, "La doctrina del precedente administrativo", in *RAP*, n.º 98, 1982, p. 7 e ss.

lador de má-fé ou até de um tratamento discriminatório dos particulares [1].

Tudo somado, quando a Administração resolve, num lapso de tempo relativamente curto e relativamente à mesma situação jurídica ou a situações jurídicas idênticas, utilizar, por exemplo, nuns casos, o procedimento expropriativo normal e, para outros, o procedimento especial urgente está, obviamente, a cometer uma grosseira violação dos princípios da boa-fé, da imparcialidade, da igualdade e até da justiça. Isto é tanto mais pertinente quando a conduta da Administração se manifesta sob a forma mais radical – o acto ablativo urgente – sobre a intangibilidade de um direito fundamental de natureza análoga aos direitos, liberdades e garantias (artigo 62.º da CRP).

Neste caso, o juiz deve ser especialmente cuidadoso na análise das condições que decretaram a urgência da expropriação. Entendemos, assim, com humildade, que o controlo jurisdicional do acto declarativo não pode ignorar o papel e o comportamento da entidade expropriante no estabelecimento procedimental da urgência. Poderá subsistir a urgência em casos de má-fé, negligência ou *venire contra factum proprium* ?

Depois, é também relevante observar o comportamento litigioso das partes, em particular da entidade recorrida [2]. O seu comportamento processual é seriamente revelador do preenchimento das condições de urgência da expropriação? Não será despiciendo, segundo creio, a incidência dos elementos constantes do processo para o estabelecimento da urgência.

---

[1] DÍEZ PICAZO, "La doctrina del precedente...", *op. cit.*, p. 14.
[2] Cfr. OLIVIER DUGRIP, *L'Urgence Contentieuse Devant les Juridictions Administratives,* Paris, 1991, pp. 43 e ss e 172 e ss.

A urgência, ou a sua ausência, pode resultar, inclusive, dos argumentos avançados pelas partes, como sobretudo das peças processuais. Neste sentido, os elementos constantes do *processo* poderão revelar elementos contraditórios quanto à existência ou não da urgência. É mesmo nossa opinião que a aplicação da regra *venire contra factum proprium non volet* tem o seu lugar privilegiado no processo, o que pressupõe uma situação processual.

De todo o modo cabem aqui duas advertências: a primeira tem a ver com uma aplicação cuidadosa deste princípio, evitando-se a famosa fuga da cláusula geral [1], e, o que é muito importante, a perda de discernimento do jurista; a segunda tem a ver com a utilização abusiva deste princípio. Se os princípios gerais do Direito são determinantes da própria ideia de Direito, como salienta BAPTISTA MACHADO, não é menos verdade que o seu protagonismo exagerado distorce excessivamente os institutos do direito positivo. Como é óbvio, não se pode recorrer à doutrina dos actos próprios para sustentar a todo o custo o conteúdo de um acto administrativo.

3. O conceito de acto administrativo e a sua relevância para a nova justiça administrativa

Estas linhas são ditadas pela necessidade de um regresso a uma noção rigorosa de acto administrativo, objecto actualmente de alguma turbulência conceptual. Não se trata de reescrever ou inventar uma nova concep-

---

[1] Criticamente, GARCÍA DE ENTERRÍA, "La doctrina de los actos propios y el sistema de la lesividad", in *RAP*, n.º 20, 1956, p. 72.

ção de acto administrativo mas tão só de recuperar uma noção estrita e exacta de acto administrativo, objecto de uma considerável desfiguração por razões processuais conhecidas e até compreensíveis [1]. Compreensíveis apenas até 2002-2004, já que com a reforma da justiça administrativa deixou de ter sentido uma noção ampla de acto administrativo, apenas justificável pela natureza acanhada do contencioso administrativo até essa data [2]. Não tendo sentido manter uma noção ampla e inexacta de acto administrativo, com o actual sistema de acções, trata-se também de indagar se o acto administrativo se mantém ou não como um elemento central do direito administrativo e do seu direito processual. Esta segunda pista de investigação tem sentido se não esquecermos as projecções enormes do novo processo administrativo sobre o direito substantivo.

É nossa opinião que o acto administrativo é ainda a figura central do direito administrativo, construída para modelar esta disciplina. Entre todas as figuras que são próprias do direito administrativo, o acto é seguramente a mais adequada a produzir segurança jurídica nas relações entre os particulares e a Administração e, por isso, dotada de uma enorme estabilidade e até fixidez. Podemos dizer que o acto administrativo é a figura que simboliza a especificidade do Direito Administrativo, por se tratar, precisamente, de uma figura exclusiva e característica deste ramo do Direito. Bastaria isto para justificar qualquer esforço para devolver uma configuração con-

---

[1] Entre nós, recentemente, V. PEREIRA DA SILVA, "2001: Odisseia no espaço conceptual do acto administrativo", in *CJA*, n.º 28, 2001, p. 7 e ss, esp. p. 9 e ss, onde faz referência à evolução do seu pensamento.

[2] COLAÇO ANTUNES, "Introdução ao Colóquio Luso-Espanhol", *op. cit.*, p. 15 e ss.

ceptual precisa ao acto administrativo, mas o esforço que nos é pedido justifica-se ainda porque continuamos a defender uma noção igualmente rigorosa no âmbito do direito processual administrativo. A nossa tese prolonga-se pelo direito administrativo comunitário e pela sua jurisprudência [1].

Com a devida vénia, curiosamente, a noção ampla de acto administrativo tem a sua fonte inspiradora na doutrina italiana, onde grassa uma certa confusão, inclusive terminológica [2]. Por sua vez, a jurisprudência, algo compreensivelmente, tendo em conta o pretérito contencioso administrativo, foi igualmente permissiva a uma noção ampla de acto impugnável, isto é, para efeitos processuais-jurisdicionais.

A doutrina mais avisada nesta matéria advoga uma noção restrita de acto administrativo de matriz alemã, isto é, o acto regulador, cuja inspiração máxima está em OTTO MAYER. Antes de continuarmos o nosso estudo sobre o acto administrativo é, desde já, oportuno salientar a sua relevância em termos processuais, ou seja, para a tutela das posições jurídicas do cidadão. Em suma, o acto administrativo como expressão acabada do Estado de Direito democrático.

Começando por evidenciar a ideia de que o acto é um factor de densificação da tutela judicial efectiva [3], os

---

[1] COLAÇO ANTUNES, "Um tratado francês lido em alemão?...", in *Colóquio Luso-Espanhol, op. cit.*, p. 89 e ss.

[2] Curiosamente, alguma doutrina de formação germânica rendeu-se à noção algo confusa da doutrina italiana.

[3] SÉRVULO CORREIA, "Impugnação de actos administrativos", *op. cit.*, p. 11 e ss. Mais desenvolvidamente, do mesmo Autor, "Acto administrativo e âmbito da jurisdição administrativa", in *Estudos em Homenagem ao Prof. Doutor Rogério Soares*, Coimbra, 2001, p. 1155 e ss; VIEIRA DE ANDRADE, na mesma obra, "Algumas reflexões a pro-

prazos processuais servem para conferir segurança jurídica às partes de uma relação jurídica administrativa. Na firmeza do acto e na respectiva inopugnabilidade encontramos um valor do próprio Estado de Direito, que tem na segurança jurídica um dos seus pilares mais destacáveis. Na ordem constitucional, os tribunais administrativos têm como função principal assegurar a perenidade do ordenamento jurídico através da definição definitiva e vinculante do que é o direito do caso concreto.

A exigência de segurança e justiça administrativa impõe a consagração, como agora acontece, de vias judiciais adequadas, inclusive urgentes, que permitam ao particular reagir contenciosamente e obter uma satisfação plena e atempada da sua pretensão. Ora isto é válido sobretudo quando o particular se confronta com um acto administrativo, face à sua natureza vinculante e constitutiva (ou declarativa) do direito do caso concreto.

Resultando, por força da reforma da justiça administrativa, que os poderes públicos estão hoje sujeitos a formas de controlo jurisdicional tão amplos e intensos, parece imprescindível que o caso decidido se produza dentro de prazos razoáveis (artigo 58.º do CPTA). Se o direito administrativo (substantivo) permite ao órgão administrativo, no âmbito da sua competência, a possibilidade de declarar, constituir ou modificar o direito do caso concreto, através da emanação de um acto administrativo, parece razoável entender que não seja estranho à Lei Fundamental e ao próprio Estado de Direito que o acto se torne directamente inatacável se não for impugnado tempestivamente (artigos 58.º e 38.º do CPTA), sob pena de estarmos

---

pósito da sobrevivência do conceito de 'acto administrativo' no nosso tempo", p. 1189 e ss.

confrontados com a problemática noção da aceitação do acto (artigo 56.º do CPTA)[1]. Neste sentido, esta figura deve ser reconduzida a limites sérios, por forma a evitar danos incompreensíveis na esfera jurídica do particular[2].

Vem a propósito questionar se uma habilitação genérica da Administração para emanar actos administrativos não deveria ser redimensionada, sendo que alguma doutrina vem exigindo a necessidade de uma competência ou poder específico, atendendo à executoriedade dos actos administrativos[3], e, por conseguinte, aos riscos que recaem sobre os direitos ou interesses legalmente protegidos dos seus destinatários. Em nossa opinião, talvez seja mais avisado ir por outro caminho se atendermos que o vício de incompetência (relativa) é apenas sancionado com a anulabilidade do acto, o que a não ser diligentemente impugnado significa que a própria autoridade administrativa pode beneficiar-se de um acto ilegal, ainda que este não se convalide.

Abordadas as origens problemáticas e hermafroditas do acto administrativo, é tempo agora de nos debruçarmos sobre a noção de acto administrativo, para depois testarmos a sua presença no processo administrativo. Ou melhor, trata-se, na esteira da doutrina mais consistente, de proceder a uma análise adequada dos elementos determinantes para a configuração de acto administrativo,

---

[1] Cfr. VIEIRA DE ANDRADE, "A aceitação do acto administrativo", in *BFDUC,* Volume Comemorativo (Separata), 2002, p. 20 e ss.

[2] COLAÇO ANTUNES, "O artigo 161.º do Código de Processo nos Tribunais Administrativos: uma complexa simplificação", in *CJA,* n.º 43, 2004, p. 16 e ss.

[3] Veja-se, no entanto, o disposto no artigo 149.º/2 do CPA, que parece limitar a regra da executoriedade aos actos desfavoráveis impositivos de deveres e encargos.

o que, salvo qualquer omissão, não tem sido feito recentemente entre nós. Trata-se, por conseguinte, de reelaborar um conceito de acto que seja idóneo para aceder à tutela judicial e efectiva e ao mesmo tempo preciso e coerente na (sua) relação do direito substantivo e procedimental com o direito processual administrativo.

Alguma tensão haverá entre as duas dimensões de acto administrativo, tal como, aliás, acontece na experiência alemã [1], apesar de dotado de um complexo sistema de acções, permitindo-se excepcionalmente ampliar o conceito de acto administrativo para efeitos contenciosos. No essencial, não vemos qualquer perigo, face à riqueza e amplitude de vias judiciais abertas ao particular, de denegação da justiça, pelo que é absolutamente desnecessária a ampliação do acto administrativo para efeitos contenciosos. Face à existência de várias noções de acto no CPTA, é no contencioso pré-contratual onde a problemática ampliação do acto ganha mais acuidade, apesar da generosa disposição do n.º 4 do artigo 58.º do CPTA.

Em síntese, o que se procura aqui é um ponto de equilíbrio entre a noção substantiva e rigorosa de acto administrativo e uma noção, tendencialmente mais ampla, para efeitos jurisdicionais. Vamos ver se o conseguimos. Isto é assim, porque o Código de Processo nos Tribunais Administrativos não nos oferece uma mas várias noções de acto administrativo impugnável, bastando, para tanto, comparar o artigo 51.º do Código com o artigo 100.º (contencioso pré-contratual) ou os artigos 10.º/6 e 55.º/1/d) (actos internos, mais exactamente interorgânicos den-

---

[1] R. PIETZNER / M. RONELLENFITSCH, *Das Assessorexamen im Öffentlichen Recht. Widerspruchverfahren und Verwaltungsprozess*, 10.ª ed., Düsseldorf, 2000, p. 106 e ss.

tro da mesma pessoa colectiva pública ou mesmo intra-orgânicas) [1].

Dito isto, a noção de acto impugnável encontra o seu regime-regra no artigo 51.º do CPTA. Que acto administrativo é este? Uma noção ampla para efeitos contenciosos ou uma noção, no essencial, restrita e exacta de acto regulador em consonância com a melhor dogmática?

Apesar da sua amplitude em termos orgânicos (desfiguração subjectiva da Administração pública) e até procedimentais, o acto impugnável ou processual não pode deixar de corresponder, no essencial, à noção de acto regulador, daí as suas características básicas: natureza reguladora (do acto), produção de efeitos externos, exercício de um poder de autoridade (de direito administrativo) definidor da situação concreta e individual por um órgão da Administração e função estabilizadora (caso decidido), que será abordada na última parte deste trabalho.

Como dissemos antes, as definições dadas pela doutrina de inspiração alemã não merecem contestação, salvo a perda de uma visão autoritária justificada pela centralidade da relação jurídica administrativa, pelo que nos parece mais relevante e esclarecedor desenvolver o sentido e alcance das notas características do acto administrativo propriamente dito.

O acto administrativo tem, antes de mais, um carácter *regulador*. O carácter regulador do conteúdo do acto é, sem dúvida, a característica basilar do conceito estrito

---

[1] Cfr., sobre este ponto, PEDRO GONÇALVES, "A justiciabilidade dos litígios entre órgãos da mesma pessoa colectiva", in *CJA*, n.º 35, 2002, p. 9 e ss.

Somos, no entanto, de parecer que deve ser feita uma interpretação restritiva, no sentido de uma relação poligonal em relação a terceiros, sob pena do acto não desencadear efeitos externos.

de acto administrativo, mas também, curiosamente, a menos visível face à turbulência conceptual dos dias de hoje [1].

Com o conteúdo regulador do acto administrativo depreende-se, desde logo, a definição de "uma situação concreta e individual" (artigo 120.º do CPA); o que se quer evidenciar especificamente é que os actos administrativos se dirigem à produção de uma consequência, consequência esta que consiste na criação, modificação ou extinção de um direito ou de um dever, ou na determinação jurídica de uma coisa (actos administrativos reais) [2]. Isto quer dizer que a natureza reguladora do acto administrativo implica que estes são especificamente ditados para a criação, modificação ou extinção de uma determinada relação jurídica, podendo ainda consistir, face ao contexto não autoritário e ao carácter prestador da Administração, numa declaração de um direito relativamente a uma pessoa, coisa ou situação. Neste último caso, pelas razões apontadas, não é imprescindível a referida dimensão reguladora. Note-se que a regulação pretendida por um acto nulo não se materializa, sem que deixem de constituir verdadeiros actos administrativos.

O carácter regulador do acto administrativo tem ainda o mérito de reafirmar a primariedade da lei na definição do interesse público, competindo à Administração dar-lhe plena realização no respeito proporcionalístico dos direitos e interesses legalmente protegidos dos cidadãos (artigos 266.º/2 da CRP e 5.º/2 do CPA). Como o senhor do

---

[1] Cfr. ROGÉRIO SOARES, *Direito Administrativo*, op. cit., p. 76 e ss.
[2] SÉRVULO CORREIA, *Noções de Direito Administrativo*, I, op. cit., p. 298.

interesse público é a lei¹, não é necessário imaginar uma vontade administrativa autónoma para justificar ou explicar a actividade administrativa de produção de actos².

Neste sentido, o conceito de acto administrativo não engloba, por inexistir o carácter regulador, a actividade material da Administração, sendo que constituem verdadeiros actos as declarações da Administração que antecedem e justificam a execução material. A exclusão da actuação material ou técnica da Administração não significa a ausência de tutela judicial efectiva, na medida em que o particular pode usar para o efeito a acção administrativa comum (artigo 37.º e segs. do CPTA). Mais problemática é a natureza dos actos destinados a constatar uma determinada realidade, como os actos certificativos³. Os actos administrativos de natureza documental podem, no entanto, ser classificados como verdadeiros actos administrativos, desde que definam pela primeira vez uma determinada situação jurídica. A utilização do meio judicial adequado dependerá, assim, da situação em concreto e da natureza da actuação administrativa.

Excluídos do conceito de acto administrativo estarão, por certo, as meras informações ou os pareceres não vinculativos como também os meros conselhos ou advertências⁴. Excluem-se igualmente os actos preparatórios ou

---

[1] COLAÇO ANTUNES, *O Direito Administrativo e a sua Justiça...*, op. cit., p. 43.

[2] FREITAS DO AMARAL, *Curso...*, vol. II, op. cit., p. 123, parece sustentar a relevância da declaração de vontade para a noção de acto administrativo.

[3] Cfr. ROGÉRIO SOARES, *Direito Administrativo*, op. cit., p. 133 e ss.

[4] Cfr., entre muitos, F. O. KOPP/U. RAMSAUER, *Verwaltungsverfahrensgezetz. Kommentar*, München, 2003, p. 501 e ss.

instrumentais que não contenham uma regulação (final) da situação jurídica, ao invés do que já acontece com os conhecidos actos destacáveis. Assim, devem incluir-se também na noção de acto administrativo, inclusive para efeitos contenciosos, os actos interlocutórios que tenham uma eficácia constitutiva ou declarativa, como acontecerá com a ordem dada a um funcionário para que este se submeta a um exame médico. Ao invés, não cabem, em princípio, na noção de acto administrativo os actos confirmativos, que, desde logo, não reabrem, nos termos do artigo 53.º do CPTA, os prazos impugnatórios.

A utilização de um conceito estrito de acto administrativo conduziu a que, na Alemanha, se excluísse ou limitasse a sua apreciação no âmbito dos contratos de direito público, para nós contratos administrativos. Partindo da ideia de que a Administração, ao decidir-se pelo contrato, trata com os particulares num plano de igualdade, não teria muito sentido socorrer-se do acto administrativo, com as suas características de autoridade e unilateralidade. Ora esta ideia choca com uma noção ampla de acto impugnável no âmbito do processo urgente relativo ao contencioso pré-contratual, onde, inclusive, o acto chega a incluir normas de natureza administrativa (artigo 100.º/2 do CPTA).

Delimitado o carácter regulador do acto administrativo é agora tempo de abordar a nota da *eficácia externa* (artigo 51.º/1 do CPTA e artigo 127.º e segs. do CPA).

O segundo elemento que confere substantividade própria ao acto administrativo é a eficácia externa, ou seja, a

---

Entre nós, PEDRO GONÇALVES, "Advertências da Administração Pública", in *Estudos em Homenagem ao Prof. Doutor Rogério Soares, op. cit.*, p. 723 e ss.

produção de efeitos jurídicos externos, atingindo a esfera jurídica de terceiros. Este elemento fundamental do acto administrativo confronta-nos com a distinção de actuações administrativas que, por vezes, se confundem com uma noção (ampla) de acto administrativo. Referimo-nos, por exemplo, às aprovações, decisões preliminares ou aos pareceres vinculativos, que, sendo necessários num procedimento administrativo, apenas produzem efeitos externos através da decisão final, ainda que possam determinar peremptoriamente o acto final e o seu conteúdo. O problema põe-se com particular acuidade nos pareceres vinculativos e em relação às pré-decisões, visto que, apesar da sua força determinante, não têm a força constitutiva que é própria da decisão final do procedimento. A vinculatividade ou força determinante do seu conteúdo não se pode confundir com a autoridade constitutiva do acto administrativo [1]. Nesta matéria acompanhamos a doutrina de VIEIRA DE ANDRADE, admitindo uma tutela antecipada dos interessados, embora o artigo 51.º do CPTA não ofereça uma resposta unívoca e precisa.

Ampliando o objecto da nossa atenção, pode acontecer que "declarações de vontade" de outros órgãos da mesma ou de outra pessoa colectiva pública se enxertem em procedimentos complexos como pressuposto da decisão final e reúnam as condições para serem considerados actos administrativos, desde que produzam efeitos imediatos em relação aos interessados no procedimento. Para saber se houve ou não lugar à produção de efeitos jurídicos, um

---

[1] VIEIRA DE ANDRADE, "O novo modelo de impugnação judicial dos actos administrativos – tradição e reforma", in COLAÇO ANTUNES / SÁINZ MORENO, *O Acto no Contencioso Administrativo – Tradição e Reforma (Colóquio Luso-Espanhol)*, op. cit., p. 198.

indício relevante é o de que o órgão que emana o acto ou o parecer seja competente para tutelar um específico interesse público, o que os caracterizaria como actos procedimentais qualificados ou destacáveis e, portanto, como actos administrativos susceptíveis de uma impugnação directa e autónoma.

Cabem também na noção de acto administrativo aquelas actuações administrativas a que chamamos actos finais parciais [1], na medida em que constituem o acto final de um subprocedimento administrativo que cristaliza a posição sobre um determinado interesse público específico e, simultaneamente, produzem efeitos externos.

Depois, o acto (artigos 2.º/3 e 120.º do CPA) deve ser proferido por um órgão da Administração pública ou entidades privadas no exercício de funções públicas, como acontece tradicionalmente com os concessionários. Face aos pressupostos normativos e constitucionais (artigo 267.º/3/6) podem também incluir-se na noção de acto administrativo os actos praticados pelas entidades administrativas independentes, bem como os actos (materialmente entendidos) praticados por órgãos constitucionais distintos da Administração (cfr. os artigos 4.º e 24.º/1 do ETAF) [2]. O mesmo sucede com os actos do Governo enquanto órgão supremo da Administração (artigo 182.º da CRP), mas não já, em obséquio, naturalmente, a um critério funcional, os actos de natureza política.

Sobre a noção de Administração pública para efeitos contenciosos, importa ter em atenção o seu alargamento

---

[1] COLAÇO ANTUNES, "À margem de uma recente orientação do Supremo Tribunal Administrativo: um olhar ecológico sobre o artigo 268.º/4 da Constituição", in *RMP*, n.º 63, 1995, p. 113.
[2] VIEIRA DE ANDRADE, *A Justiça Administrativa...*, op. cit., pp. 139 e ss e 144 e ss.

pelo direito comunitário através da figura de organismo de direito público, recebido, ao menos formalmente, na lei dos contratos de empreitada de obras públicas (cfr. o artigo 3.º/1/i) e 2 do Decreto-Lei n.º 59/99, de 2 de Março, sucessivamente alterado).

Como estamos com a mão na massa, a nossa atenção dirige-se agora para as eventuais particularidades do controlo contencioso dos actos materialmente administrativos praticados por entidades particulares de interesse público, especialmente no âmbito da contratação pública. A questão prende-se com as características do respectivo controlo jurisdicional. Serão verdadeiramente actos administrativos os actos jurídicos praticados por tais entidades privadas? Eu creio que não, exceptuando apenas e tão-só para efeitos contenciosos, e mesmo aí com algumas particularidades, pois a referida noção (ampla) de Administração adjudicante imposta pelas directivas comunitárias (agora reunidas na Directiva n.º 2004/18/CE, de 31 de Março) não constituem verdadeiramente tais entidades em entes administrativos [1]. Em suma, a questão de saber se sujeitos privados sem uma qualificação pública formal podem emanar actos administrativos unilaterais e imperativos, materiais ou *ratione materiae*. Esta perspectiva, de inspiração comunitária – através do chamado organismo de direito público – significa atribuir-lhe uma objectiva relevância pública independentemente da qualificação normativa do autor sem que este seja titular de uma concessão translativa. Restará, ao menos, a exigência de um procedimento administrativo pré-contratual sujeito a normas de direito

---

[1] COLAÇO ANTUNES, "Um tratado francês lido em alemão?...", in *Colóquio Luso-Espanhol, op. cit.*, pp. 84 e 85, onde se destaca a necessidade sentida pelo Tribunal de Justiça na delimitação desta figura.

público, tal como se prescreve no artigo 4.º/1/e) do ETAF ou então o reconhecimento de tais entes privados como órgãos indirectos da Administração.

A dificuldade está em considerar o conceito de Administração adjudicante, utilizado pelas directivas comunitárias em matéria de empreitada de obras públicas, fornecimentos e prestação de serviços, como susceptível de ser reconduzível à noção de Administração pública, emancipada de uma concepção formal e subjectiva.

Ora, a verdade é que os manuais de direito administrativo continuam a ensinar um conceito subjectivo de Administração que se desenvolve e materializa através da actividade administrativa dirigida à prossecução do interesse público; por sua vez, o conceito de Administração em sentido objectivo remete sempre para o de organização administrativa, sendo que o princípio organizativo de Administração pública se legitima e se funda constitucionalmente no princípio dinâmico de realização do ordenamento jurídico. A organização administrativa baseia-se no poder que é expressão dinâmica do direito, caracterizando-se por estar dirigido para a realização procedimental do interesse público primário. Constitui, aliás, dever inalienável e imprescritível, como resulta do artigo 29.º do CPA, daí resultando, inclusive, a nulidade do acto.

A organização administrativa não é Administração pelo *nomen iuris* de uma norma atributiva, mas pela qualificação que a lei lhe confere em relação à incutida vinculação com o interesse público [1]. Em resumo, a norma de organização legitima a função, que, por sua vez, representa a expressão jurídico-constitucional dos princípios

---

[1] G. BERTI, *La pubblica amministrazione come organizzazione*, Padova, 1968, p. 383 e ss.

organizativo e procedimental da Administração (artigos 266.º e 267.º da CRP). Se assim é, em termos constitucionais, a figura de organismo de direito público (de extracção comunitária) não pode incluir-se na noção de Administração pública. A figura de organismo de direito público é, pela natureza das coisas, atípica, a que só uma jurisprudência prática pode dar acolhimento, demitindo-se de qualquer análise dogmática. Afirmar que o ordenamento jurídico comunitário se emancipou de uma noção formal de ente público, tal como vem entendido pelos ordenamentos nacionais, não corresponde a uma afirmação exacta, até porque é estranha ao direito comunitário a noção de ente público, tal como não existe uma noção positiva ou doutrinal acabada de acto administrativo comunitário [1].

Acresce ainda que dificilmente se pode admitir que a pretendida ampliação da noção de Administração em sentido objectivo se faça apenas relativamente a um ou alguns sectores. Estaríamos então perante um sujeito com dupla personalidade – pública e privada – ou, talvez melhor, de uma pessoa colectiva privada que, relativamente à adopção de alguns actos, adquiria personalidade pública, sendo que a natureza procedimental dos referidos concursos não parecem capazes de conferir o crisma de acto administrativo à sua actuação, salvo para efeitos contenciosos. Aliás, esta constatação levar-nos-ia de regresso

---

[1] FAUSTO DE QUADROS, "O acto administrativo comunitário" in COLAÇO ANTUNES / SÁINZ MORENO, *O Acto no Contencioso Administrativo – Tradição e Reforma (Colóquio Luso-Espanhol)*, op. cit., pp. 65 e 66. No mesmo sentido, ALONSO GARCIA, *"El acto administrativo comunitario: imprecisión normativa, y luces y sombras al respecto en la doctrina del Tribunal de Justicia"*, in COLAÇO ANTUNES/ /SÁINZ MORENO, *O Acto no Contencioso Administrativo – Tradição e Reforma (Colóquio Luso-Espanhol)*, op. cit., p. 43 e ss.

às origens privatísticas da noção de acto administrativo, como negócio jurídico de direito público, tornando central o estado subjectivo ou intelectual do autor do acto.

A noção de acto material destas fantásticas entidades coloca ainda um problema complexo em matéria de controlo jurisdicional. O problema põe-se porque estes actos materialmente administrativos, sujeitos à jurisdição administrativa, em princípio não gozam de grande discricionaridade. Em bom rigor, trata-se de declarações negociais. Não se podendo, portanto, predicar para *estes* "actos" materialmente administrativos a reserva de poder que caracteriza a função administrativa propriamente dita, o seu controlo jurisdicional deveria ser ilimitado, porque não sujeitos aos limites dos actos discricionários. Assim sendo, impõe-se um controlo pleno e directo de tais "actos", que o não são, através da acção administrativa comum.

Tendo dado notícia da excepção acabada de referir, a noção de acto administrativo acolhida neste estudo, e que não pode deixar de se recolher do artigo 51.º do CPTA, é uma noção relativamente estrita.

Uma outra característica do acto administrativo prende-se com a expressão *medidas de autoridade,* que nos permite distinguir os actos administrativos de outras actuações públicas que não têm esta nota, como acontece com os contratos administrativos, bem como as actuações administrativas sujeitas ao direito privado. Os actos administrativos são praticados no exercício de um poder de autoridade regulado por normas de direito público, mais exactamente de direito administrativo.

Para concluir, as notas diferenciadoras dos actos administrativos, em relação com as normas administrativas, manifestam-se, desde logo, quando constatamos que o acto, ao contrário da norma administrativa, não inova o ordenamento jurídico, antes o aplica. Por outro lado, o acto administrativo destina-se a regular uma situação individual e concreta, enquanto a norma reguladora peca por abstracção e generalidade. Se bem entendemos, o carácter individual do acto alude mais à natureza concreta da medida do que propriamente aos seus destinatários, se bem que os actos gerais possam colocar alguma tensão à definição legal de acto (artigo 120.º do CPA). Com efeito, os actos administrativos gerais reportam-se a uma pluralidade de destinatários [1], pelo que a distinção em relação às normas administrativas se torna mais problemática, com refracções, inclusive, na execução das sentenças (artigo 161.º do CPTA) [2]. Outra distinção passará pela diferença entre a notificação e a publicidade (artigos 66.º e segs. e 130.º do CPA) e até ao nível da sua fundamentação. Neste sentido, a doutrina e, nalguns casos, o próprio legislador, § 35a VwVfG, configuram uma subespécie de acto administrativo, o acto geral ou o acto colectivo [3].

Antes de mais nada, o acto administrativo geral vem dirigido a uma pluralidade de pessoas determináveis ou determinadas por uma característica genérica, uma vez que o acto ao regular uma situação concreta tem por destinatários um grupo de pessoas determinável pela sua pertinência a um círculo concreto, como pode suceder com os participantes numa manifestação. Falta-lhe, assim, a nota da generalidade que caracteriza a norma administrativa, podendo incluir-se aqui situações como a medida que

---

[1] Cfr. ROGÉRIO SOARES, *Direito Administrativo, op. cit.*, p. 81.

[2] COLAÇO ANTUNES, "O artigo 161.º do Código de Processo nos Tribunais Administrativos: uma complexa simplificação", *op. cit.*, p. 16 e ss.

[3] Sobre a distinção entre actos colectivos, plurais e gerais, cfr. FREITAS DO AMARAL, *Curso...*, vol. II, *op. cit.*, p. 228 e ss. Sobre a distinção, cfr. também ROGÉRIO SOARES, *Direito Administrativo, op. cit.*, p. 86.

proíbe a circulação automóvel numa estrada, em particular, por razões ambientais; não há, portanto, alteração da ordem jurídica, como sucederia com a norma administrativa. Outra coisa seria se tal proibição fosse de aplicação geral a todas as estradas.

Depois, os actos que se referem a uma coisa, afectam apenas indirectamente as pessoas na medida em que estas tenham relação com o objecto da regulação. Alguma doutrina, na esteira alemã, inclui nos actos administrativos gerais, os actos que regulam o uso de uma coisa por um conjunto aparentemente indeterminado de pessoas, ao mesmo tempo que se fixam as suas obrigações e direitos. Referimo-nos aos sinais de trânsito obrigatórios [1], desde que tenham carácter regulador, se bem que os destinatários possam ser determináveis pela categoria de utentes da via pública.

O problema essencial, que, para além da sua natureza jurídica, colocam os actos administrativos gerais e, em particular, os sinais de trânsito, é o da sua notificação e, consequentemente, quando é que se forma o caso decidido, o que leva alguma doutrina a catalogá-los como norma administrativa. Na verdade, bem pode suceder que um qualquer cidadão se depare com um novo sinal de trânsito e não possa impugná-lo no momento em que é confrontado com o referido sinal. Se a resposta pode vir do artigo 131.º do CPA ao admitir-se a publicidade dos actos administrativos, melhor seria definir a natureza jurídica destas medidas administrativas à luz do critério da tutela judicial efectiva. Esta perspectiva tem ainda o mérito de impedir a desfiguração do acto administrativo, acrescendo que a publicidade de tais actos só ficticiamente assegura o seu conhecimento pelos potenciais interessados.

---

[1] ROGÉRIO SOARES, *Direito Administrativo*, op. cit., p. 83 e ss.

Seguindo o critério da tutela judicial efectiva e do direito de acesso ao direito, na esteira de FORSTHOFF [1], parece-nos mais adequado classificar os sinais de trânsito como normas administrativas, que são, aliás, impugnáveis a todo o tempo (artigo 74.º do CPTA).

Em extrema síntese, a solução por nós defendida tem a vantagem de impedir uma interpretação extensiva do acto administrativo e, portanto, a sua desfiguração dogmática, sem que fique minimamente prejudicada a tutela judicial efectiva dos cidadãos.

Concluindo, a nossa divergência em relação à doutrina alemã está apenas na nota não voluntarística de acto, que é um elemento da noção alemã de acto administrativo, acentuando, por outro lado, uma noção em que a autoridade da Administração vem matizada pelo fenómeno procedimental e a participação dos interessados (artigos 52.º, 53.º e 100.º e segs. do CPA).

Feita a ressalva, a nossa opção vai claramente para a noção alemã de acto administrativo, visto que a noção francesa padece de aproximações sucessivas e na doutrina italiana convivem uma noção restrita e ampla de acto administrativo. Ressalvando o dito antes, a melhor doutrina francesa (visto que tradicionalmente a lei, tal como em Itália, não nos oferece uma definição de acto administrativo) aponta para uma noção restrita, salientando a modificação unilateral de situações jurídicas [2]. Referimo-nos à doutrina que, na esteira de HAURIOU, utiliza a expressão decisão executória como sinónimo de acto administrativo unilateral.

---

[1] *Traité de Droit Administratif Allemand*, Bruxelles, 1969, p. 318 e ss.

[2] J. RIVERO, *Droit Administratif,* Paris, 1983, p. 89.

Já na doutrina italiana, como dissemos, convivem uma noção ampla de acto, como acontece com ZANOBINI (mestre de M. S. Giannini), que advoga uma noção mais restrita [1]. Na definição dada por ZANOBINI sobressaem três requisitos essenciais: a) concreção numa declaração de vontade, o que exclui a actividade material; b) o autor da declaração é a Administração e não outros poderes públicos; c) a declaração, produzida no exercício de autoridade administrativa, deve conter efeitos jurídicos, o que exclui os actos de natureza privada ou ainda os praticados no exercício da função política e legislativa, sendo que quanto a esta última, pode, todavia, levantar-se o problema da lei-medida.

Por seu lado, a noção estrita e precisa de acto administrativo, normalmente designado *provvedimento,* tem em GIANNINI [2] o seu maior expoente. Aproximando-se da noção alemã de acto administrativo, a construção de GIANNINI assenta no binómio autoridade-liberdade, acentuando, assim, a nota de imperatividade do acto, o que se deve, porventura, ao contexto cultural vivido pelo Autor e à ausência de uma lei do procedimento administrativo no ordenamento jurídico italiano, que só surgiu em 1990.

4. A impugnabilidade do acto administrativo

A reforma da justiça administrativa, pela sua amplitude e profundidade, convoca toda uma série de consequências e implicações a nível dogmático e substantivo,

---

[1] G. ZANOBINI, *Corso di diritto amministrativo,* vol. I, Milano, 1958, p. 243.
[2] M. S. GIANNINI, "Atto amministrativo", in *Enc. dir.*, 1959, p. 164 e ss.

obrigando, por isso, a uma reforma senão intensa pelo menos qualitativa das normas procedimentais (CPA).

A questão que nos colocamos é a de saber se é possível agora (mesmo antes da inevitável reforma do CPA) anular um acto administrativo por vícios formais ou procedimentais (não essenciais), quando o CPTA, na esteira da Constituição (artigo 268.º/4), vem conferir uma relevância autónoma ao interesse material protegido e ao prejuízo sofrido por este último, rompendo definitivamente a coincidência entre o interesse objectivo à legalidade do acto administrativo e o interesse individual, subjectivado na figura do interesse legalmente protegido.

O interesse legalmente protegido não só corresponde a uma posição jurídica activa do interessado, ao contrário do interesse legítimo, como não releva apenas como situação meramente processual, como título de legitimidade para a propositura da acção anulatória; releva também a sua natureza substancial, prévia, aliás, relacionada com o interesse material que o autor visa tutelar em sede judicial.

A possibilidade de satisfazer a posição jurídica substantiva favorável importa essencialmente para fins da acção de anulabilidade do acto ilegal, no sentido de que a pretensão anulatória do acto administrativo viciado não encontra espaço quando resulte certa a ausência de relação entre o motivo da ilegalidade (do acto) e a possibilidade de tutelar o interesse material.

Por outras palavras, a lesão do interesse legalmente protegido subsiste quando a violação das normas procedimentais ou formais tenha prejudicado a possibilidade de tutelar a posição jurídica do recorrente; ora tal só pode suceder quando a observância da regra violada possa conduzir à emanação de um acto administrativo apto a satisfazer a pretensão do requerente. Neste sentido, poder-se-

-ia sustentar que a não ser assim estaríamos perante uma tutela fictícia ou excessiva das posições jurídicas subjectivas do autor, na medida em que a Administração, sanado o vício formal, sempre poderia renovar o acto administrativo e, com ele, realizar o interesse público.

Sendo nossa convicção que a nova justiça administrativa axiológico-substancial implica a reforma do procedimento administrativo, nomeadamente a existência de preceitos como os §§ 45 e 46 da VwVfG (a que voltaremos mais adiante), começam, precisamente aqui, a desenhar-se problemas dogmáticos extremamente complexos. Referimo-nos, face ao princípio da tutela jurisdicional efectiva (artigos 20.º e 268.º/4 da CRP), à previsível inconstitucionalidade de normas procedimentais que venham (se não houver extremo cuidado na sua redacção) a questionar os princípios do direito de acesso ao direito e aos tribunais e à tutela judicial efectiva. Por isso faremos, mais adiante, a nossa proposta dogmático-legislativa.

Antes de chegarmos a esse ponto crucial, questionemos a hipótese da impugnação do acto por vício de forma (ou procedimental) não tutelar eficazmente o interesse legalmente protegido, podendo, inclusive, a Administração renovar o acto administrativo. Será realmente inútil ou ineficaz a tutela da posição jurídica subjectiva do autor motivada por vício de forma ou violação de norma procedimental, decaindo para uma mera irregularidade (vício não invalidante)?

Vejamos um exemplo.

O autor que impugne uma ordem de demolição de um edifício (construído abusivamente), por vício formal ou procedimental, pode obter vantagem com a respectiva anulação do acto ainda que a ordem possa vir a ser renovada. Assim é, porque a duração do processo, obtida a suspensão da eficácia do acto, permite ao interessado dispor entretanto do imóvel, inclusive habitando-o; depois, a nova ordem de demolição tem eficácia *ex nunc* (artigos 127.º e 128.º/1/b) do CPA), o que pode ter relevância se, por exemplo, vier requerida a caducidade de uma licença atribuída para o exercício de uma actividade comercial, entretanto legitimamente exercitada, por força da medida cautelar entretanto decretada; por último, o autor pode beneficiar de superveniências de facto e de direito, nomeadamente um instrumento urbanístico favorável, podendo desta forma solicitar a sanação jurisprudencial do vício de que enfermava o acto demolitório.

Aqui está um bom exemplo como a sobrevivência da figura do interesse legítimo pode ser útil ao recorrente e a anulação do acto por vício de forma ou procedimental não representa uma tutela fictícia ou inútil, mesmo que se admita, como acontece na Alemanha e até em Espanha (e muito recentemente em Itália), que os referidos vícios não influenciaram o conteúdo do acto, em princípio vinculado.

O espírito das soluções retiradas do direito comparado tem em linha de conta dois aspectos importantes: primeiro, que o acto não é anulável quando se trate de violação de normas procedimentais ou sobre a forma dos actos que não tenham relevo essencial para a correcção da actividade administrativa; em segundo lugar, que o conteúdo do acto administrativo não pudesse ser diferente do que foi efectivamente adoptado. Se a falta de indicação da autoridade (recorrida) ou a eventual ausência da indicação de delegação de poderes ou ainda a falta da referência de um parecer (não vinculativo) pode ser considerada secundária, desde que seja evidente que o conteúdo do acto não poderia ser outro, já, por exemplo, a falta de comunicação do início do procedimento pode implicar alguma perplexidade constitucional. Senão vejamos.

Note-se que uma norma deste tipo pode cancelar a garantia de participação procedimental, em colisão com o artigo do CPA (100.º/1), que prescreve a comunicação do projecto de decisão ao interessado, afectando, por isso, o direito ao contraditório legalmente estabelecido. Como diz Séneca ao Rei Creonte, quando este se apressa a decretar o seu exílio, provavelmente decidirá justamente quem decide sem ouvir a outra parte, mas justo não é. Neste caso não só se levantarão questões de inconstitucionalidade e (i)legalidade interna como também não é de excluir a violação do direito constitucional e administrativo comunitário.

Mesmo admitindo que não houve violação substancial da norma procedimental que obriga à comunicação do início do procedimento aos eventuais interessados, se a Administração vier a demonstrar que o acto e o respectivo conteúdo não poderia ser outro, a questão da constitucionalidade do acto mantém-se e, por conseguinte, a sua antijuridicidade.

Aliás, coloca-se aqui um problema tão interessante como delicado, que é o de saber se não estaremos perante um controlo jurisdicional virtual. Passemos a explicar.

Admitindo que a anulabilidade substancial do acto implica a desvalorização de alguns dos vícios (menores) de forma e procedimentais, a fiscalização do juiz pode operar de forma virtual. Imaginemos que o acto impugnado apresenta um determinado conteúdo, põe-se, então, ao juiz administrativo uma operação intelectual que consiste em verificar se o respeito pelas normas respeitantes à forma dos actos e à tramitação procedimental não poderia ter conduzido à emanação de outro acto com conteúdo diverso.

É verdade que o controlo será relativamente simples nos casos de violação de uma norma que não possa ter qualquer influência sobre o conteúdo do acto e o seu sentido, como poderá suceder com o incumprimento da norma procedimental que manda que o acto notificado indique a autoridade que o praticou e a menção da delegação ou subdelegação de poderes (artigo 123.º do CPA). Com efeito, trata-se de uma norma ordenada para garantir a informação do cidadão para efeitos de tutela administrativa ou mesmo contenciosa e, portanto, estranha à formação do conteúdo do acto. Naturalmente que também aqui se podem suscitar questões agudas de juridicidade, nomeadamente à luz dos princípios de acesso aos tribunais e respectiva tutela jurisdicional efectiva (artigos 20.º e 268.º/4 da CRP).

Já não será tão fácil ao juiz avaliar a influência que a participação procedimental dos interessados poderia determinar ao nível do conteúdo do acto administrativo, nomeadamente quando os interessados não foram informados do início do procedimento, nos termos do artigo 55.º do CPA.

É nestas situações que se põe, com agudeza, o problema anteriormente suscitado de um controlo jurisdicional virtual, especialmente se o acto apresenta alguns indícios de discricionaridade administrativa. Neste caso, o controlo do juiz assume uma valência virtual e de prognose, naturalmente diversa do que habitualmente assume. Na verdade, o controlo jurisdicional desenvolve-se através de um confronto entre os vícios deduzidos na impugnação do acto e os parâmetros constituídos pelas normas e princípios estabelecidos pelo juiz.

No fundo, estamos confrontados entre o que realmente existe, o acto impugnado, e aquilo que poderia ser, o acto administrativo virtual, se tanto as normas procedimentais como as normas relativamente à forma dos actos tivessem sido cumpridas. Em síntese, leva-se o juiz administrativo a imaginar um possível e diverso conteúdo do acto e também a percorrer todo o *iter* decisional seguido pela autoridade administrativa, modificando ou substituindo o "soalho" do procedimento administrativo, para, por fim, poder estabelecer o conteúdo que o acto poderia ter tido e não teve.

Coloca-se aqui ainda uma outra situação tão curiosa como complexa juridicamente, que é a do juiz se comportar como se fosse a Administração, que não é. Vendo-se parcialmente privado do controlo de legalidade formal do acto administrativo e das normas procedimentais cujo incumprimento não condiciona ou influencia o conteúdo do acto, o juiz vê-se confrontado apenas com os aspectos materiais da função administrativa. Ora uma tal construção, que advogamos com o cuidado necessário (e já lá iremos), não nos pode fazer esquecer que pisamos um terreno muito viscoso, na medida em que o juiz opera agora num campo estreito, delimitado pela relevância dos vícios formais e procedimentais e o limite do controlo pleno e directo da chamada discricionariedade técnica e da discricionariedade administrativa. Para que este caminho jurisprudencial e legislativo (reforma do CPA) não se torne estéril e até perigoso, advoga-se cuidado e rigor, sobretudo muito rigor.

Como não poderia deixar de ser, o passo decisivo compete ao legislador, estatuindo, com a desejada qualidade técnica, as normas procedimentais que venham a permitir uma harmonização sensata entre o interesse público e a eficácia da actividade administrativa, por um lado, e a tutela plena e efectiva das posições jurídicas subjectivo--substantivas favoráveis dos particulares, por outro.

Compete-nos agora advertir, dogmaticamente, para as vantagens e inconvenientes de uma de duas soluções: uma mais estrita, outra mais ampla. O problema põe-se quanto ao âmbito da discricionariedade das normas procedimentais que venham a consagrar os vícios não invalidantes do acto administrativo, convolando a anulabilidade em mera irregularidade. Importa aqui, sobretudo, a irregularidade débil, em relação com a violação de normas não imperativas [1].

Como dissemos anteriormente, convocam-se aqui duas teses. Começando pela *tese restritiva*, o que consubstanciaria a redacção de uma norma procedimental que tivesse em conta apenas os actos vinculados, sem espaço, portanto, para qualquer escolha da Administração. Esta é a solução espanhola, sendo a solução legislativa italiana mais fragmentada e a solução alemã a mais compósita.

Segundo a *tese restritiva,* a norma só seria aplicável em presença de um acto estritamente vinculado, onde fosse manifesto que o conteúdo do acto administrativo não poderia ser outro e daí a completa irrelevância (contenciosa) dos vícios formais e procedimentais. Segundo esta tese ficariam excluídos os actos parcialmente vinculados. Por exemplo, vinculados no *quid,* mas discricionários no *an* ou vinculados no *an* e no *quid* mas não em relação ao *quando.*

A norma seria então aplicável apenas e tão-só quando em presença de actos vinculados em termos jurídicos, ou seja, quando o acto administrativo adoptado fosse o único possível segundo o direito posto e, portanto, não subsistisse qualquer alternativa jurídica à adopção de um determinado acto.

Esta solução tem, obviamente, o inconveniente de conferir à norma procedimental um alcance muito diminuto, de cuja utilidade prática se duvida. Na verdade, ficaria limitada às raras situações de actos completamente vin-

---

[1] Ainda que a propósito da acção de condenação, cfr. RUI MACHETE, "A condenação à prática de acto devido – Algumas questões", in *CJA*, n.º 50, 2005, p. 6 e ss.

culados, o que, aliás, já vem sendo (in)discretamente insinuado pela nossa mais alta jurisprudência administrativa.

Outra tese legislativa e dogmática – *tese menos restritiva* – será a de conferir à falta de alternativa de decisão administrativa um alcance maior, abrangendo não só a questão de direito como a situação de facto. Assim, mesmo que o acto não fosse juridicamente vinculado, o juiz poderia admitir, face à situação factual e às circunstâncias do caso concreto, que aquele era o único possível, a única decisão correcta para aquele caso concreto. Por outras palavras, abrangendo também os actos discricionários.

Dito de outra forma, nesta segunda hipótese, a alternatividade abrangerá não só a situação de direito como a situação de facto. Explicando melhor, a escolha administrativa seria também excluída naqueles casos em que, embora fosse formalmente possível uma alternativa, o acto administrativo praticado fosse substancialmente bom e justo, isto é, a melhor ou a única solução possível. Adoptando esta posição, a violação do disposto no artigo 123.º do CPA seria irrelevante tanto para os actos estritamente vinculados como para os actos discricionários. Note-se que, mesmo admitindo a impossibilidade de estabelecer, com absoluta certeza, o conteúdo do acto administrativo discricionário, numa boa parte dos procedimentos administrativos o acto discricionário torna-se vinculado para além de uma determinada fase procedimental, que bem pode ser em determinadas situações a fase instrutória (artigo 86.º e segs. do CPA). Veja-se o exemplo de uma empreitada de obras públicas em que concorrem apenas dois candidatos e se torna visível, a partir de certa altura, que um deles não tem meios financeiros ou técnicos para a realização da obra em causa. Ou para dar um outro exemplo, quando decorrido o prazo concedido por uma licença de construção e o requerente não tenha iniciado as obras, a caducidade da autorização de construir converte o acto discricionário em acto vinculado.

De todo o modo, advogamos uma solução em que as meras irregularidades sejam analisadas casuisticamente e não através de categorias de situações, por forma a permitir um controlo jurisdicional apertado da situação de facto e, por conseguinte, da discricionaridade do acto administrativo. Mas também de forma a impedir que o juiz se substitua à Administração quando o acto apresenta claras tonalidades discricionárias.

Acrescentaríamos mais uma nota que nos parece de extrema importância. Para que o vício formal ou procedimental seja considerado juridicamente irrelevante não basta demonstrar que o conteúdo do acto não poderia ser senão aquele que foi praticado. É preciso ainda demonstrar, sobretudo quando o acto é discricionário, e neste caso o ónus pertence à Administração, que também o alternativo conteúdo do acto não poderia igualmente satisfazer a pretensão do autor. Ora este aspecto é relevante para efeitos do respeito jurídico-constitucional do princípio da tutela jurisdicional efectiva, afastando a inconstitucionalidade da norma que venha a ser posta pelo legislador.

Ou seja, o juiz poderá anular o acto se o acto administrativo e o respectivo conteúdo pudesse ser diferente do concretamente adoptado mas apenas quando venha demonstrado que a diversidade do conteúdo do acto pudesse satisfazer a pretensão do autor, exceptuando a acção pública e a acção popular. É só nesta perspectiva compósita que os vícios formais e procedimentais se tornam judicialmente irrelevantes, precisamente porque o recorrente não obteria qualquer vantagem ou tutela para a sua posição jurídica. Inversamente, a violação das normas procedimentais e das normas respeitantes à forma dos actos será relevante contenciosamente se vier demonstrado que o seu cumprimento conduziria a uma decisão administrativa favorável ao recorrente.

Entra também aqui em jogo o princípio da proporcionalidade no juízo de probabilidade entre a primariedade do interesse público ou dos direitos e interesses legalmente protegidos dos cidadãos (artigo 266.º/2 da CRP e artigo 3.º e segs. do CPA).

Em síntese, retirando proveito da assinalável evolução jurisprudencial [1], procurou-se apenas oferecer aqui uma sistematização dogmática, ainda que problematizante, ajustada à reforma do procedimento administrativo *in itinere*.

---

[1] Só para referir alguns dos mais recentes, com a curiosidade da irregularidade atingir, por vezes, formalidades essenciais, o que é questionável, como vimos, cfr., entre outros, os acórdãos do STA, de 1/7/1997, Processo n.º 41588; de 9/7/2002, Processo n.º 04283; de 21/1/2003, Processo n.º 046431; de 19/2/2003, Processo n.º 040793; de 31/3/2004, Processo n.º 035338; de 20/10/2004, Processo n.º 01579/03; de 3/6/2004, Processo n.º 0239/04; de 15/11/2005, Processo n.º 0136/05; de 29/11/2005, Processo n.º 0509/05, in *www.dgsi.pt*.

III

O CONTROLO JURISDICIONAL
DO ACTO ADMINISTRATIVO

O CONTROLO JURISDICIONAL
DO ACTO ADMINISTRATIVO

1. O objecto do processo administrativo impugnatório

O objecto do processo administrativo é uma das matérias mais discutidas pela doutrina e de maior problematicidade. Tal problematicidade deve-se muito à discussão em torno do modelo-estrutura do processo – objectivista ou subjectivista – e à sua função, bem como à complexa ligação do objecto do processo com as concepções de acção e das relações que se venham a estabelecer entre o conteúdo da tutela judicial e o meio da sua realização jurisdicional [1].

Tradicionalmente, o objecto do processo administrativo foi construído à volta do recurso contencioso de anulação, considerado antes da reforma o principal meio processual (artigo 6.º do anterior ETAF). Este figurino processual não desmente, todavia, uma enorme diversidade de

---

[1] R. VILLATA, "Nuove riflessioni sull'oggetto del processo amministrativo", in *Studi in onore di A. Amorth,* vol. I, Milano, 1982, p. 707 e ss.

posturas doutrinárias, algumas delas aproveitáveis e úteis à luz do novo e profundamente renovado quadro conceptual e legal do contencioso administrativo (Lei n.º 13/2002, de 19 de Fevereiro, e Lei n.º 15/2002, de 22 de Fevereiro, sucessivamente alteradas).

A ideia de partida assenta no convencimento de que o objecto do processo administrativo varia em função do tipo de pretensão posta perante o juiz e no conteúdo da tutela jurisdicional solicitada e assegurada pela jurisdição administrativa. Com efeito, é de mediana compreensão que o objecto muda sensivelmente se se reconstrói o direito de acção como pretensão dirigida ao reconhecimento e satisfação da posição jurídica subjectiva do autor. Diversa é a situação quando se identifica a acção apenas com o pedido de uma pronúncia constitutiva anulatória de um acto administrativo, com base na respectiva ilegalidade.

Depois temos ainda teses intermédias que assinalam ao objecto do processo administrativo uma natureza compósita. Para alguma doutrina, na qual nos reconhecemos, o objecto do processo resulta da combinação das posturas anteriormente expostas, sendo que, em ambos os casos, partimos de uma visão substancial de interesse público primário e das posições jurídicas subjectivas favoráveis – direitos e interesses legalmente protegidos. Assim, em nossa opinião, o objecto do processo administrativo é constituído pelos direitos ou interesses legalmente protegidos eventualmente lesados e pelo interesse público prosseguido pela Administração numa actuação concreta. O que não faz parte do objecto do processo é o interesse público secundário.

Os argumentos em que confiamos para sustentar o nosso entendimento assentam na ideia de que o processo administrativo se caracteriza pela presença de uma parte (a Administração) em posição de poder [1]. Isto quer dizer que a relação jurídica administrativa (para quem defende a sua plenitude, como no processo civil), encontra aqui um limite, que é, precisamente, a existência de um poder de autoridade que faz decair a paridade desta específica relação jurídica. Só para quem defenda a paridade das partes é possível sustentar a relação jurídica administrativa como objecto perfeito do processo administrativo [2].

Acresce, e isto parece-me de extrema relevância, que o conceito de relação jurídica no direito administrativo tem, como vimos, uma construção muito particular, visto que aqui a relação jurídica não se materializa apenas numa relação intersubjectiva mas é também a relação de um dos sujeitos processuais com o ordenamento jurídico. Note-se que a Administração está vinculada pelo princípio da legalidade a prosseguir e realizar o interesse público superiormente definido pelo legislador. Acontece ainda que a noção de relação jurídica administrativa não constitui necessariamente um modo de ser das posições jurídicas subjectivas, lembrando que estas podem até não existir ou até que nem sempre à imposição de deveres correspondem inevitavelmente direitos.

Admitindo, sem reservas, a superação do modelo anulatório assente no acto e nos seus vícios, creio que a sua superação não passa pela igualização das posições jurídicas subjectivas, não sendo, portanto, indiferente a natureza e consistência das situações jurídicas feitas valer em juízo. A alternativa, relativamente ao objecto do processo, não passa por aqui, mas antes pelo reconhecimento

---

[1] R. VILLATA, "Nuove riflessioni...", *op. cit.*, p. 721.
[2] Sobre esta matéria, cfr. AROSO DE ALMEIDA, *Anulação de Actos Administrativos e Relações Jurídicas Emergentes,* Coimbra, 2002, p. 83 e ss.

da eventual lesão de uma posição jurídica e a sua tutela efectiva.

Duas consequências sobressaem da alteração do modelo do contencioso e do objecto do processo agora imposta pelo legislador. Uma primeira consequência está em que na determinação da *causa petendi* não se pode prescindir completamente das posições jurídicas deduzidas em juízo, considerando-se, assim, que aquela já não é determinada apenas pelos vícios do acto [1].

Uma segunda e inevitável consequência resulta do facto da decisão jurisdicional não tratar apenas de constatar e eliminar a ilegalidade da actuação administrativa mas também, e muito, do bem fundado da pretensão esgrimida pelo autor e a sua plena e efectiva satisfação. Tudo isto, obviamente, em consonância com os poderes de plena jurisdição dos tribunais administrativos (artigos 2.º e 3.º do CPTA). Os novos poderes do juiz de cognição e decisão em sede declarativa, cautelar e executiva constituem uma garantia indefectível da tutela efectiva e directa dos direitos e interesses legalmente protegidos dos particulares.

Nesta linha de pensamento, não creio, todavia, que se possam ignorar alguns contributos doutrinários fundamentais, mesmo que limitados pelo quadro legal então em vigor. Assim, parecem-nos perfeitamente aproveitáveis e idóneos aqueles entendimentos, em obséquio ao papel do princípio da legalidade e à sua ambivalência – tutela das posições jurídicas mas também do interesse público [2] –, que afirmam a ilegalidade da actuação administrativa impugnada em relação aos motivos deduzidos oportuna-

---

[1] Cfr. M. REBELO DE SOUSA, *O Pedido e a Causa de Pedir no Recurso Administrativo Contencioso,* Lisboa, 1972, p. 369 e ss.
[2] VIEIRA DE ANDRADE, *A Justiça Administrativa...*, op. cit., p. 12.

mente. O objecto do processo administrativo será, então, o pedido devidamente fundamentado, ou seja, a pretensão correctamente deduzida em juízo pelo recorrente ou, mais especificamente, a resolução das questões expostas pelo autor à luz dos motivos aduzidos. A pretensão não se identifica apenas com o pedido de anulação ou declaração de nulidade do acto impugnado mas igualmente com a relação qualificada do pedido com os motivos do recurso, o que exige discernir, previamente, os motivos relevantes e efectivos da pretensão daqueles que o não são. Esta construção tem a vantagem de permitir também a impugnação de actos por motivos formais, o que já não poderá suceder numa leitura meramente subjectivista do contencioso administrativo.

Outra questão relevante, para efeitos do objecto do processo administrativo, é a que se prende com uma concepção formal ou substancial da pretensão processual. Mesmo que se adopte a primeira tese, o que não julgamos adequado à luz do artigo 9.º/1 do CPTA e do modelo agora em vigor, sob pena da legitimidade processual e do interesse processual se estreitarem excessivamente, tal não pode condicionar uma concepção substancial do objecto do processo, necessária, aliás, à obtenção de uma sentença de mérito exigida por uma justiça administrativa material e efectiva (artigo 7.º do CPTA).

Em poucas palavras, como diz GIANNINI [1], podemos falar de objecto do processo administrativo em vários sentidos, sendo que as concepções mais extremadamente objectivistas são incompatíveis com o actual modelo de matriz subjectivista. Por outras palavras, não se pode sustentar hoje que o acto e os seus vícios são o objecto do

---

[1] *La giustizia amministrativa*, Roma, 1963, p. 11.

processo administrativo, ou que o objecto do processo se resume ao interesse público e à legalidade dos actos. Esta concepção ganhava justificação apenas na tentativa de superar a objecção segundo a qual o controlo de legalidade não garantia directamente a tutela ao interesse que se pretendia fazer valer em juízo. É certo que a doutrina [1] sustentava que o objecto do processo administrativo era o interesse legítimo, mas, para este Autor, tal posição jurídica tinha apenas uma natureza reflexa e indirecta. Porém, a tese anteriormente exposta esbarra com uma dificuldade insuperável ao reduzir a posição jurídica do particular (interesse legítimo) a um mero interesse à legalidade [2], na medida em que (o interesse à legalidade da actuação administrativa) perde toda e qualquer relevância e função processual. Esta perspectiva doutrinal dilui o interesse do particular no interesse de todos à legalidade do acto [3].

Creio que, apesar da actual ambivalência do modelo legal de contencioso, não será possível ao intérprete optar livremente por uma ou outra concepção. Na verdade, o quadro constitucional, especialmente o artigo 268.º/4 da CRP, afasta a interpretação que aponta para uma clara distinção entre a invalidade da actuação administrativa e a tutela efectiva dos direitos e interesses legalmente protegidos dos cidadãos.

O passo seguinte tem a ver com uma questão muito especial: unicidade ou pluralidade do objecto do processo administrativo.

---

[1] O. RANELLETTI, *Le guarentigie della giustizia nella pubblica amministrazione*, Milano, 1937, p. 161 e ss.
[2] Esta parece ser a posição de FREITAS DO AMARAL, *Direito Administrativo*, vol. II, Lisboa, 1988, p. 92 e ss.
[3] S. CASSARINO, *Le situazioni giuridiche soggettive e l'oggetto del processo amministrativo*, Milano, 1956, p. 244.

Procuramos aqui a solução hermenêutica que deve inspirar qualquer intérprete na procura da melhor aplicação das normas jurídico-processuais, em obséquio à qualidade da tutela jurisdicional e ao direito vigente. Começaremos por recordar que a temática do objecto do processo administrativo depende muito da estrutura e da função do processo, bem como dos seus princípios inspiradores e estruturantes. Parece-nos de relativa visibilidade que o problema do objecto do processo ganha contornos mais complexos num modelo subjectivista em que no mesmo processo o autor pode articular várias pretensões (artigos 4.º, 5.º, 21.º e 47.º do CPTA) [1].

Somos postos, assim, perante a dúvida ou interrogação se perante uma pluralidade de pretensões aparentemente diversas da impugnação contenciosa de actos possa resistir ainda uma construção unitária do objecto do processo administrativo; ou, inversamente, se perante tal pluralidade de pretensões tenhamos que concluir pela fragmentação do objecto do processo administrativo, coexistindo, deste modo, diversos objectos (do processo) em harmonia com as diversas acções (pedidos) propostas perante os tribunais administrativos. A verdade é que as duas opções estão ao dispor do autor, que pode optar por uma delas.

Dito de outra forma e pondo o problema em bases dogmáticas, abrem-se duas hipóteses hermenêuticas: ou se configura um modelo baseado numa série de pretensões alternativas ou pelo menos diversas, ainda que cumuláveis, ou se considera que todas estas pretensões sejam reconduzíveis a uma única acção. Neste sentido,

---

[1] Cfr. AROSO DE ALMEIDA, "O objecto do processo no novo contencioso administrativo", in *CJA*, n.º 36, 2002, p. 3 e ss.

consequentemente (no que diz respeito ao objecto do processo), ou se assume que existem diferentes objectos, segundo o tipo de pretensão avançada pelo autor, ou se assume que, mesmo havendo uma pluralidade de pretensões, o objecto do processo administrativo deve ser confeccionado em termos unitários.

Se cedermos à primeira hipótese antes configurada, teremos que reconhecer as seguintes acções administrativas especiais:

a) a acção de impugnação de actos (artigo 50.º e segs. do CPTA);
b) a acção de condenação à prática de actos legalmente devidos (artigo 66.º e segs. do CPTA);
c) e ainda a acção de impugnação de normas e a declaração de ilegalidade por omissão (artigo 72.º e segs. do CPTA).

Nesta linha hermenêutica, teríamos então uma série de objectos diferentes, de acordo com as diversas pretensões exercitadas. Neste caso, privilegiar-se-ia a autonomia dos diversos pedidos e a inevitável fragmentação do objecto do processo administrativo. O objecto do processo seria variável em função do tipo de acção proposta [1].

Os riscos desta construção dogmática são o de continuar, ainda que inconscientemente, a configurar um objecto principal do processo – o acto e os seus vícios – e um objecto secundário ou eventual que até pode não existir, como poderá ser a acção ou pedido ressarcitório ou a reconstituição obrigatória da situação que existiria se o

---

[1] Cfr. ainda AROSO DE ALMEIDA, "O objecto do processo...", *op. cit*, p. 13 e ss.

acto impugnado não tivesse sido praticado (artigo 47.º/1/2 do CPTA).

A questão que se põe é a de saber se esta solução hermenêutica, que a lei admite como antes dissemos, é a mais adequada e certeira do ponto de vista do princípio da tutela jurisdicional efectiva e se este não vem deste modo limitado ou mistificado. Não estando completamente seguro da solidez dos contributos e argumentos que confeccionam uma alternativa, eventualmente menos "realística", parece-nos que a solução de maior pregnância, à luz da tutela efectiva das posições jurídicas dos particulares, seja aquela que aposta em confeccionar o objecto do processo administrativo tendo como referência primária a tutela da lesão injusta sofrida pelo cidadão, o que passa por admitir, inclusive, a sua negação quando não estejam cumpridos dois pressupostos essenciais: a injustiça e ilegalidade da conduta administrativa e o dano concreto sofrido pelo particular.

Em resumo, a pluralidade de pretensões articuladas no mesmo e único processo não pluraliza ou fragmenta o objecto do processo administrativo, mas apenas lhe dá maior amplitude, em consonância, aliás, com a globalidade da relação jurídica administrativa controvertida (artigos 47.º, 63.º e 70.º/3 do CPTA). Outro entendimento teria, inclusive, o inconveniente de nos fazer regredir, ao admitir que o pedido anulatório constituiria um pressuposto (processual) dos outros pedidos, *maxime* do pedido (acção) ressarcitório [1].

Uma coisa é admitir o alargamento do objecto do processo resultante da cumulação devidamente articulada

---

[1] Sobre esta questão, cfr. MARGARIDA CORTEZ, "Responsabilidade civil da administração pública", in *Seminário Permanente de Direito Constitucional e Direito Administrativo*, Braga, 1999, p. 70 e ss.

de pretensões, outra admitir que nesse caso subsistiriam vários objectos do processo, tantos quantos os pedidos formulados pelo autor.

Perante uma única relação jurídica administrativa há apenas um objecto do processo administrativo, ainda que este possa ser constituído por várias pretensões devidamente deduzidas judicialmente. Cumulação de pretensões que, por isso, se deve considerar, em princípio, necessária (artigo 47.º/1/2 do CPTA) e não apenas facultativa, tal como transparece do artigo 47.º/3 do CPTA, sob pena de uma utilização imprópria do processo administrativo. Este é um dos aspectos a que o juiz deve estar atento para evitar que o fim institucional do processo não venha desvirtuado ou que alguns dos seus princípios estruturantes não venham mistificados, como poderá suceder com o princípio da tutela jurisdicional efectiva ou simplesmente com os princípios da economia e da celeridade processual [1].

Se vigora, como vigora (artigo 7.º do CPTA), o princípio da justiça material temporalmente adequada (artigos 2.º do CPTA e 20.º da CRP), cremos que o nosso raciocínio tem sentido e é pertinente. Acresce que, existindo, em princípio, a necessária correspondência entre o pedido e a pronúncia, os motivos da acção relevam não só em sentido positivo, como objecto necessário da pronúncia do juiz, mas também em sentido negativo, como preclusão do exame de questões não tempestivamente deduzidas. Ora isto torna escassamente compreensível as teorizações de um processo em torno do acto, a não ser que o juiz, oficiosamente, pudesse pronunciar-se sobre a totalidade da relação material controvertida, mesmo na ausência de um

---

[1] COLAÇO ANTUNES, "Introdução ao Colóquio Luso-Espanhol", in *Colóquio Luso-Espanhol, op. cit.*, p. 20.

pedido nesse sentido do autor. Ora, não creio que seja esse o sentido do disposto nos artigos 95.º/2 e 141.º/2/3 do CPTA[1].

No Direito não existe simultaneidade do tempo passado e presente, ou seja, o passado actualiza-se no presente, mas este não altera o tempo anterior ou passado, apenas o actualiza.

2. À procura de um controlo jurisdicional mais intenso: do desvio de poder à violação de lei

O contencioso administrativo português, de inspiração francesa, foi historicamente desenhado como o processo ao acto, pelo que, sem um acto administrativo prévio não era fácil ter acesso aos tribunais administrativos. Depois, com a reforma de 84/85, as coisas alteraram-se com a institucionalização de novas acções, com destaque para a acção para o reconhecimento de direitos ou interesses legalmente protegidos, sem que deixasse de permanecer, pelo menos positivamente, o recurso contencioso de anulação do acto como meio processual principal (artigo 6.º do ETAF). Dito de outra forma, a natureza revisora-demolitória do contencioso administrativo continuava a marcar, de forma indelével, a justiça administrativa de então, a tal ponto que o Código do Procedimento Administrativo manteve a ficção legal ao dotar de sentido negativo ou positivo o silêncio da Administração (artigos 109.º e 108.º). Esta rudimentar e porventura tosca característica do nosso contencioso administrativo parece ter-se mantido no novo

---

[1] Cfr. AROSO DE ALMEIDA, *O Novo Regime do Processo...*, op. cit., p. 191 e ss.

CPTA (artigo 66.º e segs.) ao dar, aparentemente, uma resposta parcial (apenas) dirigida ao "indeferimento tácito", à inércia negativa, segundo os arautos do novo modelo de justiça administrativa.

Deste modo, ainda que a reforma da justiça administrativa (2002-2004) a tenha configurado em moldes subjectivistas, pondo no centro do objecto do processo a pretensão das partes, não é menos verdade que manteve, paradoxalmente, uma estrutura mista subjectivista-objectivista, com realce para as várias noções de acto impugnável, algumas delas bastante amplas [1], o que nos parece verdadeiramente inexplicável num sistema de acções rico e articulado, como é o nosso.

Com efeito, a manutenção de uma arquitectura procedimental própria do processo de tipo objectivista (no interior de um processo constitucionalmente subjectivista, artigos 20.º e 268.º/4 da CRP, e obrigado a garantir a tutela jurisdicional efectiva dos direitos e interesses legalmente protegidos dos cidadãos), com refracções importantes nos processos urgentes (artigo 100.º e segs. do CPTA), mais precisamente no âmbito do contencioso pré-contratual, pode permitir a violentação do que deve entender-se dogmaticamente como acto administrativo.

O que queremos salientar é a ausência de qualquer fundamento técnico para a estrutura aparentemente paradoxal do processo administrativo, com consequências verdadeiramente perniciosas [2] para a concepção rigorosa de acto administrativo, que não pode deixar de ser a do acto regulador, como antes salientámos.

---

[1] Artigos 10.º/6 e 55.º/1/d) do CPTA.
[2] VIEIRA DE ANDRADE, "O novo modelo de impugnação judicial dos actos administrativos – tradição e reforma", in *Colóquio Luso--Espanhol, op. cit,* p. 200.

A reforma, e o CPTA em particular, que ampliou enormemente os pedidos, não pretende, nem o podia fazer, eliminar ou secundarizar o acto administrativo como pressuposto de acesso aos contencioso administrativo. Por outro lado, o princípio e o direito à tutela judicial efectiva não exige agora a ampliação do conceito de acto administrativo para efeitos jurisdicionais de modo a satisfazer plenamente as pretensões dos particulares. Outra coisa é a ampliação material do acto, por força da perda das suas amarras orgânicas [1].

Pelo nosso lado, não descortinamos razões válidas para conferir dignidade de acto administrativo a actuações administrativas que não reúnam as características próprias do acto administrativo. Como antes dissemos, o inquinamento do acto administrativo impugnável está, também, no estatuto dado e mantido ao silêncio positivo da Administração, vulgarmente conhecido por deferimento tácito, com os inconvenientes conhecidos [2], que, além de permitir uma ficção legal contenciosamente impugnável por terceiros, não deveria implicar a produção dos efeitos próprios do acto administrativo. Precisamente porque não se trata de um acto administrativo [3].

Podendo identificar-se alguns outros actos para efeitos jurisdicionais, com realce para as decisões preliminares e os actos interlocutórios ou instrumen-

---

[1] VIEIRA DE ANDRADE, "O novo modelo de impugnação judicial dos actos administrativos – tradição e reforma", in *Colóquio Luso-Espanhol, op. cit.*, p. 195.

[2] COLAÇO ANTUNES, *Para um Direito Administrativo de Garantia..., op. cit.*, p. 57 e ss, esp. nota 21.

[3] Em sentido diverso, FREITAS DO AMARAL, *Curso...*, vol. II, *op. cit.*, p. 336, bem como ESTEVES DE OLIVEIRA, *Direito Administrativo*, I, Coimbra, 1984, pp. 478 e 479.

tais ¹, deve dizer-se, no entanto, que este tipo de "actos" administrativos não podem ser determinados *a priori,* abertos como estão a uma enorme casuística e, portanto, susceptíveis de construções tão surpreendentes como imprevisíveis.

Reforçando a ideia já anteriormente expressa, a figura do acto administrativo para efeitos jurisdicionais (acto impugnável), desnaturando a sua essência, perde completamente sentido num sistema contencioso que permite igualmente o acesso à justiça administrativa através de um conjunto rico e articulado de acções administrativas (declarativas, constitutivas, condenatórias...). Nada exige agora, antes pelo contrário, que o imperativo constitucional da tutela judicial efectiva e a garantia dos direitos e interesses legalmente protegidos dos cidadãos, e, por consequência, o completo controlo de toda a actividade administrativa, tenha de se articular forçosamente através da impugnação dos actos administrativos, desfigurando-os. Como nada impede que seja precisamente através da impugnação contenciosa de actos administrativos ou, mais amplamente, por intermédio da acção administrativa especial, que devem assegurar-se as pretensões dos particulares face a uma posição privilegiada de autoridade da Administração.

Uma leitura ajustada do sistema de justiça administrativa e dos fundamentos do Direito Administrativo, como é o acto, permitirá uma leitura e aplicação sensata, portanto restritiva, do disposto no n.º 1 do artigo 51.º do CPTA. O particular pode assim impugnar o acto através

---

¹ VIEIRA DE ANDRADE, "O novo modelo de impugnação judicial dos actos administrativos – tradição e reforma", in *Colóquio Luso--Espanhol, op. cit.*, pp. 197 e 198.

da acção administrativa especial quando esteja confrontado com um acto administrativo, como também pode recorrer à acção administrativa comum quando a actuação administrativa não reúna as características próprias do acto administrativo. Não só a correcção dogmática o exige, como é certo também que o juiz administrativo dispõe hoje de meios adequados (porventura excessivos) de corrigir o autor quanto ao meio judicial utilizado (cfr., entre outros, os artigos 4.º/3/4, 88.º/1/2 e 89.º/2 do CPTA).

Logo, o sistema de justiça administrativa, sistematicamente interpretado, permite perfeitamente o pleno acesso à jurisdição administrativa sem necessidade de desfigurar o conceito de acto administrativo. A experiência da justiça administrativa alemã provou que este caminho é não só o melhor como é perfeitamente realizável.

Poder-se-ia, no entanto, sustentar, como fez alguma doutrina alemã [1], a necessidade de uma pretensão constitutiva geral (*allgemeine Gestaltungsklage*) que, não dependendo da emergência de um acto administrativo, seria especialmente dirigida para a impugnação de todas aquelas actuações da Administração não constitutivas de actos administrativos em sentido estrito, impedindo, desta forma, qualquer tentativa de desnaturar o acto por razões processuais. Cremos, todavia, que tal não é necessário se a acção de condenação englobar, como julgamos certo, o silêncio ou a inércia positiva ou recorrendo então, nos outros casos, à acção administrativa comum, nomeadamente quando não haja ou não deva haver acto; ou quando haja lugar a actuações materiais ou técnicas da Administração.

---

[1] Neste sentido, veja-se, de forma concludente, F. HUFEN, *Verwaltungsprozeßrecht, op. cit.*, p. 224.

Tal como o sistema jurídico alemão soube compatibilizar uma noção rigorosa e estrita de acto administrativo (§ 35 da VwVfG – *Verwaltungsverfahrensgesetz*) com um sistema de justiça administrativa orientado por uma tutela efectiva e plena (§ 40/1 VwGO – *Verwaltungsgerichtsordnung*), o nosso legislador caminhou na mesma direcção, sendo que a definição de acto administrativo posto no artigo 120.º do CPA mereceria uma revisitação conceptual [1]. O que faz falta, no essencial, é o intérprete, sem necessidade de gigantescas alterações legislativas, recorrer, como lhe compete, ao procedimento hermenêutico adequado, nada mais.

Entrando no delicado tema do controlo jurisdicional do acto administrativo com matizes discricionários, porque é esse que coloca maiores dificuldades e incertezas, a doutrina, limitada pelo direito processual então vigente, tendia a limitar o controlo jurisdicional de legalidade aos factos indicados na previsão normativa ou, quando muito, às apreciações administrativas de alguma forma espelhados no enunciado descritivo da norma. No essencial, admitia-se que o controlo de legalidade pudesse ser alargado à apreciação jurídica de algumas circunstâncias factuais, mas na condição do resultado da operação interpretativa se manifestar num juízo certo, positivo ou negativo.

No fundo desta doutrina jurisprudencial, que ainda hoje permanece, está o convencimento que o controlo de legalidade sobre os factos *stricto sensu* é possível sempre que a norma jurídica contenha uma descrição completa

---

[1] VIEIRA DE ANDRADE, "O novo modelo de impugnação judicial dos actos administrativos – tradição e reforma", in *Colóquio Luso-Espanhol, op. cit.*, pp. 194 e 195, sustenta, apesar de alguma imprevisibilidade conceptual em torno do artigo 120.º do CPA, um conceito restrito de acto.

e precisa dos pressupostos necessários à adopção de um certo tipo de acto administrativo. Como é óbvio, esta teoria repousa numa técnica jurídica e jurisdicional caracterizada pela lógica subsuntiva [1], segundo a qual o conteúdo da decisão judicial é visto como o resultado de um silogismo no qual a premissa maior é representada pela previsão normativa (com o respectivo carácter descritivo) e a premissa menor consiste no facto materialmente apreensível pela Administração, cabendo ao juiz verificar da idoneidade do facto para se inscrever na categoria delineada pela norma jurídica.

Esta técnica de sindicar a actuação administrativa teve o condão de ancorar uma jurisprudência, que ainda subsiste, para a qual a apreciação dos factos pela Administração é sobretudo passível de controlo jurisdicional através do vício de desvio de poder, subjectivando as prévias apreciações da Administração. Segundo cremos, a nossa jurisprudência, ao invés do que sucedeu em França, onde a abertura ao controlo dos *motifs* pelo Conseil d'État [2] abriu as portas ao controlo de violação de lei sobre a representação administrativa dos factos, quedou-se, fundamentalmente, no controlo através do desvio de poder ou do erro manifesto, sempre que a norma jurídica não defina pelo menos um certo grau ou medida do pressuposto de facto. Curiosamente, as teorias causalistas do acto encontraram no conceito de desvio de poder um terreno propício, coincidindo, o que também é curioso, com as teses iniciais francesas em matéria de recurso por excesso de poder, que faziam referência, no que respeita ao controlo dos motivos

---

[1] Cfr., por exemplo, o Acórdão do STA, de 14/10/2004, Processo n.º 220 ou ainda o Acórdão do STA, de 20/11/2002, Processo n.º 433.

[2] S. KTISTAKI, *L'Évolution du Contrôle Juridictionnel des Motifs de l'Acte Administratif*, Paris, 1991, p. 239 e ss.

do acto, à inexistência de uma causa jurídica que justificasse a prolação do acto objecto de impugnação [1]. É certo que as pronúncias do Conselho de Estado francês reconduziram depois o défice causal, em relação com a errónea apreciação dos factos, ao vício de violação de lei e não ao *détournement de pouvoir*. A doutrina francesa reconhece que, desde boa parte do século passado, o Conseil d'État situa na *fausse interprétation de la loi* e, portanto, no vício de violação de lei o controlo das apreciações de facto da Administração [2].

Como também é reconhecível, uma parte da doutrina e da jurisprudência no passado e no presente teve o mérito de incluir o vício do processo cognoscitivo dos factos no âmbito da violação de lei; mas é igualmente verdade que tal classificação assenta no pressuposto de que a "falsificação" dos factos, ainda que distinta do erro de facto, respeita essencialmente à representação "intencional" da realidade, o que não deixa de ser mais uma forma, agora mais sofisticada, de desvalorizar o controlo do vício de violação de lei, reconduzindo-o, de certo modo, a uma forma reveladora de desvio de poder.

Em síntese, o controlo do vício de violação de lei aparece limitado à categoria de factos susceptíveis de um juízo seguro, à luz da descrição normativa, permanecendo, no essencial, o controlo complexo através do vício de desvio de poder, sendo que neste caso o juízo de valor efectuado pelo órgão administrativo vem já relacionado com a escolha discricionária.

---

[1] J. M. AUBY / R. DRAGO, *Traité de Contentieux Administratif*, 2.º vol., Paris, 1984, p. 411.
[2] Cfr. S. KTISTAKI, *L'Évolution du Contrôle Juridictionnel...*, op. cit., p. 321 e ss; P. LANDON, *Histoire Abrégée du Recours pour Excès de Pouvoir des Origines à 1954*, Paris, 1962, p. 96.

O novo processo administrativo de partes, de matriz subjectivista, veio alterar profundamente a situação. Note-se que entre as partes existe agora uma verdadeira controvérsia judicial, alicerçada em posições (jurídicas) contrastantes, e não apenas um mero desacordo em relação ao modo de realizar o interesse público. Com efeito, é agora possível redimensionar as teorias que temiam a substituição da Administração pelo juiz em situações de exercício de poder discricionário ou de alguma margem de livre apreciação. Em bom rigor, o risco de tal "substituição" só se pode verificar na medida em que o controlo jurisdicional venha limitado a um controlo (de legalidade) *tout court*, quando do objecto do processo administrativo faz parte (essencial) a pretensão do autor, logo as suas posições jurídicas substantivas favoráveis. É aqui que entra a célebre frase de VEDEL [1] ao afirmar que "... dans certains cas, le législateur a fait de l'opportunité un élément de la légalité". Para nós, esta asserção significa que os pressupostos de facto legitimantes da adopção do acto administrativo não estão todos eles contidos na norma jurídica ou se estão não pode deixar de incluir a situação do recorrente, à luz de uma actividade administrativa ponderada e proporcionalística (artigos 5.º/2 do CPA e 266.º/2 da CRP).

O que queremos dizer é que o objecto do processo administrativo não pode deixar de condicionar o âmbito do controlo jurisdicional e a sua intensidade, não podendo agora menosprezar-se os direitos e interesses legalmente protegidos controvertidos, bem como os poderes inquisitórios do juiz para o achamento da verdade material. Não só o *droit fait* como, sobretudo, o *droit qui se fait* assegura ao juiz o controlo de certos elementos de oportunidade

---

[1] G. VEDEL, *Droit Administratif*, Paris, 1968, p. 284 e ss.

administrativa e de discricionaridade, "afinando" regras e princípios que consubstanciam um controlo de juridicidade dos actos administrativos [1]. Mas isto não é o essencial da nossa tese, como veremos, que passa sobretudo pela distinção entre a qualificação jurídica dos factos determinantes para a descoberta hermenêutica do interesse público, que são um elemento essencial do interesse público primário [2], da realização-escolha da melhor solução que cabe inteiramente à Administração.

Neste sentido, é oportuno perceber e alterar o estatuto de menoridade do vício de violação de lei no controlo jurisdicional dos actos administrativos. Mais amplamente, trata-se de aclarar se as apreciações sobre a matéria factual desenvolvidas pela Administração e consideradas, em boa medida, insindicáveis face à vaguidade do enunciado normativo, devem ser controláveis maioritariamente através do vício de violação de lei e não tanto através do vício de desvio de poder. A doutrina tende a admitir o pleno controlo de legalidade sobre os "factos" imprecisos ou opináveis, desde que se possam reconhecer no tecido normativo. Em tal caso, o controlo jurisdicional vem exercitado no âmbito do vício de violação de lei, mas de facto, mais do que a valoração subjectiva da Administração, o objecto do controlo incide sobre a verificação da existência ou não de tal apreciação administrativa ou se ela é correcta, mas sempre à luz de parâmetros objectivos capazes de consentir um juízo absoluto de verdade ou falsidade [3]. O que

---

[1] G. VEDEL, *Droit Administratif*, op. cit., p. 287.
[2] COLAÇO ANTUNES, *O Direito Administrativo e a sua Justiça...*, op. cit., p. 56.
[3] Penso ser este o entendimento de AZEVEDO MOREIRA, "Conceitos indeterminados: sua sindicabilidade contenciosa", in *Rev. Dir. Públ.*, 1985, p. 67 e ss.

releva, segundo esta perspectiva, é que os pressupostos, objecto da actividade administrativa, vêm expressamente indicados pela norma (ou pelo menos facilmente deduzidos do contexto normativo), constituindo, assim, o requisito essencial para que o juiz possa conhecer directamente a valoração feita pela Administração e que o vício possa configurar-se como violação de lei.

Como se vê, o vício de violação de lei vem configurado não só como uma noção absolutamente formal como também residual, pois sempre que o desencontro do acto com o conteúdo normativo do preceito legal não seja evidente, pela ambiguidade da norma, o intérprete desliza frequentemente para o âmbito do desvio de poder.

Isto vem a par da descoberta (jurisprudencial) do vício de desvio de poder como instrumento do controlo substancial (material) do acto. Creio que o equívoco desta leitura não é estranho ao seu processo hermenêutico, normalmente reconduzido ao espírito da lei, o que, a meu ver, foi a fórmula encontrada entre nós para transpor a noção francesa de *détournement de pouvoir* [1].

É precisamente esta hipótese formalística do vício de violação de lei a constranger a doutrina e a jurisprudência a não confeccionar um controlo pleno, exceptuando quando haja completude e precisão do enunciado normativo.

Com o novo contencioso, reafirmamos, não descortinamos razões válidas para justificar um papel residual ao controlo de legalidade através do vício de violação de lei ou do seu entendimento formalístico. A experiência do ordenamento jurídico francês lembra-nos também que os vícios

---

[1] MARCELLO CAETANO, *Manual de Direito Administrativo*, op. cit., p. 506 e ss. Mais nitidamente, AFONSO QUEIRÓ, *Estudos de Direito Público*, vol. I, Coimbra, 1989, p. 152 e ss, bem como a nota n.º 1 da p. 153, esp. p. 160 e ss.

resultantes das valorações de facto operados pela Administração pública podem e devem reconduzir-se ao âmbito da violação de lei, substancialmente entendida. A sua importância é evidente, resultando de imediato que a inclusão, no âmbito da violação de lei, dos vícios incidentes sobre o procedimento valorativo de apreensão e elaboração da realidade factual implica admitir a repetibilidade pelo tribunal de tais juízos de valor operados pelo agente administrativo.

Se não estamos equivocados, é possível e desejável demonstrar que os conceitos jurídicos indeterminados não consentem à Administração apropriar-se, no processo de formação do juízo de facto, de parâmetros que não sejam os atingidos pela norma atributiva do poder; do mesmo modo, não pode inibir-se o juiz do reexame de tal juízo ou valoração à luz de critérios normativos integrantes do conteúdo preceptivo da norma indeterminada [1].

Esta tarefa do juiz é essencial e necessária, conjugada com o enunciado normativo aberto, em ordem à reapreciação qualificatória de tais pressupostos e não apenas à sua existência ou inexistência.

Assim sendo, abre-se-nos uma outra fonte de debate, a da relevância do momento hermenêutico no controlo de legalidade do acto.

Perante a vaguidade da norma jurídica, mesmo que absoluta, a discricionariedade administrativa não está na interpretação da norma, no sentido de que deve ser determinado qualquer coisa que (não) vem expresso (na norma). Tecnicamente, seria sempre uma interpretação sistemá-

---

[1] GOMES CANOTILHO, *Fidelidade à República ou Fidelidade à Nato?*, Coimbra, 1987 (Separata), p. 55 e ss, parece sustentar um entendimento mais restritivo, na senda de AFONSO QUEIRÓ.

tica e teleológica¹, com recurso às normas atributivas dos fins ou aos princípios gerais de Direito. Neste contexto, ganha relevância a distinção entre os pressupostos do acto, coincidentes com a natureza objectivável das circunstâncias de facto e idóneas a incidir sobre a produção de efeitos jurídicos, e os motivos, que se reconduzem à natureza subjectiva do processo de representação de tais efeitos, em relação a concretas situações de facto. Porém, esta construção dogmática é eventualmente contestável se considerarmos que ambas as figuras se situam menos no âmbito da estrutura do acto e mais no exercício da função administrativa, sendo que a relação que se estabelece entre a situação factual e a norma jurídica permite resolver, sem grandes dificuldades, os imagináveis problemas inerentes à dimensão voluntarística (móbil) da Administração na formação do acto administrativo discricionário².

A função interpretativa é a de individualizar ou desvelar a norma e o seu sentido – *la norme préalable* – ainda que esta venha a adquirir um conteúdo jurisprudencial. Cabe, assim, como vimos, redimensionar a teoria germânica dos conceitos jurídicos indeterminados, na medida em que qualificar ou interpretar conceitos como *urgência* ou *grave necessidade* não equivale a escolher discricionariamente a melhor solução para o caso concreto. Qualificar um facto como urgente não constitui já a solução do problema, uma vez que há ainda uma segunda fase – a da aplicação ou da escolha. Se, relativamente ao primeiro momento pode haver violação de lei, já no segundo o con-

---

¹ M. S. GIANNINI, *Il potere discrezionale della pubblica amministrazione. Concetto e problemi*, Milano, 1939, p. 161.
² S. KTISTAKI, *L'Évolution du Contrôle Juridictionnel...*, op. cit., p. 398 e ss.

trolo jurisdicional far-se-á, preferencialmente, através do controlo do vício de desvio de poder [1]; isto, sem prejuízo de

---

[1] Note-se, por exemplo, que, na expropriação urgente, o tempo rápido, a urgência, é um *elemento constitutivo* do interesse público específico a prosseguir com o acto ablativo e não o objecto da escolha discricionária.

O resultado de uma actuação administrativa nem sempre atenta e diligente tem sido o de converter o regime especial da urgência e do seu procedimento em regime normal, convolando o procedimento especial da urgência em procedimento ordinário em matéria de actos ablativos.

Sem pretender elaborar uma teoria da urgência, sempre tentaremos evidenciar o núcleo duro do conceito de urgência, à luz do fenómeno da expropriação urgente.

Um dos traços essenciais do conceito de urgência na expropriação urgente parece ser o da *insuficiência* do subprocedimento administrativo ordinário ou normal, que culmina no acto declarativo de utilidade pública, que não é mais do que o interesse público específico que a Administração deve prosseguir (COLAÇO ANTUNES, "Constituição, Administração e interesse público. O eterno retorno ao momento originante ou o Estado contra a Administração", in *Nos 25 Anos da Constituição da República Portuguesa de 1976, op. cit.*, p. 27, nota 54).

Por outras palavras, a insuficiência do direito normal para realizar o fim legalmente determinado. Não bastará, porém, a insuficiência do procedimento ordinário – direito normal – para fundamentar a urgência. Acresce um outro elemento: a insuficiência há-de ser determinada em função do tempo (neste sentido, FREITAS DO AMARAL/M. GLÓRIA DIAS GARCIA, "O estado de necessidade e a urgência em direito administrativo", in *ROA*, 1999, p. 491). Veremos mais adiante que também a noção de tempo é insuficiente sem a noção de perigo e da respectiva iminência.

O recurso ao procedimento especial de urgência vai permitir alcançar o fim de utilidade pública que se poderia atingir com o procedimento normal. O que acontece é que o procedimento urgente permite realizar o interesse público num lapso de tempo que não seria possível recorrendo ao procedimento ordinário, tendente à declaração de utilidade pública, *sendo que esse breve lapso de tempo deverá ser essencial para atingir o fim legalmente previsto*. Do mesmo modo que a expropriação urgente constitui uma transmissão da propriedade e do seu direito, o mesmo sucederia com a expropriação normal. Logo, a utilização da expropriação urgente só é legítima se for impossível alcançar através do procedimento típico-normal a prossecução do interesse público num tempo que é essencial ao fim administrativo normativamente pré-determinado (neste sentido, F. MAYER, *Das Opportunitätsprinzip in der Verwaltung*, Berlin, 1963, p. 127).

Tentando ser mais preciso, importa distinguir entre a insuficiência do procedimento administrativo ordinário e a impossibilidade jurídica (legal) de alcançar o interesse público. A *insuficiência* implica a possibilidade de atingir o fim público, mas a incapacidade de o alcançar através do procedimento normal (cfr. GARCÍA DE ENTERRÍA/ /T. RAMÓN FERNÁNDEZ, *Curso de Derecho Administrativo*, vol. II, 7.ª ed., Madrid, 2001, p. 273 e ss). A urgência, neste caso, o que faz é permitir a escolha do procedimento jurídico idóneo e suficiente, por razões de tempo, para obter a prossecução do fim de utilidade pública.

A *impossibilidade* implica a antijuridicidade da conduta da Administração Pública e do fim proposto (desvio de poder em sentido objectivo + violação de lei) e não a insuficiência do meio – procedimento administrativo – para o conseguir. Assim como a insuficiência do "direito normal" justifica a utilização do procedimento especial simplificado de urgência, a impossibilidade jurídica do fim não lhe abre as portas. Assim sendo, a utilização da expropriação urgente não pode utilizar-se com a finalidade de confiscar as garantias procedimentais, *maxime* a audiência dos interessados, mas apenas quando, por motivo de urgência temporal, medida à luz do perigo (grave prejuízo) para o interesse público em causa, o procedimento administrativo ordinário seja claramente insuficiente. E isto sem violar, face à natureza proporcionalística da actividade administrativa, as garantias substantivas e procedimentais dos particulares.

Poderíamos então assinalar como uma das características da urgência expropriativa, a insuficiência do procedimento administrativo normal por razões de tempo. Lembre-se, no entanto, que o princípio do bom andamento da administração exige-lhe normalmente celeridade e rapidez, o que deve ser compatível com o uso de procedimentos normais (cfr. P. LERCHE, *Übermass und Verfassungsrecht. Zur Bindung des Gesetzgebers an die Grundsätze der Verhältnismässigkeit und der Erforderlichkeit*, München / Bonn / Berlin, 1961, p. 123 e ss).

A Administração, ao convolar a rapidez normal da função administrativa em urgência, produz uma fundamental consequência jurídica, que é, precisamente, o abandono do direito administrativo (procedimento) normal, substituindo-o por um procedimento administrativo especial e simplificado.

É, portanto, a diferença entre rapidez e urgência que legitima a utilização do procedimento administrativo simplificado (urgente). Assim, quando a Administração quer que a expropriação se faça rapidamente, o que pretende é que não haja delongas e se apliquem os prazos mínimos do procedimento administrativo normal, que é suficiente para atingir, sem perda de tempo, o escopo jurídico-administrativo fixado. Pelo contrário, quando quer que a expropriação se realize urgentemente, o que se deseja é que se abandone o procedimento normal e se substitua pelo procedimento especial (P. LERCHE, *Übermass und Verfassungsrecht...*, op. cit., p. 139).

Em síntese, no procedimento ablativo urgente, o tempo é *um elemento determinante e constitutivo da utilidade pública a prosseguir*. Inversamente, no procedimento expropriativo ordinário o factor tempo não é um elemento determinante ou constitutivo do fim público, ou se o é, o tempo é perfeitamente compatível com a utilização do (sub)procedimento administrativo normal.

Este é um aspecto que o juiz tem de verificar com todo o cuidado, tanto mais que o acto declarativo da urgência administrativa expropriante é um acto vinculado de *accertamento* com efeitos constitutivos (M. S. GIANNINI, "Accertamenti amministrativi...", *op. cit.*, p. 169 e ss. No mesmo sentido, PARADA VÁSQUEZ, "La expropiación urgente", in *Homenaje al Prof. Sayagués Laso,* Madrid, 1969, p. 250).

Por outras palavras, o juiz tem de se convencer que o procedimento administrativo ordinário é manifestamente insuficiente para a realização do fim legal, o que, obviamente, exige uma fundamentação cuidada, congruente e suficiente, sob pena de invalidade do acto administrativo. Como já foi salientado devidamente, a urgência administrativa não é a urgência procedimental do concurso mas a urgência do fim, do interesse público. Não se pode confundir, portanto, com as causas legitimadoras, que são as mesmas na expropriação normal e na expropriação urgente, mas não nas expropriações urgentíssimas (artigo 16.º do Código das Expropriações).

Estando a razão determinante da substituição do "direito normal" pelo "direito especial", quando não excepcional, na insuficiência de um e na idoneidade do outro, tal implica uma interpretação restritiva deste último e até a exclusão da analogia. Outra coisa é a possibilidade de uma interpretação extensiva.

É aqui que entra a noção de perigo colhida pelos penalistas, especialmente os alemães. O que é o perigo? O perigo é, a meu ver, um elemento constitutivo da urgência administrativa, aspecto a que voltaremos mais adiante.

Outra característica da urgência está, em regra, no acréscimo de poderes dos órgãos administrativos competentes, com a correspondente diminuição das garantias procedimentais dos administrados. Neste ponto, a principal garantia (procedimental) do cidadão está no controlo judicial exigente da fundamentação do acto urgente, susceptível de indiciar o vício de desvio de poder ou mesmo violação de lei.

Isto é, uma vez que se trata, em aparência, de actos discricionários, e esta é uma terceira característica dos actos urgentes, o controlo jurisdicional deverá incidir não tanto sobre o conteúdo do acto de urgência como sobretudo sobre os motivos ou causas que presidiram à sua emanação, ou seja, sobre os factos determinantes (cfr. sobre este ponto FREITAS DO AMARAL/M. GLÓRIA DIAS GARCIA, "O estado de necessidade e a urgência...," *op. cit.*, p. 490). Isto é importante porque torna o acto menos discricionário e mais vinculado, o que é vital em sede de controlo judicial.

Na base da fundamentação e motivação do acto, o juiz pode agora constatar se se tratou de uma verdadeira urgência ou de outras razões mais ou menos (in)confessáveis.

A qualificação do acto como urgente é, aliás, de natureza vinculada, subsistindo uma discricionariedade apenas na escolha da melhor forma de realizar o interesse público. É habitual sustentar-se que quando exista urgência na actividade administrativa, tal é algo que pertence ao âmbito da oportunidade e da conveniência, esbatendo-se, em grande medida, o controlo jurisdicional. Pensamos que não será tanto assim se admitirmos que também a oportunidade ou a conveniência são também elas dimensões do princípio de juridicidade, estando, por isso, sujeitas aos princípios que regem a actividade administrativa (artigo 266.º/2 da CRP), sendo de salientar, inclusive, a importância do princípio da boa-fé (artigo 6.º-A do CPA). Estes princípios, como o da proporcionalidade, da igualdade e da justiça aplicam-se não só ao conteúdo do acto e às medidas de urgência como também à discricionariedade do *quando* (sobre esta importantíssima matéria A. ANGIULI, *Studi sulla discrezionalità amministrativa nel quando*, Bari, 1988, esp. pp. 49 e ss e 139 e ss).

Esta discricionariedade temporal é ainda mais limitada se tivermos em conta, quanto ao conteúdo do acto, que este configura um acto de *accertamento* com efeitos constitutivos. Isto é tanto assim quanto a declaração de urgência é simultânea com a prática do acto ablativo, pelo que a declaração de urgência funciona como um pressuposto de facto da norma cujo conteúdo configura o instituto da expropriação urgente (artigo 15.º do Código das Expropriações). Causa e conteúdo coincidem e têm um carácter simultâneo, o que não é despiciendo, no caso em apreço, em matéria de controlo jurisdicional.

Se nos é permitido ainda uma *opinio doctorum*, o *tempus regit actum*, mas sem obscurecer ou diminuir o tempo da boa-fé e o tempo do Direito e dos direitos fundamentais do cidadão. O tempo é também uma dimensão da certeza jurídica e da tutela do princípio da protecção da confiança do administrado (para uma leitura do princípio da protecção da confiança assente no direito de propriedade, W. SCHMIDT, "Vertrauensschutz im öffentlichen Recht", in *JuS*, 1973, p. 529 e ss). Se o tempo representa um factor condicionante da construção e modelação do poder administrativo, *maxime* discricionário, não é menos verdade que o tempo é também uma dimensão importante da teoria dos direitos fundamentais do cidadão e da justiça administrativa.

A discricionaridade temporal não pode ser criada pela Administração, artificializando uma situação de urgência ou mesmo de estado de necessidade, antes estas situações constituirão uma realidade factual. O que há, eventualmente, é uma mera margem de apreciação da Administração, mas esta terá de incidir forçosamente sobre factos. O acto declarativo de urgência constitui, assim, uma valoração fáctica e não uma manifestação de liberdade absoluta.

O dito anteriormente leva-nos a reafirmar a conclusão já anteriormente exposta, isto é, este acto constitui um *accertamento* de efeitos constitutivos (PARADA VÁSQUEZ, "La expropiación urgente", *op. cit.*, p. 250 e ss). Este acto, o acto declarativo de urgência, não será mais do que a manifestação formal do poder de autoridade da Administração, desde que se verifiquem as condições reais e especiais que configuram a figura da urgência.

A nossa doutrina poderia ser, no entanto, contrariada com uma interpretação literal do n.º 1 do artigo 15.º do Código das Expropriações, quando refere que "no próprio acto declarativo da utilidade pública, *pode* ser atribuído carácter de urgência à expropriação para obras de interesse público".

É nossa opinião, porém, que aquele *pode* apenas configurar uma possibilidade e não uma declaração de vontade (pura) só condicionada pelo seu uso excepcional. Mesmo que tal redacção-interpretação, errónea, segundo nós, contribua para qualificar o acto declarativo da urgência como um acto discricionário, é hoje comummente aceite que este tipo de actos não tem natureza essencialmente volitiva. São antes actos intelectivos (por todos, M. S. GIANNINI, *Il potere discrezionale della pubblica amministrazione...*, *op. cit.*, p. 49 e ss. Entre nós, ROGÉRIO SOARES, *Interesse Público, Legalidade e Mérito*, Coimbra, 1955) de base factual.

A qualificação da declaração de urgência como um acto de juízo, de conhecimento ou até de ciência (Cfr. C. MARZUOLI, *Potere amministrativo e valutazioni tecniche*, Milano, 1985, p. 115 e ss. Veja-se ainda F. CAMMEO, *Corso di diritto amministrativo*, Padova, 1960, p. 195 e ss) e a urgência mesma como um conceito jurídico indeterminado, leva-nos a admitir a possibilidade da sua impugnação jurisdicional (PARADA VÁSQUEZ, "La expropiación urgente", *op. cit.*, pp. 251 e 252).

Repare-se que o transcurso do tempo constitui um indício racional ou mesmo uma prova concludente da inexistência de uma situação de urgência expropriativa, condicionando intensamente a legitimidade do acto declarativo da expropriação urgente (assim, F. PERA VERDAGUER, *Expropiación Forzosa*, 4.ª ed., Barcelona, 1992, p. 387).

Falta-nos ainda falar de um elemento essencial do conceito de urgência, *o perigo*. O perigo é não só uma parte constitutiva da noção de urgência como também *a condição da urgência* (assim, IÑAKI AGIRREAZKUENAGA, *La Coacción Administrativa Directa*, Madrid, 1990, pp. 327 e 328), quando aquele não pode ser controlado a tempo, utilizando a terapêutica normal.

Numa primeira aproximação, segundo VIRGA, o perigo é aquele "evento que aparece como iminente e que segundo o seu normal desenvolvimento produzirá consequências gravosas para a colectividade" (VIRGA, citado por IÑAKI AGIRREAZKUENAGA, *op. cit.*, p. 328).

Note-se que o tempo (urgente) só entra como elemento constitutivo do fim quando a urgência é condicionada pelo perigo, acompanhado da sua maior ou menor iminência. O que aqui é relevante para operar uma distinção entre urgência e estado de necessidade (cfr. FREITAS DO AMARAL/M. GLÓRIA DIAS GARCIA, "O estado de necessidade e a urgência...,"*op. cit.*, p. 439 e ss). No estado de necessidade a noção de perigo iminente é mais acentuado, enquanto na urgência o perigo para a realização do interesse público não é tão iminente e inusual. Outra diferença está em que a urgência implica a substituição do direito normal por um direito especial (procedimento), mas ambos estritamente jurídicos (cfr. L. GIANNITI / STELLA RICHTER, "Urgenza", in *Enc. dir.*, vol. XLV, Milano, 1992, p. 902), enquanto o estado de necessidade supõe uma actuação que, em princípio, é "contrária" ao direito positivo (sobre este ponto a doutrina divide-se, tratando-se de uma legalidade excepcional ou de crise. Cfr., entre outros, SÉRVULO CORREIA, *Legalidade e Autonomia Contratual nos Contratos Administrativos,* Coimbra, 1987, pp. 280 e ss e 762 e ss). Para outros, a urgência é um pressuposto legal negativo de incidência de uma norma legal, baseado na determinação do órgão administrativo.

Contra a opinião de alguns autores, que situam o perigo no plano ontológico, não existe «perigo em si», tratando-se antes de uma realidade transitiva que só vê a luz do dia pondo em relação dois fenómenos. É, portanto, uma noção teleológica que se propaga também à noção de urgência administrativa. Uma vez que o termo em análise tem uma conotação claramente negativa, a "realidade" a que faz referência a noção de perigo tem de ser algo negativamente valorado.

Este desvalor recai, de um ponto de vista dogmático, sobre a lesão de um bem jurídico. Este entra em crise (a *Erschütterung,* na terminologia de BINDING - *Die Normen und ihre Übertretung,* vol. I, Leipzig, 1996, p. 101 e ss. Entre nós, FARIA COSTA, *O Perigo em Direito Penal,* Coimbra, 1992, p. 558 e ss) quando um sujeito põe em prática uma acção que coloca o bem jurídico em situação de ser gravemente lesado. Assim sendo, a legitimidade do legislador para proibir a criação de perigo não constitui uma legitimação autónoma mas *derivada* do desvalor que comporta a lesão para o bem jurídico.

Nesta linha de pensamento, o perigo carece de desvalor autónomo. Isto é, (des)valora-se o perigo na medida em que este constitui uma fase prévia (e, neste sentido, podemos falar de perigo como crise do bem jurídico (*Erschütterung*)) mas não como fase autónoma, porque teleologicamente orientada com outro momento posterior e mais grave – a lesão do bem.

Afastamo-nos, assim, das teses de U. KINDHAÜSER, para quem o perigo seria uma espécie de dano *sui generis* (*Gefährdung als Straftat: Rechtstheoretische Untersuchungen zur Dogmatik der abstrakten und konkreten Gefährdungsdelikte,* Frankfurt, 1989, p. 169 e ss), distinto da lesão do bem a que se refere o perigo (KINDHÄUSER, *op. cit.,* p. 278 e ss). Outra coisa é o legislador decidir considerar o perigo sem esperar pela lesão. Neste caso efectua uma tutela antecipada, técnica conhecida por ser própria da tentativa.

Podemos dizer então que o perigo só é concebível como *relação,* ou seja, como conexão entre dois fenómenos que se movem não tanto no terreno da férrea causalidade como sobretudo no campo da *probabilidade.* Se o conceito de probabilidade tende para a neutralidade, o mesmo já não acontece com a noção de perigo, que vem sempre associado à ideia de dano. O perigo representa sempre o risco de um mal (neste sentido, V. ANGIONI, *Il pericolo concreto come elemento della fattispecie penale,* vol. I, Sassari, 1984, pp. 28 e 29).

É precisamente neste sentido que não perdem actualidade as palavras de FINGER quando afirma que o "perigo é um conceito que assenta numa perspectiva dinâmica e funcional". É, portanto, um conceito relacional, perdendo sentido visto estaticamente (para alguns autores, o perigo é igual a dano possível. Cfr. A. SCHRÖDER, "Die Gefährdungsdelikte im Strafrecht", in *ZStW,* 1969, p. 11 e ss).

Este carácter relativo do conceito de perigo pode analisar-se em torno às noções de *possibilidade* e *probabilidade* de verificação do evento. O perigo vem hoje maioritariamente associado à ideia de *probabilidade,* ao invés do que sucedia antes. Acresce que a noção de probabilidade é menos absoluta do que a de possibilidade, o que permite introduzir matizações relevantes, sobretudo no plano normativo e até da *praxis*.

Assentando o nosso pensamento fora do plano ôntico, isso não significa que o perigo constitua um juízo (cfr. V. ANGIONI, *Il pericolo concreto..., op. cit.,* p. 17 e ss). O perigo não é um juízo mas o objecto do juízo que conduz à qualificação como perigosa de uma determinada situação (*Zustand*).

Para concluir, o perigo não o constrói o juiz, mas é seu dever constatá-lo. Isto é, comprova através de um juízo (*Urteil*) a existência de uma situação (*Zustand*) de perigo.

Recolocando o discurso sobre o solo administrativo, poderíamos fechar esta nota dizendo que o perigo é um factor essencial da urgência administrativa, pois quanto maior for a sua iminência mais razão de ser colhe a urgência.

Mais, sem a noção de perigo, a urgência não entra na constituição do interesse público específico a prosseguir pela Administração. A maior ou menor iminência de perigo – para o interesse público – releva ainda em matéria de discricionaridade temporal, na medida em que a iminência de perigo ajuda a determinar e a fixar o momento de actuação dos poderes públicos, limitando, portanto, a discricionaridade do *quando*. Ora esta realidade não se pode associar nem confundir com as noções de oportunidade e conveniência, logo à discricionaridade administrativa.

Recorde-se que o fundamento e limite da discricionaridade está precisamente no interesse público, sendo que aqui o seu elemento essencial (do interesse público) é o tempo.

se repristinar o vício de violação de lei através do controlo do princípio da proporcionalidade ou de outros princípios que regem a actividade administrativa (artigo 266.º/2 da CRP), como veremos adiante.

Cabe, portanto, afastar um entendimento demasiado optimista da teoria germânica dos conceitos jurídicos indeterminados, no sentido de que a solução administrativa estaria já predeterminada normativamente, a que sempre se chegaria pela via hermenêutica, com a consequência, lógico-racional do controlo jurisdicional poder alargar-se à substituição da escolha discricionária operada pela Administração. Neste sentido, não se pode esquecer que as valorações operadas pela Administração, dirigidas à escolha discricionária, distintas das pertinentes (e instrumentais) à qualificação dos factos relevantes para a definição do interesse público, não são e não podem ser objecto de uma predeterminação normativa, ainda que abstracta.

A operação qualificatória ou pré-qualificatória do facto em relação à norma jurídica aberta conduz à determinação do direito do caso concreto, isto é, ao interesse público específico, susceptível de controlo judicial pleno sob a forma de violação de lei, deixando o desvio de poder para o momento aplicativo e concretizador do interesse público, esse sim, da reserva quase exclusiva da Administração.

3. Facto administrativo indeterminável e controlo jurisdicional

Tendo presente as árduas disputas na doutrina alemã em torno dos conceitos jurídicos indeterminados e da discricionaridade administrativa, com resultados pouco convincentes, creio ser mais útil pôr a questão em termos de interacção entre os referidos conceitos imprecisos e a discricionaridade.

Antes de tentarmos justificar a nossa opção, gostaria de relembrar que a doutrina de BACHOF sobre a margem de livre apreciação foi mais uma tentativa de atenuar a rigidez conceptual que separava (nitidamente), em relação à extensão do controlo jurisdicional, os conceitos jurídicos indeterminados (que remetiam inicialmente para a univocidade da interpretação da lei) do espaço discricionário atinente às consequências jurídicas do exercício do poder administrativo (*Rechtsfolgenermessen*).

Esta teoria, originalmente elaborada por BACHOF, procurou desenhar a favor da Administração, em via excepcional e em circunstâncias bem definidas, um espaço valorativo e decisório praticamente inacessível ao juiz administrativo, ainda que diverso da discricionaridade propriamente dita. A doutrina referida teve ainda várias expressões, como a teoria da sustentabilidade ou da dupla esfera [1] de ULE (*Vertretbarkeitslehre*) ou a denominada prerrogativa de avaliação (*Einschätzungsprärogative*) de WOLFF [2], mais referida aos casos de discricionaridade planificatória.

Mais interessante, e porventura menos conhecida, a orientação doutrinal de SCHMIDT-AßMANN, segundo a qual o reconhecimento de um autónomo espaço de apreciação só pode resultar de uma directa atribuição pelo legislador (*normative Ermächtigungslehre*), analogamente ao que acontece com a discricionaridade [3].

---

[1] C. H. ULE, *Verwaltungsprozeßrecht*, München, 1987, p. 9 e ss.
[2] H. WOLF / O. BACHOF / R. STOBER, *Verwaltungsrecht*, I, München, 1994, p. 192.
[3] SCHMIDT-AßMANN, in T. MAUNZ / G. DÜRIG, *Kommentar zum Grundgesetz*, München, 2002, p. 184 e ss.

Esta construção teórica é duplamente interessante, quando faz depender a extensão do controlo jurisdicional não apenas da estrutura intrínseca do acto administrativo mas também da densidade e amplitude das situações jurídicas em presença. Para esta doutrina, que teve eco na jurisprudência do Tribunal Constitucional alemão, o ponto de partida está no princípio da tutela judicial efectiva, embora admitindo que o legislador autorize em certos casos uma derrogação a tal princípio.

Note-se que a jurisprudência administrativa e constitucional alemã foi sempre mais restritiva do que a doutrina relativamente ao reconhecimento de uma margem de apreciação à Administração insindicável. Com efeito, descontadas algumas célebres excepções, como a sentença do Tribunal Administrativo Federal (*Bundesverwaltungsgericht*), de 16 de Dezembro de 1971, a jurisprudência administrativa alemã assumiu, em geral, uma orientação favorável à plena sindicabilidade dos conceitos jurídicos indeterminados, sendo que o Tribunal Constitucional Federal (*Bundesverfassungsgericht*) foi ainda mais exigente, como resulta da pronúncia de 1990, que anulou as sentenças proferidas pelos tribunais administrativos nas várias instâncias. Este tribunal teve mesmo inicialmente, com a sentença de 1957 [1], uma postura particularmente constrangedora da discricionariedade administrativa, ao ponto de a considerar "incompatível" com o princípio do Estado de Direito, vindo posteriormente a evoluir para uma limitação da discricionariedade administrativa quando confrontada com direitos e liberdades fundamentais. É neste confronto onde se colhem os poderes penetrantes do juiz administrativo, advertindo aquele Tribunal frequentemente o

---

[1] Cfr., a propósito, M. E. GEIS, "Josephine Mutzenbacher und die Kontrolle der Verwaltung", in *NVwZ*, 1992, p. 25.

legislador para a necessidade da atribuição legal de discricionaridade à Administração para praticar actos desfavoráveis vir suficientemente determinada pela lei, por forma a tornar compreensível e expectável o poder agressivo da Administração [1].

Feitas estas observações em tons resumidos, retomaremos a tese anteriormente exposta da interacção dos conceitos jurídicos indeterminados com a atribuição de discricionaridade administrativa.

Como resulta do antes posto, cremos que a melhor posição doutrinal não se compadece com um acolhimento acrítico nem das teses que excluem a discricionaridade dos conceitos jurídicos indeterminados nem daquelas outras que afirmam a pacífica equiparação destes conceitos à atribuição de discricionaridade administrativa [2].

Ao invés, julgamos mais avisado sustentar que discricionaridade administrativa e conceitos jurídicos indeterminados se sobrepõem e interferem reciprocamente. Nesta perspectiva, ganha relevo a construção dogmática das normas compostas ou previsões mistas (*Koppelungsvorschriften*, também referenciados como *Mischtatbestände*) [3].

---

[1] Esta doutrina sofreu, entretanto, algumas entorses, sobretudo com a teoria da essencialidade (*Wesentlichkeistheorie*), segundo a qual apenas as decisões fundamentais do ponto de vista social vêm disciplinadas legislativamente.

[2] Cfr. H. MAURER, *Allgemeines Verwaltungsrecht*, München, 1995, par. 7, esp. p. 114, nota 17.

[3] GOMES CANOTILHO, *Fidelidade à República...*, op. cit., p. 59 e ss. De forma originante entre nós, ROGÉRIO SOARES, *Interesse Público, Legalidade e Mérito*, op. cit., p. 226 e ss. Com uma postura marcadamente crítica, FRANCISCA PORTOCARRERO, "Discricionaridade e conceitos imprecisos: ainda fará sentido a distinção?", Anotação ao Acórdão do STA, de 20/11/97, Processo n.º 39512, que perfilha uma posição próxima àquela por nós sustentada, *CJA*, n.º 10, 1998, p. 26 e ss.

Trata-se de normas que apresentam conceitos jurídicos indeterminados na previsão normativa, como acontece, por exemplo, com as noções de utilidade pública ou de necessidade pública, conferindo simultaneamente um espaço discricionário de consequências jurídicas à Administração [1].

A metodologia a seguir para resolver a delicada questão do controlo jurisdicional passa por respeitar autonomamente as regras que são próprias aos conceitos jurídicos indeterminados e à discricionariedade administrativa, prevendo, para os primeiros, um controlo pleno, através do vício de violação de lei e, para a segunda, uma reserva da Administração susceptível de um controlo menos pregnante através do vício de desvio de poder. Admitindo embora que não se possa generalizar esta construção, ela tem o mérito de distinguir o momento vinculado do momento discricionário [2]. Isto significa, e voltamos de novo

---

[1] F. HUFEN, *Verwaltungsprozeßrecht*, op. cit., p. 491.

[2] É esta metodologia que aplicamos à delicada questão dos factos administrativos e respectiva qualificação jurídica, separando-a da discricionariedade administrativa. Como dissemos antes, esta teoria, como porventura nenhuma outra, dá uma solução cabal para aquelas zonas onde se verifica uma diluição da legalidade (*Zonen verdünnter Legalität*), como é visível no campo urbanístico, mais propriamente na sua planificação discricionária (*Planungsermessen*).

Com efeito, como reconhece a jurisprudência administrativa alemã, planificação urbanística sem discricionariedade administrativa é uma contradição nos termos, até pela sua prognose.

Os planos urbanísticos disciplinam o regime jurídico do solo para o futuro. A solução pode estar, como sucede entre nós, em urdir um procedimento de elaboração do plano com suficientes garantias dos particulares, nomeadamente a necessidade de fundamentação do plano urbanístico, em particular o PDM (Decreto-Lei n.º 380/99, de 22 de Setembro, sucessivamente alterado). Cfr. COLAÇO ANTUNES, *Direito Urbanístico – Um Novo Paradigma: A Planificação Modesto--Situacional*, Coimbra, 2002, p. 152 e ss.

a GIANNINI, que no achamento do interesse público primário não há qualquer indício de discricionaridade administrativa, ficando esta reservada apenas para a melhor escolha em relação à concretização e oportunidade do interesse público predeterminado normativamente.

A tese que advogamos, aproxima-se, em certa medida, da tese de GIANNINI, quando aponta o interesse público como limite e vinculação da discricionaridade administrativa, que existe apenas no momento da *concretização* do interesse público primário abstractamente posto pela lei [1]. O objecto de ponderação são os interesses públicos secundários e os interesses privados, não o interesse público primário que cai na área da vinculação do intérprete.

Dito isto, importa ver agora mais de perto os pertinentes institutos processuais.

Um sistema de justiça administrativa destinado a assegurar a tutela judicial efectiva contém necessariamente um sistema instrutório-probatório eficaz no pleno respeito pelo princípio do contraditório, do ónus da prova e do poder do juiz acertar autonomamente os factos objecto de controvérsia. Um sistema que, com o auxílio dos meios previstos no CPC [2], permite agora a prova testemunhal e o recurso mais amplo à técnica pericial, sendo este último meio de prova especialmente importante quando a Administração exerce a chamada discricionaridade técnica ou, mais propriamente, apreciações qualificatórias como podem ser aquelas de natureza cultural, estética e artística.

A questão é particularmente delicada quando se apontam limites à reconstrução dos factos e situações pelo

---

[1] Sobre esta delicada questão, cfr. COLAÇO ANTUNES, *O Direito Administrativo e a sua Justiça...*, op. cit., p. 50, nota 74.

[2] Cfr., a propósito do n.º 2 do artigo 90.º do CPTA, AROSO DE ALMEIDA/ALBERTO CADILHA, *Comentário ao Código de Processo nos Tribunais Administrativos*, Coimbra, 2005, pp. 465 e 466.

juiz com o fundamento de que se trata de conceitos jurídicos indeterminados, que remetem para apreciações ou juízos técnicos [1], ou de juízos opináveis que contêm já uma ponderação implícita dos interesses em jogo [2].

O problema pode estar na não infrequente e errónea associação da aquisição e qualificação jurídica dos factos ao momento decisório do controlo jurisdicional do acto administrativo, limitando-o, obviamente. O problema que

---

[1] Neste sentido, precisamente, o Acórdão do STA, de 10/12/1998, Processo n.º 35572, in *DR*, de 6/06/2002, p. 7739 e ss. Na mesma linha, entre outros, os Acórdãos do STA, de 30/10/2003, Processo n.º 01570/02; de 11/03/2003, Processo n.º 042 973, onde se salienta que a fiscalização contenciosa se circunscreve aos elementos vinculados do acto e à verificação de erro manifesto.

[2] Como assinala o Acórdão do STA, de 28/7/2004, Processo n.º 01977/03, e passo a citar: "A divergência que se pode notar, quer a nível jurisprudencial, quer doutrinal, para explicar a existência de tal "espaço de liberdade" de apreciação, decorrente da margem de livre apreciação na valoração (...), é que, para uns, tal acto decorre do exercício da chamada discricionariedade técnica ou de puro exercício de um poder discricionário; para outros sectores, tal restrição do controlo jurisdicional, é explicada pela aplicação de conceitos vagos, elásticos ou indeterminados, para cujo preenchimento, a administração emite juízos de valor de carácter eminentemente técnico-especializado, juízos de prognose de experiência, com intervenção de necessários elementos subjectivos.

Nessa situação, não estando em causa a apreciação de conceitos naturalísticos, de pura dedução lógico-formal, compreende-se que o tribunal não faça um controlo jurisdicional pleno, não indo além da dimensão garantística ou formal da decisão administrativa, não podendo (...) substituir pelos seus os juízos e valorações empreendidas pela administração". No mesmo sentido, entre outros, cfr. os Acórdãos do STA, de 8/03/2001, Processo n.º 47288; de 10/12/1998, Processo n.º 37572; de 5/02/2002, Processo n.º 48198; de 28/09/2000, Processo n.º 29891.

O problema da jurisprudência administrativa não está no reconhecimento do vício de violação de lei na presença de actividade administrativa discricionária, mas sim na sua leitura marcadamente garantística ou formal.

se põe resulta, portanto, de se reconduzir a aquisição dos factos e respectiva valoração jurídica, operações que se desenvolvem no âmbito da instrução do processo, à fase de decisão judicial, contaminando-a. Ora uma coisa são as valorações levadas a cabo pelo juiz sobre a prova e a escolha dos meios instrutórios ou os modos de admissão, outra o convencimento do juiz e a decisão judicial propriamente dita. Se vemos bem, há aqui uma distorção do problema que vê os poderes das partes e do juiz na fase instrutória misturadas e confundidas com o juízo que o tribunal faz dos factos noutra sede e com outra técnica, reduzindo, assim, o âmbito e o alcance da fase instrutória [1] e, depois, o respectivo controlo judicial.

Ora, a tarefa de aquisição dos factos, sejam estes adquiridos pelas partes ou pelo juiz, não pode ser entendida no sentido de uma mera actividade de selecção reconstitutiva do processo (artigo 1.º do CPA), o que, de resto, implicaria um limite irremediável ao poder de cognição do juiz na medida em que só poderá exercer os seus poderes aquisitivos e instrutórios quando a Administração não tiver adquirido e valorado adequadamente a representação procedimental. Por relevância dos factos devemos entender a idoneidade (necessidade e suficiência) da representação da realidade exposta pelos sujeitos do processo (partes) que permita ao juiz avaliar adequadamente a pretensão do recorrente. Representação dos factos que pode vir de qualquer das partes (necessárias ou não) ou do próprio juiz, desde que respeitados os limites dos seus poderes oficiosos. Este pré-juízo sobre a relevância e qualificação jurídica dos factos é necessariamente incontornável porque não se trata apenas de um instrumento impres-

---

[1] F. LEDDA, "La giurisdizione amministrativa raccontata ai nipoti", in *Jus*, 1997, p. 322.

cindível da função jurisdicional como também só através dele é possível ao juiz eleger correctamente o quadro jurídico que vai presidir à sentença de mérito. Neste sentido, a instrução é, substancialmente, um juízo de valor e não apenas um meio para formular o referido juízo. Partindo da ideia de que o conhecimento da realidade é funcional a um juízo de valor, processualmente o juízo de valor jurídico é a um tempo qualificação do facto e análise da sua relevância para efeitos de identificação e aplicação da norma jurídica sobre a actividade administrativa impugnável e, consequentemente, da construção do quadro jurídico que preside à decisão judicial [1].

Mas, porque o juízo não pode chegar senão pela via hermenêutica, é indispensável que a norma jurídica a aplicar, como os factos determinantes para a decisão, sejam correctamente identificados e interpretados. Ora isto só é possível através de um juízo de valor que atribua relevância jurídica à realidade factual, sob pena de esta se manter juridicamente inexpressiva e, portanto, inútil ao juiz [2].

Acontece que a constatação do facto e a sua recondução ao facto tipificado de forma imprecisa pela norma jurídica vem, frequentemente, conjugada com a escolha discricionária através da qual a Administração pretende prosseguir o interesse público indicado pela norma. A contemporaneidade dos dois procedimentos, logicamente distintos, tem conduzido a que a doutrina e a jurisprudência tenham, por vezes, aplicado a ambos os mesmos critérios de controlo.

---

[1] Seguimos aqui o ensinamento de F. BENVENUTI, *L'istruzione nel processo amministrativo*, Padova, 1953, p. 79.

[2] V. CAIANIELLO, *Manuale di diritto processuale amministrativo*, Torino, 1994, p. 325.

Creio que o equívoco do sistema probatório radica, no plano processual, na deslocação, porventura inconsciente, do problema da prova da fase instrutória para a fase decisória, dramatizando mais ainda a alternativa posta anteriormente. A questão complica-se com a obsessão de fixar o facto como algo de externo e objectivo, independentemente da questão de direito, a tal verdade material que o juiz deve procurar obter e que está na base da concepção do raciocínio judicial como silogismo.

Para repensar o problema do facto e da prova no processo administrativo [1], devemos lembrar que o processo civil e a sua doutrina já há algum tempo esclareceu que o objecto da instrução se determina pela cognição e não pela decisão, pelo que a fase instrutória está ligada ao conhecer do juiz e não ao seu (poder de) decidir. Colocado impropriamente no terreno dos poderes decisórios, o problema da reconstrução do facto conduziu a um outro equívoco não menos grave, que é o do problema da "substituição" (ou não) da Administração pelo juiz [2].

Por outro lado, a passagem do terreno decisório àquele cognoscitivo da instrução não se tem mostrado de todo satisfatório, desembocando na centralidade e suficiên-

---

[1] A este propósito, os interessantes Acórdãos do STA, de 15/01/2004, Processo n.º 0224/03, e de 11/02/2004, Processo n.º 170/03, igualmente relevante no que tange ao princípio *venire contra factum proprium*.

[2] Recorde-se que a apreciação e valoração da prova precede a formação da livre convicção do julgador (R. VILLATA, "Riflessioni introduttive allo studio del principio del libero convincimento del giudice nel processo amministrativo", in *Dir. proc. amm.*, n.º 2, 1990, p. 202). Como também se deve distinguir os poderes do juiz sobre o valor e a eficácia das provas, do problema do juiz escolher livremente as fontes do seu íntimo convencimento, o que, obviamente, não pode fazer. A verdade material está sobretudo na prova e no ónus da prova e não na livre convicção do juiz administrativo.

cia da prova documental, em prejuízo da prova testemunhal e pericial. A verdade é que mesmo admitindo a centralidade da prova documental, a exigência de controlo jurisdicional se vê confrontada com o poder e prerrogativas da Administração, o que, porventura, ajuda a explicar que o juízo operado por esta seja considerado de uma forma unitária e monolítica, com a nefasta consequência de o subtrair ao controlo do juiz e, portanto, à prova na sua completude. Ora, esta situação deveria aconselhar o juiz a encontrar e a determinar normas e princípios jurídicos que integrem a qualificação normativa imprecisa (ou mesmo ausente), concorrendo desta forma para qualificar os factos determinantes. A este esforço tem obstado, segundo cremos, a centralidade do documento, que acabou por limitar o âmbito probatório e investigatório, confinando a procura à "representação procedimental" dos factos contidos no documento. Daí também a queda dos poderes inquisitórios, o que, à luz do direito posto não se justifica, uma vez que o juiz assume hoje um papel transcendente no processo.

São as próprias características do direito administrativo (que naturalmente se projectam no seu direito processual) a exigir, ainda que respeitando a vontade dispositiva das partes, os actuais poderes de intervenção activa do juiz, no sentido de criar as premissas necessárias e idóneas à obtenção de uma decisão judicial que corresponda à verdade-justiça do caso concreto.

A verdade é que a natureza essencialmente escrita do processo administrativo e a centralidade da prova documental têm remetido para segundo plano a oralidade e a prova testemunhal (artigo 91.º do CPTA). A oralidade no processo administrativo é importante não tanto para dar guarida às pretensões e argumentos das partes, como principalmente para determinar os factos relevantes: a sua adequação e a sua prova [1]. É aqui, precisamente, que o princípio da livre convicção do juiz deve radicar [2], tanto mais que no processo administrativo se contrapõem interesses de diversa natureza: o do autor, claramente subjectivo, e o da Administração, de natureza objectiva, que traduz, aliás, um comando do ordenamento jurídico a que aquela está vinculada na prossecução do interesse público.

O deslindar desta questão ajuda, assim o cremos, a compreender os papéis diversos e complementares das partes, particularmente do autor, e do juiz. Se o autor só pode oferecer, na ausência ou incompletude da previsão, *um princípio de prova* [3] sobre o que o realmente aconteceu, já o juiz, perante uma reconstrução atendível mas lacunosa, é chamado a dar completude às qualificações normativas segundo regras de verosimilhança ou de probabilidade qualificada do facto normativamente entendido [4]. É também aqui que entra em jogo com maior acuidade o princípio da repartição do ónus da prova objectivo e até a exigência do envio do processo administrativo (por parte da Administração) para o tribunal (artigo 84.º do CPTA).

Tendo em atenção o que antes dissemos, é agora configurável a hipótese de conectar o processo administrativo com a descoberta da verdade, tanto mais que neste processo o facto aparece normativamente interiorizado, colo-

---

[1] Sobre esta matéria, a obra muito interessante de M. CAPPELLETTI, *Procédure Orale et Procédure Écrite,* Milano, 1971, esp. pp. 39 e ss e 78 e ss.

[2] Cfr. R. VILLATA, "Riflessioni introduttive...", *op. cit.*, p. 203.

[3] V. CAIANIELLO, *Manuale..., op. cit.*, p. 320 e ss.

[4] O nosso raciocínio implica, pois, que se tenha presente, com nitidez, a distinção entre a prova e os argumentos sobre a prova, clarificando que estes não são por si suficientes para formar a convicção do juiz. Voltaremos ao assunto mais adiante.

cando ao juiz administrativo (ao invés do juiz comum) a exigência de dar cumprimento e completude às qualificações normativas lacunosas ou até inexistentes. De resto, esta perspectiva não colide com a ideia de um processo de partes que hoje se reconhece abertamente ao processo administrativo, nem com o princípio da livre convicção do juiz. A contraposição do princípio do dispositivo com o princípio do inquisitório é hoje, em boa medida, fantasiosa, com um alcance marcadamente histórico e datado. O princípio do dispositivo é agora perfeitamente compatível com a necessidade de dotar o juiz administrativo de poderes de disposição de prova com a introdução de "factos secundários"[1] que completem a *questio facti* apresentada pelo autor[2]. No processo administrativo de matriz subjectivista, o princípio do inquisitório é não só relevante para efeitos dos poderes cognitórios e decisórios do juiz como também em homenagem a uma tutela substancial das posições jurídicas subjectivas do recorrente e do interesse público[3]. Assim, os poderes do juiz e o respectivo princípio da livre convicção são instrumentos essenciais para avaliar a atendibilidade da valoração jurídica dos factos pelo autor (afastando uma improvável verdade externa ao juízo), mas sobretudo suprindo as lacunas que frequentemente acompanham uma reconstrução demasiado analítica dos factos.

---

[1] Cfr. o artigo 90.º/1/2 do CPTA e os artigos 264.º/2/3 e 265.º do CPC. Põe-se, no entanto, o problema do juiz poder oficiosamente carrear material útil de prova mas não (poder) introduzir no processo factos não alegados pelas partes.

[2] G. CEZZI, *La ricostruzione del fatto nel processo amministrativo*, Napoli, 2003, pp. 72 e 73.

[3] Este aspecto é importante não só para evitar degenerações do princípio do inquisitório mas também porque no campo instrutório é bem possível que a Administração assuma o papel de recorrente e o autor o papel de recorrido.

A descida do juiz à arena processual permite, inclusive, um maior envolvimento do juiz na reconstrução dos factos a provar, alterando mesmo o clima *adversary* do debate [1], com a vantagem da disciplina do ónus da prova vir equitativamente repartido, na medida em que as linhas de combate não são agora traçadas apenas pelas partes [2]. O princípio do inquisitório tem, aliás, o mérito (e por isso ele surge com tanta evidência num contencioso marcadamente subjectivista, o que aparentemente é contraditório) de reequilibrar a desvantagem real do autor perante a Administração.

Não basta, portanto, atender à centralidade da prova documental (ainda que esta permita uma relação com a ideia de probabilidade qualificada), como não basta a ampliação dos poderes inquisitórios do juiz, para concluir que este tem acesso aos factos ou à chamada verdade material ou real. Se, no controlo de mera legalidade, o juiz não está institucionalmente inibido de interferir na questão de facto, inclusive porque a investigação pode coincidir com a subsunção dos factos à previsão normativa, já o mesmo não se passa quando a Administração exerce poderes discricionários ou alguma margem de livre apreciação (partindo sempre do princípio da interacção dos conceitos indeterminados com a discricionaridade administra-

---

[1] G. CEZZI, *La ricostruzione del fatto...*, *op. cit.*, p. 73, nota 65.

[2] Do nosso ponto de vista, o problema do ónus da prova e da respectiva repartição-inversão não depende tanto da natureza da actividade administrativa como da natureza opositiva ou pretensiva das posições jurídicas que se pretendem fazer valer em juízo, cabendo à Administração o ónus da prova relativamente às primeiras (R. VILLATA, "Riflessioni introduttive...", *op. cit.*, p. 225). Se este pode ser o princípio geral, haverá de atender, em obséquio a uma repartição equilibrada, a outros critérios como a disponibilidade do material probatório ou a natureza dos factos a provar.

tiva). É precisamente aqui, onde as premissas pecam por falta de clareza, que o problema se põe com mais acuidade.

Por sua vez, a centralidade da Administração e dos seus actos tem constituído a razão principal para transpor para o domínio da discricionaridade o controlo jurisdicional sob a forma de desvio de poder, dando cobertura à insubstituibilidade (ou infungibilidade) da Administração pelo juiz. O problema agudiza-se, em boa medida, com a atribuição de um certo voluntarismo jurídico ao acto administrativo, exaltando-se, assim, o primado da razão formal, subjectiva e calculante em que assenta a comunicação intersubjectiva [1]. Com efeito, não é possível reconduzir plenamente o facto à norma como uma pessoa reflectida na fotografia.

A questão que se põe é a de saber e de examinar as razões que limitam ou impedem tal substituição. A razão determinante está, salvo melhor opinião, em ligar a reconstrução do facto ao momento decisório (dentro de um certo voluntarismo ou mesmo sem ele), em vez de o situar na sua sede própria – a sede cognoscitivo-instrutória. A sentença é um acto espiritual que constitui o reepílogo do processo, a síntese entre o facto e o direito. Aquele não existe externamente *in rerum natura*.

Chegados aqui, confrontamo-nos (agora) com a análise da relação entre as situações jurídicas substantivas e a instrução processual. Como é conhecido, a boa doutrina [2] distingue o procedimento administrativo do processo administrativo, salientando a diversidade de funções de um e

---

[1] G. CEZZI, *La ricostruzione del fatto...*, op. cit., p. 83.
[2] ROGÉRIO SOARES, "A propósito dum projecto legislativo: o chamado Código de Processo Administrativo Gracioso", in *RLJ*, ano 115, p. 295.

de outro. Curiosamente ou talvez não, esta doutrina, ainda na ausência de uma lei (Código) sobre o procedimento administrativo, contribuiu, mesmo que inconscientemente, para abrir as portas a um entendimento favorável à ampliação dos poderes instrutórios, compensando-se, assim, o défice procedimental. A referida doutrina, ao permitir uma certa contaminação da instrução processual pela fase correspondente procedimental, veio também interferir com o controlo judicial, na medida em que se confundiu a aquisição das fontes da prova com a logicamente distinta qualificação jurídica dos factos, com reflexos, nomeadamente, em matéria de ónus da prova.

A referida relação entre a instrução procedimental e a instrução processual está na base de um entendimento que, em boa medida, limita a possibilidade do juiz reconstruir autonomamente a situação processual, diminuindo a função essencial da fase instrutória. Ora, o que se pretende com a instrução processual, em nossa opinião, é permitir ao juiz o acesso à verdade, ao facto lesivo, e depois ao direito do caso concreto. Se entendermos que a pretensão do autor inclui não só uma representação da realidade como uma qualificação jurídica dessa realidade factual, convenhamos que introduzir um limite ao conhecimento do facto através da instrução, negando que o juiz possa proceder à reconstrução global da situação jurídica, equivale a negar substancialmente a função jurisdicional.

Admitindo, em suma, que a instrução procedimental constitua um ponto de partida, tal não deve implicar, como é óbvio, que o juiz fique prisioneiro da "prova procedimental", impedindo-o de chegar a conclusões diversas das atingidas pela Administração através do acto impugnável [1].

---

[1] G. VIRGA, *Attività istruttoria primaria e processo amministrativo*, Milano, 1990, p. 154 e ss.

Esta tese implica, é certo, dificuldades de natureza processual e substantiva. Sob o aspecto substancial, a sobreposição do conceito de prova do facto com o de "prova" da juridicidade do acto [1]. Descontada qualquer consideração sobre o conteúdo da correcção e do bem fundado do acto impugnado, a delimitação da causa de invalidade não cabe na fase instrutória, porque pertence à fase decisória do juízo. Basta pensar que a representação de um ou mais factos, tal como resultava do procedimento, pode ser errónea e o acto ser absolutamente legítimo; vice-versa, os factos podem vir procedimentalmente bem representados e a sua qualificação jurídica apresentar-se de forma errónea, até porque a prova de legalidade pode não coincidir com a prova da completude e correcção da representação dos factos (materiais). Sendo assim, a investigação instrutória levada a cabo pelo juiz não é feita apenas em torno da história procedimental como também da norma ou normas jurídicas cuja aplicação controvertida se discute.

Em suma, a instrução processual não pode vir a tal ponto condicionada pela dimensão procedimental da prova, que impeça o juiz de cumprir a função jurisdicional da procura da verdade e da melhor solução para o caso concreto [2].

Objecto de apreciação do juiz não é apenas o vício do acto e o respectivo controlo externo mas também e necessariamente a norma a aplicar para efeitos de uma diversa definição da relação jurídica controvertida; ou seja, a pronúncia deve decidir em ordem à pretensão posta em juízo,

---

[1] C. GALLO, *La prova nel processo amministrativo*, Milano, 1994, pp. 35 e 49 e ss.

[2] GONZÁLEZ-CUÉLLAR SERRANO, *La Prueba en el Proceso Administrativo*, Madrid, 1992, p. 18 ss, segundo o qual a prova procedimental constitui uma pseudoprova.

o que não é garantido por uma mera valoração negativa sobre a logicidade e congruência das razões aduzidas pela Administração e a respectiva absorção dos motivos [1].

Parecem-nos, portanto, evidentes os limites dogmáticos da tese que aponta para a insindicabilidade dos juízos valorativos ou qualificatórios, na medida em que a opinibilidade do juízo técnico (estético, cultural ou histórico) seria para esta perspectiva um sinal claro de reserva da Administração e até de uma implícita ponderação do interesse público.

O controlo jurisdicional sobre o facto é sempre de natureza qualificatória, o que permite ao juiz o controlo sobre o modo de apreensão valorativa do facto pela Administração, repetindo ou eventualmente corrigindo o processo hermenêutico seguido por aquela, o que nos remete para o âmbito da violação de lei e não para o desvio de poder [2]. Diferentemente do controlo (qualificatório) de violação de lei, o controlo através do desvio de poder não pode ser dirigido à individualização de um "erro" sobre a representação de um facto em que o órgão tenha incorrido no processo hermenêutico instrumental à qualificação jurídica do facto. Com efeito, não se trata verdadeiramente de um erro, na medida em que o objecto do controlo exercido sobre o vício de desvio de poder não é uma proposição jurídica judicada em termos de correcção ou incorrecção, mas antes a escolha discricionária [3]. Aqui, o juiz não se pode substituir à Administração; neste caso, a função do juiz não é a de chegar à melhor solução, em substituição da ope-

---

[1] C. H. ULE, *Verwaltungsprozeßrecht*, op. cit., pp. 273 e 274.

[2] S. KTISTAKI, *L'Évolution du Contrôle Juridictionnel...*, op. cit., pp. 286 e ss e 298 e ss.

[3] F. LEDDA, "Potere, tecnica e sindacato giudiziario sull'amministrazione pubblica", in *Dir. proc. amm.*, 1983, p. 493 e ss.

rada pela Administração, mas tão-só a de avaliar se a decisão final é razoavelmente idónea e adequada à função administrativa de prosseguir o interesse público, proporcionalisticamente entendido.

Por um lado, o facto, como pressuposto do interesse público específico prosseguido pela Administração, é perfeitamente controlável e repetível; por outro, o facto constitui a forma material dos interesses vertidos no caso, com a consequência da apreciação administrativa constituir o exercício de poderes discricionários dirigidos à melhor realização do interesse público concreto por parte da Administração. Agora, ao invés da primeira hipótese, o juiz não pode substituir a sua valoração à da Administração [1].

Sempre que o juiz administrativo apure que as apreciações levadas a cabo pela Administração não dizem respeito à escolha operada, mas incidem antes sobre a qualificação de um facto com vista à concretização do seu valor normativo (em ordem a ordenar a escolha administrativa), deve ter consciência que a referida apreciação qualificatória é judicialmente substituível, malgrado a frequente renúncia do juiz. Este controlo jurisdicional não incide no âmbito da discricionariedade administrativa nem sequer naquela esfera que o ordenamento jurídico reserva à Administração sob a forma de margem de livre apreciação.

Tanto a Administração como o juiz são titulares de poderes interpretativos que consentem qualificar os factos à luz da sua recondução à norma jurídica, mesmo que esta aparentemente nem sequer de forma vaga os tenha em consideração. A diferença está em que, à qualificação feita pelo juiz, o ordenamento jurídico atribui uma força preponderante com vista à definição e controlo judicial da

---

[1] COLAÇO ANTUNES, *O Direito Administrativo e a sua Justiça...*, op. cit., p. 59 e ss.

controvérsia, devendo, por isso, prevalecer o juízo qualificatório do juiz; já não assim no caso em que a Administração está habilitada legalmente a dizer a última palavra quanto à escolha da melhor medida (entre outras igualmente possíveis), em relação à qual a operação qualificatória assume uma relevância necessária mas instrumental. É nesta situação que o controlo jurisdicional sobre a actuação da Administração se restringe aos níveis mais baixos e débeis através do desvio de poder [1].

Em resumo, a difícil e equívoca relação entre questão-de-facto e questão-de-direito pode e deve deixar de interferir com o controlo jurisdicional da actividade administrativa. Assim será se se tiver em devida e adequada consideração os contributos que a concepção da actividade interpretativa pode aportar quanto à integração de todas as proposições jurídicas indeterminadas, sem escândalo dos subscritores da esfera reservada ao poder decisório da Administração.

Seja qual for o grau de indeterminação da norma jurídica, tal não pode impedir o juiz de realizar o devido juízo de controlo, sempre que tal dever resulte da necessidade de concretizar, através do processo hermenêutico, o *dictum* normativo idóneo a render juridicamente relevante o *facto* real. Ora tal exigência de concretização pelo juiz representa o pressuposto imprescindível da função jurisdicional [2], sendo que o controlo de desvio de poder é manifestamente insuficiente, na medida em que apenas pode sancionar as evidentes disfunções no que tange à melhor

---

[1] G. CEZZI, *La ricostruzione del fatto...*, op. cit., pp. 100 e ss, esp. a nota 27.

[2] Assim, CASTANHEIRA NEVES, *Questão de Facto-Questão de Direito ou o Problema Metodológico da Juridicidade*, I, A Crise, Coimbra, 1967, p. 419.

forma de realização do interesse público. Mas já não pode é controlar o conteúdo das apreciações instrumentais à concretização do interesse público. Este espaço está reservado à violação de lei.

O equívoco está, salvo melhor opinião, apesar da recepção (entre nós) da teoria dos conceitos jurídicos indeterminados, em manter o vício de desvio de poder como vício da causa e dos motivos numa perspectiva subjectivista do exercício da função administrativa, com o gravíssimo inconveniente de equiparar, para efeitos de controlo jurisdicional, as apreciações valorativas (de facto e de direito) com as apreciações discricionárias ou, se se prefere, de mérito ou oportunidade.

Um outro caminho a seguir, no sentido do justo e intenso controlo da discricionaridade administrativa poderá ser o de confeccionar o desvio de poder como vício do conteúdo do acto [1]. O exame rigoroso do juiz respeitante ao conteúdo do acto e, portanto, directo, não toca o mérito, como por vezes se sustenta com base numa concepção limitada do princípio da legalidade, conjugado não tanto com o conteúdo concretamente assumido pelo acto mas sobretudo com o objecto do juízo (conformidade à norma) [2]. Artificialidade da noção de legalidade como conformidade ao direito objectivo, que, para ser útil, exigiria pelo menos a existência de normas que definam as acções (como acontece no direito civil) e não apenas relações entre elementos (entre interesses e entre estes e a actividade administrativa concreta), como sucede no direito administrativo.

Confrontado com a interpretação-aplicação de um conceito jurídico indeterminado pela Administração, à luz

---

[1] G. CEZZI, *La ricostruzione del fatto...*, op. cit., p. 204 e ss.
[2] G. CEZZI, *La ricostruzione del fatto...*, op. cit., p. 235 e ss.

dos factos procedimentalmente adquiridos, o juiz encontra--se perante proposições jurídicas (provenientes da Administração) de dupla natureza: uma primeira categoria pertence ao grupo das apreciações qualificatórias, na base dos quais a Administração decantou um determinado interesse público específico; uma segunda categoria, relativa às apreciações pertinentes à melhor realização do interesse público. Sendo assim, a função preliminar do juiz deve consistir em distinguir entre as apreciações do primeiro das apreciações do segundo tipo, já que diverso é o respectivo controlo jurisdicional [1]. Isoladas as proposições pertinentes à primeira categoria, o problema do juiz está agora em apreciá-las de modo a chegar à conclusão se elas são normativamente correctas e se, portanto, o interesse público veio justa e normativamente bem individualizado ou não.

Delimitadas as proposições que contêm apreciações qualificatórias, abre-se, depois, ao juiz o momento mais delicado e complexo, que é o de individualizar o parâmetro objectivo de referência, por forma a sujeitar ao controlo jurisdicional (de juridicidade) o conteúdo da valoração qualificatória formulada pela Administração. É precisamente aqui que o juiz pode desenvolver o chamado poder criativo-interpretativo dos chamados conceitos jurídicos indeterminados. Tal poder permite ao juiz repetir as apreciações operadas pela Administração, em resultado do procedimento hermenêutico seguido no caso concreto.

Se assim é, creio podermos afirmar que pertence ao juiz uma esfera reservada, em certa medida simétrica à da Administração quando esta exercita o poder discricionário. Para além da neutralidade do juiz e da sua função juris-

---

[1] G. CORSO, "Prova", in *Enc. giur. (Treccani)*, 1999, p. 4.

dicional, o elemento distintivo entre as duas áreas de competência exclusiva, digamos assim, está em que, enquanto o acto administrativo é praticamente insindicável ou muito limitado o seu controlo quanto à eleição da melhor forma de realizar o interesse público, a decisão judicial é insindicável quanto às valorações expressas sobre a legitimidade do processo hermenêutico de "alta definição" do interesse público [1]. Lembre-se que o senhor do interesse público, quanto à sua definição e qualificação, é a lei e não a Administração, daí a primariedade do juiz em relação à interpretação da norma individualizadora do interesse público.

Em síntese, tanto o juiz como a Administração aplicam previsões concretas e abstractas, no âmbito das respectivas atribuições, mas enquanto a Administração aplica o direito com vista à melhor realização do interesse público, o juiz tem em vista a definição da controvérsia, sendo que a tarefa interpretativa-integrativa do juiz pode pôr, inclusive, um limite à renovação do acto anulado.

Confessamos que o resultado do nosso labor reflexivo pode não ultrapassar a dúvida de saber se a natureza do facto administrativo e a aparente dicotomia questão-de-facto questão-de-direito não implicará uma redução do mérito e, consequentemente, um maior controlo jurisdicional da actividade administrativa discricionária, deslindando um espaço próprio e vinculado para a qualificação do facto administrativo ao mesmo tempo que procurámos retirá-lo da fase decisória do juiz.

Como dissemos no início, procurámos seguir um trilho dogmático que procurou conjugar a doutrina (germânica) dos conceitos jurídicos indeterminados com a teoria

---

[1] COLAÇO ANTUNES, *O Direito Administrativo e a sua Justiça...*, *op. cit.*, pp. 56 e ss e 58 e ss.

da discricionaridade de GIANNINI, ampliando simultaneamente o espaço interpretativo, ao mesmo tempo que procurámos reduzir o mérito à escolha, à oportunidade, limitando os juízos de valor em relação à discricionaridade administrativa.

Fechando o quadro, a que não foram alheios contributos da doutrina e jurisprudência francesas sobre o controlo dos motivos, cremos de todo útil uma renovação de novos vícios de violação de lei, nomeadamente no âmbito da técnica jurisdicional de tipo qualificatório. Pela evolução da doutrina e da jurisprudência perpassa ainda um certo pudor na aproximação do controlo por erro manifesto ao controlo razoável ou normal, entendido como controlo sobre a qualificação dos factos, o que limitaria em muito a sua marginalidade [1].

Note-se que a actividade administrativa discricionária é guiada pela razão ética e pela deontologia, com relevo para princípios como o da proporcionalidade ou mesmo o bom senso, aproximando também por esta via o erro manifesto ao controlo qualificatório de tipo normal, retirando do conceito jurídico indeterminado a regra do caso concreto e judicando mesmo os juízos de oportunidade manifestamente erróneos.

A apreciação concreta e respectiva qualificação dos factos, como pressuposto indispensável para o juiz apreciar a escolha final operada pela Administração (ajudando a determinar a sua inadequação ou desrazoabilidade), acedendo também por essa via ao conhecimento e controlo dos motivos. Por outras palavras, o tribunal ao examinar o valor dos motivos controla também as apreciações

---

[1] S. KTISTAKI, *L'Évolution du Contrôle Juridictionnel...*, op. cit., pp. 361 e ss e 422 e ss.

qualificatórias da Administração sobre os factos determinantes [1].

Em extrema síntese, o juiz administrativo é mais o juiz dos buracos do que do queijo.

Ficará a faltar um último esforço para intensificar o controlo jurisdicional da actividade administrativa discricionária, o que faremos recorrendo à autonomia e relevância processual do princípio da proporcionalidade.

4. Relevância e autonomia processual do controlo de proporcionalidade

Ainda que condicionado pelo pedido e a causa de pedir, limite (paradoxalmente?) diminuído pela subjectivação do contencioso administrativo (artigos 95.º/2 e 120.º/3 do CPTA), o juiz, ao sujeitar a actividade administrativa discricionária ao teste do princípio da proporcionalidade em sentido amplo, verifica, após controlo apertado da situação factual, o cumprimento dos pressupostos formais e substanciais impostos pelo justo procedimento, passando, depois, a sindicar se a adequação e a intensidade do meio escolhido pela Administração comportam concretamente o menor sacrifício possível para o particular atingido pelo acto discricionário.

A nova formulação do processo administrativo e a relação indispensável que aí se estabelece (artigo 51.º do CPTA) [2] entre procedimento e processo administra-

---

[1] G. VEDEL, *Essai sur la Notion de Cause en Droit Administratif Français*, Toulouse, 1934, p. 19 e ss.

[2] Apesar das reservas do n.º 3 do artigo 55.º do CPTA, cuja redacção é a seguinte: "A intervenção do interessado no procedimento (...) constitui mera presunção de legitimidade (...)".

tivo ¹, "obrigam" o princípio da proporcionalidade, como parâmetro judicial autónomo, a apresentar-se como um dos meios mais penetrantes de que o juiz pode dispor para controlar a juridicidade da actividade administrativa de conteúdo discricionário, reduzindo-se drasticamente a esfera reservada ao mérito ². A proporcionalidade deve ser vista, assim, como um meio de desenvolvimento e aplicação do princípio da efectiva e plena tutela jurisdicional ³.

O controlo jurisdicional de proporcionalidade comporta também, na sua tridimensionalidade, uma apreciável penetração e reconstrução da situação factual operada pelas apreciações administrativas levadas a cabo. Com efeito, para que o juiz administrativo se possa legitimamente convencer que a Administração exercitou adequada e de forma equitativa o seu poder de decisão, não lhe resta outra possibilidade que não seja a de desenvolver um preventivo e aprofundado estudo e controlo da situação de facto e dos momentos decisivos por que passou a actividade administrativa até ao seu *iter* final. E fazendo-o, tal não significa qualquer apreciação de mérito ou invasão dos poderes da Administração ⁴.

---

¹ COLAÇO ANTUNES, *O Procedimento Administrativo de Avaliação de Impacto Ambiental...*, op. cit., p. 151 e ss.

² Neste sentido, A. POLICE, *La predeterminazione delle decisioni amministrative. Gradualità e trasparenza nell'esercizio del potere discrezionale*, Napoli, 1997, p. 330 e ss.

³ Os aspectos em observação, especialmente a apreciação da situação de facto e a sua relação com o mérito administrativo, têm as suas refracções processuais, naturalmente conexas com os poderes de cognição ou instrutórios e de decisão do juiz e até com a força conformadora da sentença, aspectos que retomaremos mais adiante.

⁴ Sobre este ponto, cfr. S. KTISTAKI, *L'Évolution du Contrôle Juridictionnel...*, op. cit., pp. 277 e ss e 347 e ss.

A oportunidade pode (e talvez deva) coincidir com a proporcionalidade, sempre que este princípio venha entendido como um meio de favorecer a melhor decisão possível e não apenas como uma forma de

Por outro lado, a relação de complementaridade entre o procedimento e o processo administrativo permite intensificar o controlo de proporcionalidade, bem como de outros princípios, conferindo ao juiz administrativo uma penetrante análise dos aspectos relativos a uma justa ponderação dos interesses envolvidos, bem como controlar a intensidade do poder administrativo exercitado pela Administração na relação do vínculo do interesse público primário com os direitos e interesses legalmente protegidos dos cidadãos. Neste sentido, vemos o princípio da proporcionalidade (em sentido amplo ou proibição do excesso) como uma forma de ampliar e objectivar o vício de desvio de poder e sobretudo o de violação de lei, tantas vezes entendido residualmente.

Em suma, está posta a questão da autonomia processual do princípio da proporcionalidade, com os seus vícios [1], enquanto parâmetro essencial do juízo administrativo. Se o controlo jurisdicional de proporcionalidade não permite ao juiz substituir-se à Administração, quanto à decisão a adoptar, transforma o juízo de legalidade em juízo de juridicidade, assumindo, paredes-meias com o mérito, uma

---

evitar o inadmissível ou desrazoável. Em sentido exactamente oposto, L. PHILIPPE, *Le Contrôle de Proportionnalité dans les Jurisprudences Constitutionnelles et Administratives Françaises*, Paris, 1990, p. 152.

Num sentido mais concordante, SÉRVULO CORREIA, *Legalidade e Autonomia Contratual...*, op. cit., p. 113, se bem que este Autor reconduza o princípio da proporcionalidade ao princípio da imparcialidade administrativa, de que seria uma vertente, op. cit., p. 499. Cfr., no entanto, as lúcidas páginas 669 e ss.

[1] Cfr. GOMES CANOTILHO, "Relações poligonais, ponderação ecológica de bens e controlo judicial preventivo", in *RJUA*, n.º 1, 1994, p. 61. Reportando-se, embora, ao princípio da imparcialidade, cfr., DAVID DUARTE, *Procedimentalização, Participação e Fundamentação: Para uma Concretização do Princípio da Imparcialidade Administrativa como Parâmetro Decisório*, Coimbra, 1996, p. 452 e ss.

individualidade própria. A especificidade deste novo critério jurisdicional está em que muitos dos aspectos do juízo de mérito deixaram de o ser para passarem para o juízo de legalidade-juridicidade, com a consequente diminuição do seu espaço e das fronteiras entre ambos. Coloca-se aqui, no entanto, o perigo do princípio da proporcionalidade se converter numa espada do juiz contra a Administração [1].

Situando o discurso, é agora a altura de analisar a relação do princípio da proporcionalidade com os poderes do juiz: cognitivos – instrutórios e decisórios.

Desde logo, tendo presente o que já ficou dito e pensado, o juiz, em sede de controlo da proporcionalidade e do seu princípio, não pode confinar-se ao acto ou comportamento da Administração, devendo antes alargar a sua cognição à globalidade da actividade administrativa. Com a indispensável relação entre o princípio da proporcionalidade e os poderes de cognição judicial, altera-se também o objecto do processo administrativo e do respectivo juízo [2]. Logo, no processo administrativo está em causa (não só) o acto final como a relação procedimental que o antecede, daí a relevância dos factos e dos interesses entretanto carreados.

Nesta perspectiva, o controlo de proporcionalidade é um juízo sobre os factos-pressupostos à decisão administrativa, podendo a apreciação ou valoração administrativa revelar vícios próprios de natureza lógico-empírica [3]. Logo, no controlo sobre a adequação, necessidade e proporcionalidade em sentido estrito do acto administrativo, tem de

---

[1] Ainda que no CPTA se fale em *interdependência* de poderes (artigo 3.º), todo o cuidado é pouco neste domínio.

[2] Cfr. R. VILLATA, "Nuove riflessioni...", *op. cit.*, p. 705 e ss.

[3] S. KTISTAKI, *L'Évolution du Contrôle Juridictionnel...*, *op. cit.*, p. 366 e ss.

estar presente a delimitação da situação de facto, mais exactamente impõe-se verificar se ela foi adequadamente conhecida, apreendida e qualificada juridicamente pela Administração ou se a instrução se revela lacunosa ou insuficiente na aquisição e ponderação dos interesses dignos de protecção jurídica [1]. Dito de outro modo, o juízo de proporcionalidade, fazendo valer os seus préstimos na qualificação dos factos e na ponderação dos interesses envolvidos, permite ao juiz administrativo deslocar o controlo jurisdicional do terreno viscoso do desvio de poder para o terreno mais seguro da violação de lei.

Especificando, a *adequação* da medida administrativa não pode ser vista abstractamente, na medida em que se trata de um conceito relacional referido a uma determinada factualidade, em ligação à qual a actuação administrativa discricionária vem judicada adequada ou não. Por sua vez, o subprincípio da *necessidade,* comportando a escolha do meio mais apropriado para realizar o interesse público (primário), com o menor sacrifício possível da situação jurídica do particular, torna igualmente inevitável a consideração profunda da situação de facto. Quanto à *proporcionalidade em sentido estrito,* a ponderação dos interesses secundários, públicos e privados, bem como dos bens e valores em presença, não é naturalmente imune às particularidades, nomeadamente factuais, do caso concreto. O controlo da intensidade do poder administrativo discricionário exercitado depende, portanto, do prévio apuramento da situação de facto, ainda que normativamente entendida.

Em síntese, o controlo jurisdicional operado através do princípio da proporcionalidade é um controlo inevitavel-

---

[1] Cfr. A. SANDULLI, *La proporzionalità dell'azione amministrativa,* Padova, 1998, p. 410 e ss.

mente *concreto*, na medida em que a proporcionalidade da actividade administrativa assenta numa determinada realidade factual [1]. É, aliás, a necessidade de avaliar a ponderação procedimental dos interesses em conflito, na sequência do reconhecimento da situação factual, a explicar a produção de efeitos sobre as modalidades de desenvolvimento da tramitação processual, com particular incidência na fase instrutória e nos poderes de cognição e decisão do juiz.

Na verdade, a reapreciação judicial da situação de facto coloca, para além do tradicional *self restraint* no controlo da discricionaridade por parte do juiz, o problema dos limites postos na confecção normativa da fase instrutória no processo administrativo. Naturalmente que o favorecimento dos meios instrutórios [2], que o princípio da proporcionalidade e respectivo controlo exigem, não deixará de produzir os seus efeitos nos poderes de cognição do juiz da realidade factual, enquanto pressupostos na base dos quais a Administração procedeu à respectiva ponderação e hierarquização dos interesses envolvidos em relação ao interesse público primário [3].

Sendo a cognição dos factos pelo juiz um problema estritamente relacionado com a instrução probatória, o

---

[1] Cfr., ainda que criticamente, J.-M. WOEHRLING, "Le contrôle juridictionnel du pouvoir discrétionnaire en France", *op. cit.*, pp. 28 e ss e 56 e 57.

[2] A. SANDULLI, *La proporzionalità dell'azione amministrativa*, *op. cit.*, pp. 409 e 410.

[3] Segundo nós, a instrução não pode, todavia, ser caracterizada pelo poder das partes disporem dos factos a provar (poder que implicaria a capacidade de uma parte impor ou condicionar, através de um acto processual, a aquisição do facto para o processo). Em suma, no essencial, a iniciativa instrutória das partes não pode ter efeitos *determinativos* relativamente à actividade instrutória e decisória do juiz.

controlo de proporcionalidade da actividade administrativa discricionária não pode, consequentemente, confinar-se a uma fiscalização abstracta, antes justifica um reforço dos meios probatórios e, portanto, do princípio do inquisitório. Este princípio é, aliás, indispensável, como afirma a doutrina alemã [1], nos processos em que está envolvido o interesse público, como é manifestamente o caso do processo administrativo, em detrimento do princípio do dispositivo, mais conforme com uma percepção estritamente subjectivista da justiça administrativa.

Coloca-se ainda, tendo em atenção a evolução subjectivista do contencioso administrativo, o problema de determinar o alcance do controlo de proporcionalidade.

Tratando-se de uma questão delicada, a verdade é que o controlo da justa composição e hierarquização dos interesses envolvidos e, portanto, da lesividade do acto, só é possível na base de uma convicção do juiz assente num apuramento vigoroso e certo das circunstâncias de facto [2],

---

[1] Com efeito, na Alemanha, o problema da prova, no âmbito de princípios análogos ao princípio da proporcionalidade, tem sido arduamente debatido, sem ser conclusivo, como acontece em relação ao *Verhältnismäßigkeitsgebot,* bem como a questão do ónus da prova. Doutrina alemã que tem o enorme mérito de dizer muitas vezes o mesmo sem se repetir.

[2] É exactamente esta realidade (factual) que deve impedir o perigo da livre apreciação da prova pelo juiz exaltar os elementos argumentativos ou persuasivos expostos, em desfavor de dados objectivos. Uma coisa é o juiz poder avaliar a eficácia das provas, outra, o poder (que não tem) de escolher livremente a fonte da sua convicção.

Outra questão é a que se prende com a possibilidade do juiz utilizar para fins probatórios circunstâncias resultantes de provas trazidas para o processo por iniciativa das partes, sem que estas as tenham indicado como elementos de prova. Nestes casos, para além do princípio da aquisição processual, provavelmente o mais sensato seria o juiz chamar a atenção das partes para tais circunstâncias.

Sem querer ser conclusivo, parece-nos que a melhor solução passará, sem comprimir de todo o esforço de convencimento do juiz, por uma disciplina legal da própria prova, pelo que fará mais sentido falar em *prudente apreciação das provas* (pelo juiz), em vez de livre convicção do julgador. Cfr. S. PATTI, "Libero convincimento e valutazione delle prove", in *Riv. dir. proc.*, 1985, p. 481 e ss, esp. p. 490.

A questão ainda é mais delicada no processo cautelar, quando sugestivamente se afirma que aqui o juiz não carece de formar o pleno convencimento da existência dos factos alegados, bastando-se apenas com um *juízo de verosimilhança*. Ora acontece que este conceito vem repetidamente entendido de forma abstracta, na base das alegações, sem que haja uma verificação dos factos. Já quando nos situamos no terreno da prova, melhor seria falar de *probabilidade,* porque de outra forma estamos perante uma *relevatio ab onore probandi*, que consente ao juiz considerar existentes os factos, prescindindo da sua prova efectiva.

Cremos, em suma, que o juiz do processo cautelar só pode conceder a providência cautelar quando tenha havido prova efectiva da existência dos pressupostos – *fumus boni iuris* e *periculum in mora* – valorados qualitativa e probatoriamente por igual (assim, PROTO PISANI, "Procedimenti cautelari", in *Enc. giur. (Treccani),* XXIV, Roma, 1991, p. 19). Valoração que, na verdade, não esconde uma diferente eficácia e natureza do *accertamento* probatório dos dois pressupostos. Se no primeiro é, no essencial, provisório, já no segundo é definitivo e consome-se por inteiro em sede cautelar.

Em resumo, não perfilhamos a opinião da prova dos factos no processo cautelar se resumir a um *quid minus* em relação ao processo principal, como afastamos também as teses da *semiplena probatio* ou do *Anscheinbeweis* (prova *prima facie*). Consideramos, portanto, que o juiz deve levar a cabo uma verdadeira verificação da existência dos pressupostos da tutela cautelar. Que os pressupostos da concessão da medida cautelar sejam pressupostos de probabilidade e que a prova plena da existência destes pressupostos seja uma prova plena da existência de uma probabilidade, tal não significa que o grau de convencimento do juiz deste processo seja menor do que o do processo principal. A questão é outra. O convencimento deve ser efectivo nos dois casos, ainda que naturalmente diferente em relação ao diverso *thema probandum:* um tem como objecto a probabilidade da existência dos factos, o outro a sua existência *stricto sensu* (neste sentido, P. CALAMANDREI, *Introduzione allo studio sistematico dei provvedimenti cautelari,* Padova, 1936, p. 63).

o que obriga, porventura contraditoriamente, a acentuar os poderes do juiz e do princípio do inquisitório [1] (decaindo, consequentemente, o princípio *judex secundum allegata et probata partium judicare debet*), uma vez que este não pode ver-se confinado à vontade e ao material instrutório--probatório carreado pelas partes. Parece, assim, reforçar--se toda a importância da fase instrutória, sempre que, no processo administrativo, em homenagem ao princípio da tutela jurisdicional efectiva, não se esqueça o vínculo do interesse público primário e, portanto, que a justiça material deverá ser encontrada, no contencioso de proporcionalidade, no justo equilíbrio do interesse público com o menor sacrifício das posições jurídicas dos particulares [2]. Nesta senda discursiva, não nos surpreende a possibilidade do juiz ampliar o poder de qualificar e ampliar autonomamente os vícios do acto administrativo – artigo 95.º/2/3 do CPTA – (sem alterar, contudo, as pretensões dos particulares), bem como, inversamente, a possibilidade do Ministério Público (artigo 85.º/3 do CPTA) poder invocar factos que fundamentem a legalidade do acto, mesmo que isso signifique o alargamento do objecto do

---

[1] Não sustentamos, porém, a concepção da figura do juiz como *director do processo,* mas sim uma certa *equidade processual* teleologicamente orientada por uma justiça material (cfr. os artigos 88.º e 89.º do CPTA). Impõe-se, assim, um certo equilíbrio entre um sistema rígido de preclusões e de prazos legais e os poderes "correctivos" do juiz administrativo, que, tal como estão desenhados, nos parecem excessivos.

A grande questão do processo administrativo não é *como se faz,* mas *para que serve.* Neste sentido, mais do que responsabilizar a negligência do juiz, importa encontrar remédios processuais para superar os *errores in procedendo,* nomeadamente os resultantes da falta ou do deficiente exercício dos poderes "correctores do juiz".

[2] COLAÇO ANTUNES, *O Direito Administrativo e a sua Justiça...*, op. cit., p. 56 e ss.

recurso. A *causa petendi* não esgota, portanto, os vícios ou motivos de ilegalidade em sede judicial.

O princípio da proporcionalidade, em sede processual, é o limite extremo do controlo de juridicidade. Este princípio, juntamente com outros enumerados no artigo 266.º/2 da CRP, dirige-se, em última instância, a assegurar que a actividade administrativa discricionária, na prossecução participada do interesse público, seja teleologicamente orientada por uma ideia de justiça substancial e de verdade.

Para fechar este ponto, falta ainda referir a relação do princípio da proporcionalidade com os poderes de *decisão* do juiz administrativo, sem deixar intocada a força conformadora da decisão judicial.

Naturalmente que a função do juiz administrativo, no controlo de proporcionalidade, apresenta muitíssimas asperidades, tanto mais que este princípio, na sua tripla dimensão, não oferece contornos perfeitamente decantados. Basta ver que o meio e o fim podem não resultar desproporcionados entre si, sem que tal signifique a melhor relação entre ambos, como, aliás, não se pode confundir, pela mesmíssima razão, a identificação entre o subprincípio da proporcionalidade em sentido estrito e o princípio da concordância prática (*praktischer Konkordanz*) [1].

A complexidade do juízo de proporcionalidade confronta-nos, desde logo, com o problema de saber se deve ou não existir uma relação de prioridade lógico-racional na análise das componentes do princípio da proporcionali-

---

[1] Sobre o sentido deste princípio, K. HESSE, *Grundzüge des Verfassungsrechts der Bundesrepublik Deutschland*, Heidelberg, 1993, pp. 26 e 27; M. GRABITZ, "Der Grundsatz der Verhältnismäßigkeit in der Rechtsprechung des Bundesverfassungsgerichts", in *AöR*, 1973, p. 576 e ss.

dade (adequação, necessidade e proporcionalidade em sentido estrito). Poderíamos então sustentar, sem prejuízo das particularidades do caso concreto poderem aconselhar outra solução, que faria, em princípio, mais sentido começar pelo controlo jurisdicional da adequação, em antecipação à necessidade, uma vez que a escolha do acto necessário (ou de outro comportamento administrativo) deve ter o seu espaço natural no âmbito dos meios adequados ou idóneos para atingir o respectivo escopo legal (interesse público primário).

Outra questão delicada prende-se com o facto de saber se deve ou não haver lugar à absorção-concentração dos vícios no controlo de proporcionalidade [1]. Por outras palavras, questiona-se se a violação do princípio da proporcionalidade, numa das suas vertentes, é suficiente para desonerar o juiz de tomar em consideração as outras dimensões do princípio em análise. Embora possamos admitir esta hipótese, não ignoramos que para assegurar correcta e efectivamente os efeitos da sentença, no âmbito do contencioso de proporcionalidade, é mais prudente o juiz tomar em consideração todas as suas componentes (cfr. o artigo 95.º/1/2/3 do CPTA).

Com efeito, sempre que o juiz chegue a apreciar o mérito da causa, colhem duas consequências relevantes da sentença anulatória. Em primeiro lugar, a pronúncia de acolhimento não se pode confinar a um sentido ou conteúdo meramente anulatório, ganhando antes contornos de plena jurisdição. No contencioso de proporcionalidade, ainda que estejamos no âmbito de uma actividade discricionária da Administração, o juiz, na fundamentação da sentença (numa superação equilibrada da *pars destruens*

---

[1] Sobre esta matéria, cfr. B. CAVALLO, *Processo amministrativo e motivi assorbiti*, Chieti, 1975, esp. p. 75 e ss.

em favor da *pars construens)*, deverá precisar o que a Administração deveria ter evitado ou deveria ter feito e não fez (em obséquio ao princípio da proporcionalidade), num claro sinal do reforço da força conformadora e (ultra)constitutiva da sentença administrativa [1].

Em segundo lugar, o juiz, embora não se substituindo à Administração, poderá e deverá enunciar todo um conjunto de orientações ou "vinculações" [2] (artigo 95.º/3/4 do CPTA) para o desenvolvimento subsequente (pós-sentença) da actividade administrativa (agora praticamente vinculada), deixando transparecer, ainda que implicitamente, todo um projecto de decisão proporcionalístico que a Administração não poderá ignorar na actuação sucessiva à pronúncia [3]. Neste sentido, os efeitos do controlo do

---

[1] Ao contrário do que revelam várias disposições do bem "desenhado" CPTA (fundamentação *per relationem*), parece-me indispensável um especial cuidado com a fundamentação contextual da sentença, podendo, assim, não só sanar as debilidades instrutórias do processo como (sobretudo nas sentenças constitutivas) dar outro alcance à sentença e ao âmbito do caso julgado. Assim, L. COEN, *Disparità di trattamento e giustizia amministrativa (Principio di eguaglianza e tecniche di motivazione della senteza)*, Torino, 1998, pp. 87 e ss e 131 e ss.

[2] Se bem que entendamos que as vinculações não devem ser postas total e directamente pelo legislador, retirando liberdade de apreciação ao juiz. Não nos esqueçamos que o direito deve ser introduzido *propter aliquam utilitatem,* o que exige um espaço próprio para a jurisprudência.

Acrescente-se que a metodologia seguida em relação a uma certa antecipação ou absorção da fase executiva no âmbito do processo anulatório (artigo 47.º/2 do CPTA), para além de outras questões, nem sempre se pode revelar como a mais satisfatória para o particular, sendo que até podem não existir pretensões jurídicas estritamente subjectivas ou a actividade administrativa ser essencialmente discricionária e, assim sendo, deve permanecer o *direito* da Administração a não ver comprometida a prossecução do interesse público.

[3] Em bom rigor, o juiz define e redefine para o futuro a correcta composição dos interesses em causa, acolhendo ou não a pretensão do

princípio da proporcionalidade estendem-se à própria execução efectiva da sentença [1].

Em conclusão, o princípio da proporcionalidade ganha todo o sentido à luz do princípio da tutela jurisdicional efectiva, de que é, afinal, um meio de aplicação e desenvolvimento. Sobretudo nesta matéria, não se pode esquecer que o processo administrativo, enquanto processo de partes, serve dois senhores, sendo que um deles é precisamente a tutela e garantia da correcta prossecução do interesse público essencial ou primário com o menor sacrifício, nos actos restritivos, ou até com maior benefício das posições jurídicas dos particulares nos actos ampliativos.

Acentuando o que anteriormente ficou dito, no controlo jurisdicional de proporcionalidade, não esquecendo que o vínculo primário e mais relevante em termos ontológicos é o interesse público, a par de uma densa e efectiva tutela dos direitos e interesses legalmente protegidos dos cidadãos, o juiz deverá poder ampliar as excepções e limita-

---

recorrente. Neste sentido, M. NIGRO, "Esperienze e prospettive del processo amministrativo", in *Studi in onore di A. Amorth,* vol. I, Milano, 1982, p. 429 e ss. Especificando um pouco mais, o juízo fundado no princípio da proporcionalidade permite que a *ratio decidendi* da sentença, ao fixar a regra na base da qual a Administração deve novamente ponderar os interesses, aponte os pressupostos do acto administrativo, por forma a delinear uma indicação reconstrutiva em sentido positivo (e não apenas o negativo). Anulado o acto, a Administração, pelo menos tendencialmente, ficaria impedida de o renovar com base no *facto constitutivo* (pressupostos de facto e de direito que conduziram a Administração a adoptar uma determinada decisão) que esteve na base da decisão sancionada pelo juiz. Cfr. M. CLARICH, *Giudicato e potere amministrativo,* Padova, 1988, p. 195.

[1] Cfr. F. BARTOLOMEI, *Giudizio di ottemperanza e giudicato amministrativo (Contributo per un nuovo processo amministrativo),* Milano, 1987, esp. pp. 202 e ss e 374 e ss.

ções à causa de pedir, pelo menos quando, no âmbito do contencioso de proporcionalidade, o acto deva ser julgado inválido, recusando-se a ficar confinado ao expressamente mencionado no recurso e respectiva petição [1]. Sendo o princípio da proporcionalidade um conceito dúctil mas substancial, que implica o confronto entre interesses, valores, fins e meios, justifica-se plenamente uma atenuação do vínculo do juiz à formulação dos "motivos" postos na acção impugnatória [2].

Repare-se que um eficaz e efectivo controlo judicial de proporcionalidade só tem sentido se estiverem sob observação todos os direitos e interesses dignos de tutela, o que toca a questão das partes processuais [3]. Neste contexto, ganha grande relevância a presença dos titulares dos "interesses difusos", cuja principal função é a de garantir uma realização compósita e plurisubjectiva dos interesses públicos, a par de uma tutela efectiva dos direitos fundamentais.

Apesar do "perigo" que redunda para a função judicial, o controlo de proporcionalidade e a sua autonomia processual deverá ainda revelar-se mais imprescindível num contencioso administrativo de feição subjectivista, manifestamente fundado numa teoria dos direitos subjectivos públicos [4]. Assim, embora o processo administrativo

---

[1] Isto não significa, como resulta da nossa explanação, que o esforço do juiz, na procura da verdade material, beneficie necessariamente a pretensão do particular, podendo, inclusive, verificar-se o inverso – a tutela do interesse público.

[2] Cfr. S. KTISTAKI, *L'Évolution du Contrôle Juridictionnel...*, op. cit., p. 376 e ss.

[3] Sobre esta questão, recentemente, COLAÇO ANTUNES, *O Direito Administrativo e a sua Justiça...*, op. cit., p. 69 e ss.

[4] Curiosamente, os que querem enviar para o mar morto o *interesse legítimo* e substituí-lo pelo *interesse legalmente protegido* esque-

seja um processo de resolução de controvérsias, no juízo de proporcionalidade o interesse público não pode vir limitado à justa medida da composição da lide, sem que se tenha em devida conta, porque normativamente definido e qualificado, que não cabe na disponibilidade da Administração. Por outras palavras, não se pode nem deve confundir a posição jurídica da Administração com o interesse público (definido legalmente), que lhe cabe obviamente realizar e prosseguir.

Um processo administrativo em que inexista interesse público não é um processo administrativo, mas outra coisa com outro nome [1].

---

cem precisamente que a diferença (falamos em termos tendenciais) entre ambos é a de que no *primeiro* há identidade mas não coincidência com o interesse público, enquanto no *segundo,* em sentido estrito = posição jurídica individual ou própria, há (no sentido de poder haver) coincidência mas não identidade com o interesse público. Isto significa que, não se querendo reconhecer um ordenamento próprio à Administração e, consequentemente um poder específico, legitimado pelo ordenamento jurídico-administrativo, se está, paradoxalmente, a admitir que é possível definir como direito subjectivo ou interesse legalmente protegido o que ontologicamente é uma outra coisa, sendo que tudo se resumirá, no essencial, à conformidade com os princípios gerais do ordenamento jurídico que, por natureza, não podem ser antitéticos, e que, no fundo, constituem o fundamento metodológico das exigências públicas, isto é, dos interesses públicos. Sobre a relação do interesse legítimo com o interesse público, cfr. R. IANNOTTA, *La giurisdizione del giudice amministrativo,* Milano, 1985, p. 307 e ss.

Em síntese, a causa directa e imediata da satisfação do interesse legítimo é a actividade legítima da Administração, actividade que é também a causa da realização do interesse público. Uma causa comum, dois efeitos distintos, conexos apenas pela mesma causa. Ao contrário do que se tem dito, o interesse legítimo goza de uma maior amplitude processual em relação ao interesse directo, pessoal e legítimo e ao interesse legalmente protegido.

[1] Em nossa opinião, o processo administrativo deve ter a sua individualidade própria, pelo que uma modelação próxima ou inspirada no processo civil apresenta alguma erroneidade, sobretudo

5. Um caso especial: a acção de condenação na presença de discricionaridade administrativa

Se noutro lugar [1] analisámos sobretudo a acção de condenação na presença da actividade administrativa vinculada, agora confrontamo-nos com a presença de discricionaridade administrativa. O n.º 2 do artigo 71.º do CPTA dispõe: "Quando a emissão do acto pretendido envolva a formulação de valorações próprias do exercício da função administrativa e a apreciação do caso concreto não permita identificar apenas uma solução legalmente possível, o tribunal não pode determinar o conteúdo do acto a praticar, mas deve explicitar as vinculações a observar pela Administração na emissão do acto devido". Parece, pois, que o legislador quis dizer que, uma vez na presença

---

quando se assiste permanentemente à tentação de interpretar (agora legislar, nem a forma processual da acção administrativa especial escapa) a disciplina do processo administrativo à luz do modelo e do espírito do processo civil.

Inclusive, em referência ao *direito à prova,* a especificidade do processo administrativo deve permanecer. A garantia do direito à prova no processo administrativo não se pode resolver totalmente no plano das possibilidades oferecidas pelos meios instrutórios, relevando, por exemplo, a admissibilidade do contraditório sobre factos e, inclusive, o acesso a dados na disponibilidade da entidade administrativa. Elementos esses que permaneceriam inacessíveis à luz de um sistema fundado na paridade formal das partes e no princípio do dispositivo. Neste sentido, mais uma vez, o princípio do inquisitório deve ser visto na sua globalidade (porque permanece também o interesse público), princípio que concede ao juiz o poder oficioso de aquisição de provas, facultando-lhe mesmo a possibilidade de valorar o comportamento processual das partes (como meio de valorar a prova e não como fonte de prova), dirigindo, nomeadamente, "ordens" à Administração (pedidos de informação, exibição de documentos, etc, para além, obviamente, do envio do processo administrativo).

[1] COLAÇO ANTUNES, "A acção de condenação e o direito ao acto", in *Colóquio Luso-Espanhol, op. cit.,* p. 215 e ss.

de actividade administrativa discricionária, não há lugar ao acto devido, mas tão-só à emanação de *um* acto administrativo[1]. Isto no caso de inexistir discricionaridade quanto ao *an*. Por outro lado, a referida previsão normativa estabelece apenas o direito do autor a um correcto exercício da discricionaridade, podendo, inclusive, dar lugar a um acto negativo. Isto quer dizer que não existe o direito à adopção do acto devido ou requerido, pondo-se a dúvida sobre o sentido e alcance da pronúncia condenatória quando esta não tem e não pode ter uma dimensão estritamente ordenadora ou condenatória da actividade administrativa.

Poder-se-á até sustentar que não estamos perante um acto administrativo, visto poder faltar-lhe o respectivo carácter regulador.

Se, havendo discricionaridade administrativa, a acção de condenação é dirigida à obtenção de um qualquer acto administrativo, sobretudo quando estamos perante a inércia da Administração, parece-nos razoável sustentar que se torna difícil definir o *proprium* da sentença condenatória; como também não é muito nítida a diferença em relação ao pedido meramente anulatório, sendo que o caminho para a Administração praticar uma nova decisão está igualmente aberto.

Ao que julgamos, a previsão da parte final do n.º 2 do artigo 71.º aponta para uma situação intermédia em que existem fortes elementos vinculados no acto discricionário, reconhecendo-se aí alguma capacidade conformadora do juiz administrativo, até por inexistirem actos estritamente discricionários como é ponto assente tanto para a doutrina

---

[1] COLAÇO ANTUNES, "A acção de condenação e o direito ao acto", in *Colóquio Luso-Espanhol, op. cit.*, p. 226.

como para a jurisprudência [1]. Ao invés, na hipótese anterior, onde se configura uma "discricionaridade pura", o juiz apenas pode obrigar a Administração a praticar um acto administrativo qualquer. A nossa tese confirma-se pelo conteúdo relacional entre os artigos 71.º/2 e 179.º/1/5 do CPTA, sendo que, em relação ao n.º 6 do artigo 167.º do CPTA, se verifica uma disfunção. É que aqui só se estabelece a solução para os actos estritamente vinculados, com a emissão de uma sentença substitutiva (que produza os efeitos do acto ilegalmente omitido).

Diferentemente de um acto vinculado, onde a verificação dos pressupostos de facto e de direito exige uma condenação à sua emanação, nos actos discricionários o autor só poderá fazer valer o direito a uma utilização não viciada da discricionaridade administrativa. Nesta hipótese, inexiste qualquer situação de expectativa concreta, ao invés do que sucede com o acto vinculado. Com efeito, se a Administração se pronunciou legitimamente, ainda que em sentido negativo, não vemos como o juiz possa contrastar tal decisão, a menos que a discricionaridade inicialmente presente se tenha convolado numa única decisão possível (dentro do que habitualmente se designa por redução da discricionaridade a zero, *Ermessensreduzierung auf Null*) [2].

Este conceito, recorrente na doutrina alemã [3], não representa uma transformação do acto discricionário num acto vinculado, o que, aliás, constituiria uma construção

---

[1] Cfr., por exemplo, o Acórdão do STA, de 21/10/2004, Processo n.º 0647.

[2] COLAÇO ANTUNES, "A acção de condenação e o direito ao acto", in *Colóquio Luso-Espanhol, op. cit.*, p. 228; AROSO DE ALMEIDA, *O Novo Regime do Processo..., op. cit.*, p. 224 e ss, esp. p. 227 e ss.

[3] Cfr., por exemplo, F. SCHOCH/E. SCHMIDT-AßMANN/R. PIETZEN, *Verwaltungsgerichtsordnung, op. cit.*, par. 27.

dogmática contraditória e problemática, mas tão-só a ausência de alternativas num caso concreto, equiparando tal decisão a um acto vinculado.

Por outro lado, não obstante a dúvida suscitada sobre o alcance da sentença condenatória na presença de uma forte discricionaridade relativamente ao conteúdo do acto, a verdade é que a pronúncia do juiz não deixa de ter um carácter propulsivo (mesmo) naqueles casos em que haja (aparentemente) discricionaridade quanto ao *an*. De facto, sempre poderá suceder que o juiz sugira de forma circunstanciada e convincente à Administração os pressupostos de facto e de direito que poderão justificar uma decisão positiva para o interessado. Estaríamos então próximos da construção de MORTATI [1] sobre a "discricionaridade deverosa" assente na ideia do poder-dever da Administração emanar um acto administrativo, sob pena de violação de lei. Esta construção deve, porventura, ser tomada em consideração, em atenuação da tese de GIANNINI sobre a discricionaridade quanto ao *an,* que configura, segundo este Autor, a forma mais importante de discricionaridade administrativa [2]. O dever de agir da Administração resulta da presença obrigatória do interesse público e das posições jurídicas do requerente. Por outras palavras, a discricionaridade no *an* é agora objecto do dever jurídico de agir para o exercício do poder [3]. Daí ao não-acto de SANDULLI é um passo [4], deslizando sucessivamente o silêncio para um

---

[1] C. MORTATI, *La volontà e la causa n'ell atto amministrativo e nella legge,* Roma, 1935, p. 84 e ss.

[2] M. S. GIANNINI, *Il potere discrezionale della pubblica amministrazione...*, *op. cit.,* pp. 63 e 64.

[3] Seguindo aqui o contributo de F. LEDDA, *Il rifiuto di provvedimento amministrativo,* Torino, 1964, p. 80 e ss.

[4] "Questioni recenti di silenzio della pubblica amministrazione", in *Scritti giuridici,* V, Napoli, 1990, p. 161 e ss.

puro facto, construção adoptada pelo nosso legislador. Com esta última catarse, a acção de condenação deixa de ser um juízo sobre o dever da Administração para passar a ser um juízo sobre o direito ao acto [1].

Se estamos perante uma solução intermédia entre a condenação à emanação de um acto expresso e a condenação à prática do acto com o conteúdo requerido, não podemos subestimar os princípios e as normas indicadas pelo juiz, sob pena de não distinguirmos esta forma de acção de uma mera injunção de proceder.

Indo um pouco mais longe, tal como hoje se admite que a Administração possa postumamente, já no decurso do processo, sanar os vícios formais ou procedimentais do acto (tal como acontece com o § 45 da VwVfG), não seria de excluir a possibilidade daquela vir a integrar sucessivamente as suas valorações discricionárias. Por outras palavras, clarificando, por exemplo, as valorações discricionárias já expressas, desde que não comprometa a identidade do objecto do processo, isto é, a substância do acto entretanto praticado e tal integração se reporte às condições existentes no momento originário [2]. Tudo isto no respeito dos direitos processuais das partes, nomeadamente dos contra-interessados. A não ser assim, estaríamos perante a prática de um acto administrativo diverso [3].

Uma situação diferente seria a de a Administração se recusar a fazer uso da discricionaridade atribuída pela lei, aduzindo, por hipótese, a inexistência de pressupostos

---

[1] Cfr. COLAÇO ANTUNES, "A acção de condenação e o direito ao acto", in *Colóquio Luso-Espanhol, op. cit.*, p. 224 e ss.

[2] Entre muitos, J. BADER, "Die Ergänzung von Ermessenserwägungen im verwaltungsgerichtlichen Verfahren", in *NVwZ*, 1999, p. 121.

[3] Cfr., igualmente, J. BADER, "Die Ergänzung von Ermessenserwägungen...", *op. cit.*, p. 120 e ss.

para o seu exercício e que o tribunal considerou não existirem. Será, agora possível, no decurso do processo, sanar o vício materializado no não exercício do poder discricionário? Nesta situação, a nossa resposta é tendencialmente negativa, pois tal significaria uma alteração do acto original e, portanto, a adopção de um novo acto, a não ser hipoteticamente na hipótese de mero silêncio, cabendo então na disciplina posta pelo artigo 70.º do CPTA [1].

A hipótese anteriormente exposta não viola, segundo cremos, o princípio do dispositivo das partes, podendo, por outro lado, caber no princípio do inquisitório (cfr. o artigo 95.º/2 do CPTA), quando se permite ao juiz solicitar às partes integrar ou complementar as suas alegações. Se é verdade que o juiz deve oferecer assistência e ajudar as partes durante a fase instrutória, discutindo com as partes a situação de facto e de direito, já não nos parece tolerável ver no tribunal uma espécie de oficina de reparações da Administração. Dito de outra forma, a situação por nós levantada parece-nos pertinente, embora exija ao juiz uma análise aturada e prudente do caso.

Elevemo-nos, agora, ao nível da *tutela cautelar*. A tutela cautelar assume na nova justiça administrativa um papel destacado, numa juridicização do tempo adequada à tutela judicial efectiva das posições jurídicas subjectivas dos particulares [2]. Este aspecto colhe particular importância se atendermos à duração média dos processos em Portugal. Não será porventura injusta a "nobre" classificação do nosso país quanto às condenações ordenadas pelo Tribunal de Justiça comunitário.

---

[1] COLAÇO ANTUNES, "A acção de condenação e o direito ao acto", in *Colóquio Luso-Espanhol, op. cit.*, p. 224 e ss.

[2] Entre nós, por todos, ISABEL FONSECA, *Introdução ao Estudo Sistemático da Tutela Cautelar no Processo Administrativo*, Coimbra, 2002, esp. p. 71 e ss.

No caso particular da acção de condenação, as posições jurídicas subjectivas de natureza pretensiva não são naturalmente descuradas.

As providências cautelares (positivas) podem ter um duplo alcance: conservatório (a chamada *Sicherungsanordnung*), quando se pretende eliminar o perigo de uma irreparável alteração da situação factual, comprometendo o êxito da acção; ou modificativo ou inovatório do *status quo*, através da definição provisória da relação jurídica controvertida (a chamada *Regelungsanordnung*). A resposta normativa pode detectar-se nas alíneas b), c) e d) do n.º 2 do artigo 112.º do CPTA, sem excluir o importantíssimo artigo 131.º do CPTA. Interrogamo-nos se a possibilidade prevista no n.º 6 do artigo antes referido, de alterar a providência cautelar, não deveria ser interpretada restritivamente, sob pena de perder alcance no âmbito da acção de condenação.

No que se refere aos critérios para o decretamento da providência cautelar contemplados no artigo 120.º do CPTA, suscita-se a dúvida se, nesta acção, a configuração dos referidos critérios não deveria sofrer uma entorse, nomeadamente no sentido de excluir a ponderação de interesses (n.º 2 do artigo 120.º do CPTA); como também nos parece discutível que a discricionariedade do juiz administrativo prevista no artigo 120.º/3 se possa aplicar nesta acção, permitindo ao tribunal cumular ou substituir as providências cautelares requeridas pelo autor, configurando, desta forma, porventura um excesso de tutela. Também aqui o tribunal não pode ser uma oficina de reparações das pretensões do requerente, pois tal poderia configurar o perigo ou a suspeita de favorecer uma das partes.

É verdade que as providências cautelares nesta acção (condenatória), pela sua natureza, têm um limite fisiológico mais sensível, face à sua proximidade da decisão de mérito e da respectiva antecipação [1]. Se isto é verdade, por outro lado, a tutela efectiva obriga a ter em atenção a ameaça, por exemplo, de um interesse essencial (como podem ser os serviços de assistência social ou obtenção de uma bolsa de estudo) ou quando o interessado está confrontado com um prazo determinado.

Segundo a *ratio* da tutela cautelar, o juiz só pode adoptar uma regulação provisória do caso. Numa controvérsia sobre a admissão de um estudante aos exames semestrais ou à passagem de ano, o juiz pode autorizar temporariamente quer a realização dos exames, quer a frequência das aulas do ano sucessivo. Mas, como se observa do primeiro exemplo, há, por vezes, uma enorme tensão entre a proibição de antecipar a decisão da causa principal e a necessidade de conceder ao interessado uma tutela judicial efectiva. Daí, o legislador ter previsto alguns processos principais urgentes, com destaque para a intimação para a protecção de direitos, liberdades e garantias (artigo 109.º e segs. do CPTA).

Combinando o espírito da lei com a prudência do juiz, sempre à luz dos artigos 20.º e 268.º/4 da CRP, poderíamos elaborar alguns critérios essenciais para resolver o diferendo posto anteriormente:

a) em primeiro lugar, a relevância do elemento temporal; de outra forma, a decisão de mérito seria seguramente tardia, como será o caso da admissão provisória a um concurso;

---

[1] Sobre os perigos assinalados pela tutela cautelar, cfr. TERESA MELO RIBEIRO, "O risco de os processos cautelares se transformarem em processos principais: alguns exemplos práticos", in *CJA*, n.º 52, 2005, p. 3 e ss. Veja-se, a este propósito, o Acórdão do TCAN, de 3 de Março de 2005, Processo 687/04.5 BEVIS, com anotação de Isabel Fonseca, *CJA*, n.º 52, p. 55 e ss.

b) as perspectivas de sucesso – o *fumus boni iuris* – do pedido principal são enormes e consistentes;
c) a presença de interesses relevantes do autor, podendo, neste caso, autorizar-se provisoriamente que o interessado dê início ou prossiga uma determinada actividade;
d) a possibilidade do interessado ser fortemente penalizado com a omissão de uma prestação social, como pode ser o requerimento de uma prestação de assistência social;
e) a tutela cautelar não contrastar completamente com o interesse público defendido pela Administração;
f) por último, o interessado tentar de forma exemplarmente cuidadosa obter a tutela requerida.

Naturalmente, a "antecipação" da decisão de mérito pela via cautelar assume particular delicadeza na presença de uma actividade administrativa discricionária, salvo, na hipótese de redução a zero da discricionaridade. O problema agudiza-se quando o juiz apenas pode obrigar a Administração a decidir (na ausência de discricionaridade quanto ao an), sem que lhe seja consentido conformar minimamente o conteúdo do acto da reserva da Administração.

Nestas condições poderá eventualmente admitir-se a possibilidade do juiz determinar a concessão de um acto provisório urgente, desde que seja indispensável para garantir a efectividade da tutela no processo principal e não determine a existência de uma situação irreversível [1]. Nesta situação, constitui requisito essencial que o juiz

---

[1] Veja-se que, segundo o §122 da VwGO, a decisão deve ser fundamentada e tomada por uma formação de três juízes.

esteja profundamente convencido de que tenha havido (manifestamente) um deficiente exercício de poder discricionário por parte da Administração.

Apenas numa situação destas, embora com toda a prudência, a discricionaridade processual do juiz poderá determinar temporariamente mais do que possa vir eventualmente a ser concedido na decisão de mérito.

Nas providências cautelares, tal como, aliás, no processo principal, salta à vista que o poder penetrante do juiz (a que podemos chamar *Kontrolldichte*, pela sua intensidade) deve ser exercido com toda a prudência e sensibilidade [1].

Concluindo, se na presença de discricionaridade administrativa (forte), a sentença condenatória não representa um mero reenvio da decisão para a Administração, podendo, mesmo aí, o juiz explicitar algumas vinculações (que sempre as há) a observar pela Administração (artigo 71.º/2 do CPTA), havendo recusa, a sua ilegalidade não representa o *petitum* da acção condenatória mas apenas a *causa petendi*, sendo o fim do processo e da tutela a vinculação (quando a haja) da Administração a praticar o acto administrativo requerido [2].

Neste contexto, poder-se-ia falar de secundariedade do acto administrativo, face ao controlo jurisdicional a todo o campo (numa metáfora futebolística, futebol total) entre a Administração e os cidadãos, abrangendo dinamicamente toda a relação jurídica.

Apesar da centralidade da pretensão em relação ao objecto deste processo, por outras palavras, do direito ao

---

[1] Assim, P. SOMMERMANN, "Die deutsche Verwaltungsgerichtsbarkeit", in *Speyerer Forschungsberichte*, Speyer, 1991, pp. 57 e 58.
[2] COLAÇO ANTUNES, "A acção de condenação e o direito ao acto", in *Colóquio Luso-Espanhol, op. cit.*, pp. 225 e 226.

acto (havendo vinculação), a centralidade do acto administrativo reaparece havendo discricionaridade administrativa. Como dissemos noutro lugar, a questão principal desta acção é a obtenção do acto administrativo favorável, pois só através dele a satisfação dos direitos ou interesses legalmente protegidos se materializa. O mesmo sucede com a tutela cautelar com a obtenção de providências antecipatórias. Sendo verdade tudo isto, não se pode esquecer a reserva da Administração no campo da discricionaridade, o que, obviamente, limitando os poderes do juiz, traz à cena de novo o acto administrativo.

Um problema que se pode pôr é se falamos aqui apenas do acto regulador ou também de certos actos procedimentais qualificados. Face à estrutura complexa da actual Administração pública e à densa procedimentalização da actividade administrativa, em conjugação com o princípio da tutela judicial efectiva, parece-nos que o processo condenatório e o seu objecto deve ser visto de uma forma dinâmica, que não poderá excluir tais actos procedimentais qualificados ou até mesmo pareceres vinculativos. Se o acto requerido não cristaliza o processo, este não poderá ser imune à dinâmica procedimental da Administração, em obséquio à plena satisfação das pretensões subjectivas dos cidadãos e até à realização do interesse público.

Em extrema síntese, se a pretensão do autor parece consubstanciar o objecto desta acção, na presença de actividade administrativa vinculada, já o mesmo não se pode afirmar limpidamente quando exista discricionaridade administrativa. Aqui o actor principal parece ser de novo o acto administrativo.

IV

IMPLICÂNCIAS DOGMÁTICAS DA REFORMA DA JUSTIÇA ADMINISTRATIVA NO DIREITO SUBSTANTIVO

IMPLICÂNCIAS DOGMÁTICAS DA REFORMA DA JUSTIÇA ADMINISTRATIVA NO DIREITO SUBSTANTIVO

1. Metaestabilidade substantivo - processual. Considerações introdutórias

Se a nova justiça administrativa, com o seu cardeal princípio da tutela jurisdicional efectiva e o seu processo de partes de inspiração subjectivista, tende, porventura, a alargar o fenómeno da nulidade do acto, por outro lado, o princípio da justiça material provoca um efeito de sentido oposto. Referimo-nos à ideia de que os vícios de forma e procedimentais devem dar lugar a irregularidades mais ou menos fortes mas não invalidantes. Por outras palavras, decai a anulabilidade.

Se assim não fosse, verificar-se-ia um excesso de tutela das posições jurídicas dos particulares, na medida em que juiz administrativo seria constrangido a dispor da anulação do acto impugnado na presença de um vício meramente formal, ainda que o poder administrativo viesse exercitado correctamente do ponto de vista substancial. O mesmo sucederia se o interesse protegido, do ponto de vista material, não se apresentasse digno de tutela.

Já outra seria a solução na hipótese da actuação administrativa violar normas substanciais, nomeadamente as que respeitam ao conteúdo do exercício do poder administrativo e à composição procedimental dos interesses envolvidos. Diversamente, quando a autoridade administrativa viola normas instrumentais ou procedimentais, na medida em que estas não asseguram ou não se destinem a tutelar a posição jurídica do particular. Assim é, quando não esteja em causa o conteúdo do acto adoptado, mas apenas prescrições organizatórias, procedimentais ou formais que nada dispõem sobre a efectiva composição dos interesses em jogo ou sobre o sacrifício (ou não) do interesse legalmente protegido.

Dito de outra maneira, no contencioso administrativo anterior, se é certo que o acto poderia ser sempre anulado por violação de normas substanciais, compósitas, pois a posição jurídica não podia ser lesada, também é igualmente verdade que o acto podia ser impugnado e anulado mesmo que o interesse do recorrente devesse ser sacrificado. O ordenamento jurídico-processual tutelava a posição jurídica mesmo que assim não devesse ser; isto é, quando o sacrifício da referida posição jurídica se apresentasse juridicamente legítima, em obséquio a uma leitura iusformalista das posições jurídicas.

Assim sendo, a situação jurídica do recorrente apresentava-se duplamente protegida: seja quando não devesse ser sacrificada, seja quando devesse sucumbir. Por outras palavras, a sua tutela valia-se não só da violação de normas que a protegem e a disciplinam substancialmente, como da violação de normas que não lhe dizem respeito (meros vícios formais ou procedimentais menores), porque ditadas pela necessidade de tutelar o interesse público.

Ora a situação em que o interesse legalmente protegido é tutelado judicialmente, quando não deva ser lesado mas também quando devesse sê-lo, não tem agora tanto sentido. Mesmo assim, a lesividade não pode ser um critério de recorribilidade do acto, que deixaria de sê-lo quando se não constatasse a lesão da posição jurídica do autor.

A transformação do contencioso administrativo em sentido subjectivista, centrado na tutela das posições jurídicas substantivas favoráveis dos particulares e na reparação do respectivo dano injusto, subverte o esquema intelectual do juiz. Dá-se agora a passagem da centralidade do acto e dos seus vícios, ainda que meramente formais, e respectiva recorribilidade, para uma justiça administrativa que tem o seu epicentro no mérito e na lesão concretamente sofrida pelo autor, em consequência da actuação administrativa. O que verdadeiramente importa é analisar e avaliar da substancial injustiça da lesão sofrida, independentemente da mera invalidade formal. Esta é agora menos importante à luz de uma justiça material e, por conseguinte, pode fazer decair, por razões formais ou procedimentais, a anulabilidade para o terreno das meras irregularidades não invalidantes. A tutela efectiva das posições jurídicas substantivas favoráveis não se pode fazer à custa do sacrifício inútil e injusto do interesse público.

É, precisamente, a passagem-confirmação de uma cultura formalista a uma cultura do direito administrativo em sentido axiológico-substantivo, que impõe uma nova identidade ao vício formal. De efeito perverso, que se alimenta das lacunas *intra legem* e de uma actividade interpretativa de mero respeito do texto da lei e auto-integrativa [1], em prejuízo dos elementos metatextuais, o vício formal torna-se agora, positivamente, a resposta teórica indis-

---

[1] F. LUCIANI, *Il vizio formale nella teoria dell'invalidità amministrativa,* Torino, 2003, p. 104.

pensável a tais fenómenos: representa o resultado da aplicação da parte do juiz administrativo da redução teleológica ao escopo (*telos*) da norma [1].

Caído o dogma da *universalidade semântica* da norma jurídica [2], a teoria da invalidade dos actos administrativos altera-se. O vício formal identifica-se agora com a violação de normas sobre a forma e o procedimento intrinsecamente compatíveis com a *ratio* da norma violada. Inidónea, portanto, a alterar a qualidade substantiva do acto administrativo, a respeito do qual não só não há alternativas como não pode pretender-se (em princípio) a renovação do acto aparentemente anómalo.

A reforma da justiça administrativa, com a sua justiça material, contribui, assim, para que o vício formal se torne uma imperfeição juridicamente inócua, diminuindo o regime da invalidade na sua forma mais tolerável (anulabilidade).

Ao falarmos de vícios formais temos de considerar dois tipos de irregularidades: uma irregularidade forte, em contraposição com a irregularidade débil. Não devemos, todavia, sob o manto genérico de irregularidade, como anomalias leves do acto administrativo, resultantes da violação de normas secundárias e não imperativas, diluir as hipóteses que configuram um vício formal.

O vício formal consubstancia, sob a forma de irregularidade forte, a figura que, entre outras hipóteses não invalidantes do acto administrativo, mais se avizinha à linha divisória da área da invalidade. Assim é, porque, ao

---

[1] M. D'ORSOGNA, *Il problema della nullità in diritto amministrativo,* Milano, 2004, p. 275 e ss.
[2] F. LUCIANI, *Il vizio formale nella teoria dell'invalidità amministrativa,* op. cit., p. 103.

contrário da irregularidade mínima, está em causa a violação de normas imperativas sobre o procedimento e as formas de manifestação do acto. Se (assim mesmo) a violação não alterou o escopo da norma, o intérprete deve optar cuidadosamente pela não invalidação do acto.

Por outro lado, a distinção entre a área do vício formal e a da irregularidade mínima é que esta última se refere a violações menores ou secundárias de normas não imperativas, prescindindo, ao invés do vício de forma, de valorações teleológicas e de um juízo de razoabilidade sobre o efeito invalidante. Em extrema síntese, a irregularidade nunca pode ser mínima se, em abstracto, a violação da *ratio* normativa pode incidir substancialmente sobre os interesses em presença. De outra forma faltaria o interesse processual, razão pela qual o acto aparentemente anómalo deixaria de ser anulável [1].

Uma das consequências mais vistosas da reforma da justiça administrativa sobre o direito substantivo vem, precisamente, a exigir novas normas (procedimentais) como os §§ 45 e 46 da VwVfG.

Se a mera irregularidade pressupõe uma valoração *ex ante* e abstracta que exclui a invalidade do acto, na medida em que o acto se conforma ainda com o espírito da lei, já a regra do (in)cumprimento do escopo pelo acto pressupõe, abstractamente, a respectiva invalidade, ainda que em concreto se considere irrelevante. Por outras palavras, o conteúdo do acto, apesar da violação das normas procedimentais e das normas sobre a forma dos actos, não poderia ser diverso do adoptado concretamente. Ou seja, o acto ainda que maculado formalmente, é substancialmente

---

[1] F. LUCIANI, *Il vizio formale nella teoria dell'invalidità amministrativa*, op. cit., p. 341.

justo, de forma que a violação não teve manifestamente influência sobre a justeza do conteúdo do acto. Acresce que ao acto concretamente praticado não há alternativa no plano jurídico e factual.

Questão relevante, com esta conexa, é a relativa ao âmbito de apreciação do juiz. Em presença de conceitos jurídicos indefinidos (*unbestimmte Rechtsbegriffe*), o juiz pode conhecer da actividade discricionária ou apenas de actos estritamente vinculados? A jurisprudência alemã parece ter-se inclinado para a primeira hipótese, o que ocasionou uma forte reacção da doutrina, de tal modo que a nova redacção do § 46 do VwVfG inclui também os actos discricionários *tout court*.

De todo o modo, trata-se de uma questão complexa e delicada, sendo que a dificuldade maior consiste no facto do juiz, ao apreciar o escopo da norma e as suas exigências teleológicas, vai percorrer *a posteriori* as fases do processo seguido pela Administração ao tomar a sua decisão, terreno este de grande opinabilidade e viscosidade interpretativa.

Podemos fechar este ponto introdutório dizendo que a reforma da justiça administrativa desperta efeitos de sinal oposto sobre a teoria da invalidade do acto. Se, por um lado, ao jurisdicionalizar intensamente os direitos fundamentais (artigo 109.º e segs. do CPA), tende a ampliar a invalidade mais grave – a nulidade [1] –, por outro, obscurece

---

[1] Depois há ainda toda uma ampliação das nulidades do acto, muito para lá do sistema de lista positiva potencial enunciada no artigo 133.º/2 do CPA. Falamos de uma nulidade virtual ou potencial por ofensa a novos princípios como o da tutela jurisdicional efectiva, em consonância, aliás, com o sistema exemplificativo da referida norma.

O problema da nulidade do acto nas suas dimensões substancial e processual não pode ser resumido literalmente ao texto da lei. Já vai

os vícios formais e procedimentais e, nessa medida, diminui o alcance da invalidade mais leve e até agora a regra – a anulabilidade [1].

2. Aprofundamento substantivo-processual das implicações dogmáticas da reforma

Todos sabemos que, em matéria de invalidade do acto, prevalece a regra da anulabilidade. Sabemos também que a distinção entre nulidade e anulabilidade tem as suas raízes germânicas em autores como KORMANN e OTTO MAYER, com desenvolvimentos sucessivos nas penas de JELLINEK e KELSEN [2].

Nos seus primórdios, não ignorámos igualmente que esta problemática esteve condicionada pelas teorias causalistas do acto e pela visão deste como negócio jurídico de direito público ao mesmo tempo que se pretendeu inverter, no direito administrativo, a regra da nulidade prevalecente no direito privado [3]. Sabemos também que a vigência da regra da anulabilidade no direito administrativo tem a ver com o princípio da segurança jurídica e com a

---

longe o tempo do princípio *pas de nullité sans texte,* inclusive o acto inexistente tende a transfigurar-se em acto nulo, para evitar mais incomodidades como as que tentámos evidenciar.

[1] F. HUFEN, *Fehler im Verwaltungsverfahren,* Baden-Baden, 1998, p. 385, fala, a este propósito, de uma verdadeira lotaria (*Lotteriespiel*).

[2] Cfr. páginas anteriores, inscritas na primeira parte deste trabalho.

[3] Neste aspecto, KELSEN, "Über Staatsungrecht", in *GrünhZ*, 1914, XL, p. 83 e ss, tem razão quando critica KORMANN ao advogar a regra da anulabilidade no direito administrativo.

necessidade de estabilidade do acto, em suma, com a sua função estabilizadora.

Sabendo tudo isso, não surpreende que o Direito Administrativo, enquanto direito especial da Administração, a quem compete a prossecução do interesse público, não esteja presidido pela nulidade. Creio que a explicação pode estar num contencioso demolitório--anulatório em que a Administração desfrutava de uma posição de privilégio quer no plano substantivo quer no plano processual. Mas hoje já não é assim e, contudo, prevalece a regra da anulabilidade. A explicação adivinha--se agora mais complexa na medida em que a visão paritária da Administração e do seu Direito ganha adeptos e a justiça administrativa veste o formato subjectivista--garantística.

Se assim for, e parece que é, o que temos de compreender e explicar não é tanto a permanência da regra da anulabilidade do acto como a ampliação da forma de invalidade mais grave, a nulidade.

Talvez por isso, o nosso tardio mas actual CPA apresenta, à luz do direito comparado (artigos 133.º e 134.º), uma alta gama de hipóteses de nulidade do acto administrativo.

Conexo à regra da anulabilidade está o problema da *inopugnabilidade* do acto, transcorrido o prazo para a sua impugnação. Como se sabe, o acto adquire firmeza mas não se convalida, pelo que os seus efeitos continuam a poder ser apreciados indirectamente (artigo 38.º do CPTA). Esta é uma questão ainda em aberto, a que procuraremos voltar mais adiante.

A mesma limitação se depara em relação à revogação-anulação (por motivos de ilegalidade do acto, entenda--se anulabilidade) no que tange à autotutela administrativa (artigo 141.º do CPA). Solução que deveria ser revista, com cuidado, pelo legislador tendo em conta o tom garantístico e propulsivo que o novo CPTA confere ao particular mesmo durante o processo. Ou não é o processo administrativo um processo de partes?

Sem prejuízo de outro aprofundamento, que virá na parte final deste trabalho, o princípio da protecção da confiança, pode ajudar a dar algum sentido à limitação posta pelo ordenamento jurídico à Administração no que à anulação diz respeito, mas não explica tudo. O recurso ao princípio da protecção da confiança seria suficiente se pudéssemos resumir a ilegalidade do acto à actuação da Administração. Por outras palavras, se tivesse sido esta a causadora da invalidade do acto. Depois, quanto aos actos desfavoráveis, poderia ainda argumentar-se com a violação do princípio da igualdade. Como também não cabe hoje fundamentar a vinculação da Administração aos seus actos pela equiparação entre o caso decidido e o caso julgado. Se isto é certo, já não nos parece de todo acolhível o entendimento de alguma doutrina de inspiração alemã (sendo que esta posição no ordenamento jurídico inspirador é absolutamente marginal), segundo a qual o caso decidido e a eficácia de actos ilegais repousa (mal interpretando MAYER) na ideia autoritária da submissão do cidadão ao poder administrativo e não à lei. De todo o modo, esta doutrina tem o mérito, negativo é certo, de chamar a atenção para o actual quadro jurídico-constitucional, que nos adverte para o perigo dos efeitos jurídicos do acto ilegal poderem colidir com os direitos fundamentais do cidadão, ferindo-o de nulidade.

Sem divinizar a dogmática dos direitos fundamentais, cremos que estes não podem deixar de ser um critério decisivo em relação à eficácia do acto ilegal e a toda a problemática dos efeitos estabilizadores do acto. Como não se pode esquecer que o acto administrativo é hoje também ele um instrumento de controlo e racionalização do poder administrativo e da sua actividade [1].

Acresce, ainda, que a estabilidade do acto não serve apenas o interesse público a prosseguir pela Administração Pública mas também a tutela e segurança das posições jurídicas dos cidadãos. Note-se que a actividade de prestação solidarística desenvolvida pela Administração não seria em muitos casos possível sem recurso ao acto administrativo (quanto a outros argumentos procedimentais são já conhecidos).

Resumindo, nem a eficácia do acto inválido – anulável – significa a sua convalidação, nem os direitos fundamentais podem subalternizar-se relativamente aos valores da segurança jurídica e da eficácia da actividade administrativa. Ao invés, são aqui um critério fundamental da juridicidade da actividade administrativa e dos seus efeitos e um limite intransponível à aceitação do acto (artigo 56.º do CPTA) [2]. Em bom rigor, os actos que ofendam os direitos fundamentais são nulos (artigo 132.º/2/e) do CPA), embora nos pareça mais exacta tecnicamente a sua qualificação como actos *inexistentes,* à semelhança do que acontece em França [3]. Na Alemanha, a situação, se vemos bem, é algo ambígua, exigindo-se que se trate de vícios graves e manifestos (*Evidenztheorie*), sendo que parece chegar-se ao mesmo resultado (nulidade) através

---

[1] H. MAURER, *Allgemeines...*, *op. cit.*, p. 206.
[2] Cfr. COLAÇO ANTUNES, "O artigo 161.º do Código de Processo nos Tribunais Administrativos: uma complexa simplificação", *op. cit.*, p. 16 e ss.
[3] Precisamente neste sentido, M. LONG/P. WEIL/G. BRAIBANT/ /P. DELVOLVÉ/B. GENEVOIS, *Les Grands Arrêts de la Jurisprudence Administrative*, Paris, 2001, p. 537.

da invocação da violação dos princípios fundamentais da Constituição [1].

Outra questão da maior importância é a de saber se os actos nulos são realmente ineficazes, como assinala (quase) unanimemente a doutrina [2].

Mesmo que assim seja, uma precisão da maior importância se impõe. A ineficácia do acto nulo não significa a negação de todo e qualquer efeito jurídico mas tão só a improdutividade dos efeitos que são típicos do acto nulo (artigo 134.º do CPA). Mais, tal significa a produção de danos na esfera jurídica do particular. Precisando melhor, o acto nulo produz efeitos; o que não produz são os efeitos jurídicos queridos e protegidos pelo ordenamento jurídico. E tanto produz efeitos, que se pode (e deve) pedir a suspensão da eficácia do acto nulo. Há, pelo menos, uma eficácia real, factual.

Em termos precisos, a ineficácia não é uma característica do acto nulo mas antes uma ficção normativa, ou seja, que não existe obrigatoriedade jurídica quanto ao conteúdo do acto. Acresce que a eficácia do acto pode não equivaler à entrada em vigor dos efeitos jurídicos do acto, à sua produção jurídica, pela simples razão de que basta a existência de uma cláusula acessória de carácter suspensivo [3]. Outra coisa é a Administração e o cidadão estarem de todo desvinculados de respeitar o acto nulo,

---

[1] Cfr., entre outros, F. O. KOPP/U. RAMSAUER, *Verwaltungsverfahrensgesetz. Kommentar*, Köln, Berlin, Bonn, München, 2000, p. 904.

[2] Tese original, que seguimos, é a de SANTAMARIA PASTOR, *La Nulidad de Pleno Derecho de los Actos Administrativos. Contribución a una Teoría de la Ineficacia en el Derecho Público*, Madrid, 1975, p. 159 e ss.

[3] H. J. WOLFF/O. BACHOF/R. STOBER, *Verwaltungsrecht*, II, München, 2000, p. 84.

não valendo, neste caso, como é óbvio, o princípio da presunção da eficácia do acto, o que já não é tão líquido para o acto simplesmente anulável.

Mesmo não discutindo o alcance da ineficácia do acto nulo, pelo menos um efeito processual produz o acto nulo, que é, precisamente, o de permitir o respectivo pedido de declaração de nulidade do acto (artigo 50.º/1 do CPTA). Em suma, o acto nulo estabelece, no mínimo, uma relação formal entre a Administração e o cidadão, o que vem permitir a sua eliminação da ordem jurídica por via administrativa ou judicial (artigo 134.º/2 do CPA) [1].

Se de facto o acto nulo não produzisse efeitos jurídicos, como explicar a acção de nulidade ou o pedido de inexistência e a respectiva providência cautelar?

O caso mais evidente, por nós há muito constatado, de produção de efeitos jurídicos do acto nulo é o do deferimento silente. Como se aprecia aqui o *critério da evidência*, exceptuando os casos de invalidade formal grave (preterição de formalidades essenciais)?

É tese assente, doutrinária e legislativamente (artigo 58.º/1 do CPTA), que o pedido de declaração de nulidade é exercitável a todo o tempo. A acção de nulidade é imprescritível, em obséquio aos bens jurídicos tutelados com a nulidade do acto; uma vez que a ineficácia do acto nulo reflecte as violações mais graves à ordem jurídico-constitucional, não é, por isso, acolhível o valor da segurança jurídica ou da estabilidade do acto. Em síntese, a acção de nulidade é irrenunciável e imprescritível (artigo 58.º/1 do CPTA). Todavia, apesar disso, coloca-se aqui um problema interessante no momento em que o autor interponha a

---

[1] É certo que os actos nulos não têm de ser obrigatoriamente impugnados. Neste sentido, o Acórdão do STA, de 23 de Abril de 1996, in *Ap.-DR*, de 23 de Outubro de 1998.

impugnação contenciosa fora do prazo (artigo 58.º)[1]. O problema formalmente não existe, mas já não é assim se entendermos que a apreciação da invalidade do acto, miscigenada com a lesividade, corresponde ao fundo da causa, não sendo frequente determiná-la no início do processo[2], mesmo dando-se prioridade à apreciação dos motivos e das vias geradoras da nulidade do acto e dando como assente a perícia do recorrente na identificação dos vícios do acto.

Se entendemos de todo conveniente a proposição da acção de nulidade no prazo de três meses, já não colhe obviamente a ideia que esta improceda se for intentada depois do referido prazo, pois isso equivaleria à definitiva estabilidade do acto e à impossibilidade de o impugnar autonomamente. Se assim não fosse estaríamos confrontados com uma claríssima inconstitucionalidade, na medida em que um acto nulo atinge irremediavelmente o núcleo essencial de direitos indeclináveis do particular, sem deixar de ofender profundamente o interesse público.

A acção de nulidade é, portanto, imprescritível quer administrativa quer jurisdicionalmente, podendo agora o particular utilizar estes meios de forma alternativa ou complementar (artigo 59.º/4/5 do CPTA), devendo, todavia, excluir-se a impugnação administrativa como pressuposto processual do pedido de declaração de nulidade do acto.

Da imprescritibilidade da acção de nulidade resulta a importante consequência jurídica processual da Administração não poder alegar a seu favor a figura da aceitação

---

[1] No contexto do processo anterior, cfr. o Acórdão do STA, de 28 de Maio de 1992, in *Ap.-DR*, de 29 de Novembro, p. 498 e ss.

[2] C. CHINCHILLA, "La invalidez de los actos administrativos", in SANTAMARIA PASTOR/PAREJO ALFONSO, *Derecho Administrativo. La Jurisprudencia del Tribunal Supremo,* Madrid, 1989, p. 385 e ss.

do acto ou mesmo do acto confirmativo [1], que, ao estar inquinado pelo mesmo vício, pode ser igualmente declarado nulo, daí resultando a inevitável declaração de nulidade do acto confirmado.

Face ao que ficou dito, podemos agora abordar a suspensão da eficácia do acto nulo, o que aparentemente não tem sentido.

A primeira ideia é a seguinte: a aparência da ineficácia do acto nulo não pode lesar quem tenha razão ao requerer a referida nulidade do acto, ainda que não se apoie, como é óbvio, no reconhecimento de uma hipotética eficácia formal do acto nulo. Nos termos do artigo 120.º/1/a) do CPTA, para o decretamento da suspensão da eficácia do acto bastará o *fumus boni iuris,* independentemente do perigo de um prejuízo de difícil reparação [2], resultante da hipotética execução do acto nulo, o que em teoria é impossível mas no plano prático pode suceder.

Como o ordenamento jurídico (CPA, artigo 134.º) entende que o acto nulo é ineficaz *ab initio,* não tem sentido a sua convalidação, uma vez que a exigência posta pelo interesse público não se compadece com a nulidade do acto, bem como a legítima pretensão do particular. Perante o acto nulo, o critério e o limite do juiz, até para impedir excessos, é o *fumus boni iuris*.

A razão da aparente e contraditória necessidade de pedir a suspensão da eficácia do acto nulo – que formalmente é em absoluto ineficaz – prende-se com a produção fáctica de efeitos negativos e lesivos da esfera jurídica do particular.

---

[1] HUERGO LORA, "Irrecurribilidad de los actos confirmatorios y reproductorios y prescripción de derechos", in *REDA,* 1999, p. 561 e ss.

[2] VIEIRA DE ANDRADE, "Tutela cautelar", in *CJA,* n.º 34, 2002, pp. 147 e 148.

Neste sentido, perante um acto nulo, não colhe confrontar o interesse público à eficácia e execução do acto, características que em teoria não possui, com o interesse do particular à sua suspensão (artigo 120.º/2 do CPTA). Isto é assim porque o ordenamento jurídico-constitucional considera as consequências resultantes da nulidade do acto como as mais intensas e graves e, portanto, insuportáveis pela ordem jurídica. Acresce que a impugnação (pedido de declaração de nulidade) do acto nulo e a sua suspensão serve tanto o interesse público com as posições jurídicas dos particulares. Em bom rigor, face à queda do interesse público, o decretamento da sua suspensão é ainda mais fácil [1].

A dúvida que nos assalta é se bastará, para decretar a providência cautelar, recorrer ao critério do *fumus boni iuris*. Será conveniente, segundo cremos, juntar a *causa petendi* e os dados concretos e circunstanciais que permitam reconhecê-la numa situação determinada.

Um problema delicado, face à duplicidade do instituto da nulidade, é o de saber se estamos perante uma sentença meramente declarativa (da nulidade) com efeitos *ex nunc*. Ao contrário da anulabilidade do acto, não há aqui que proteger a confiança do beneficiário do acto ou de terceiros (o que justificaria que em caso de mera anulabilidade a sentença possa produzir efeitos *ex nunc*). Poderia, porém, sustentar-se a mesma solução para os actos nulos, com a argumentação, aliás óbvia, de que o acto nulo não produz efeitos jurídicos, é simplesmente ineficaz *ab initio* [2]. O problema está na chamada produção fáctica de

---

[1] Era este o entendimento de VIEIRA DE ANDRADE, no âmbito do contencioso anterior.

[2] Sobre esta questão, cfr. GARCÍA LUENGO, *La Nulidad de Pleno Derecho de los Actos Administrativos*, Madrid, 2002, p. 305 e ss.

efeitos danosos para o particular, o que a meu ver justifica não só a necessidade do aparente contraditório pedido da suspensão da eficácia do acto nulo como a produção de efeitos constitutivos *ex tunc* da sentença ("declarativa" de nulidade).

Poderíamos ainda sustentar, *a contrario,* que nem sempre a nulidade exclui a protecção da confiança, não só porque o acto nulo pode produzir efeitos, embora não os queridos e protegidos pela ordem jurídica, como também nem sempre é visível, mesmo ao especialista, o carácter evidente da infracção e, portanto, da nulidade do acto.

Em extrema síntese, quando a lei afirma que o acto nulo é ineficaz, tal significa que não produz os efeitos tutelados pelo ordenamento (sendo que até esses podem ser protegidos, como acontece com os actos aparentes) mas já não implica a ausência de quaisquer efeitos jurídicos e muito menos de efeitos danosos para o particular. É precisamente por isso que se pode, com lógica, pedir a suspensão da eficácia do acto nulo, porque não só é inidóneo para prosseguir o interesse público como ofende frontalmente direitos e interesses dignos de tutela. É também por esta razão que o CPTA prescreve a suficiência do critério do *fumus boni iuris* para o decretamento da suspensão da eficácia do acto praticado com vícios graves e insanáveis, inclusive porque, sendo nulo o acto, não há interesse público digno de tutela. Como também, pelas mesmas razões, a acção de nulidade é imprescritível.

Para concluir, o interessado pode cumular o pedido de declaração de nulidade do acto com o pedido de condenação à prática de acto legalmente devido (artigo 47.º/2/a) do CPTA), à semelhança do silêncio negativo, com a vantagem do acto ser nestes casos maioritariamente vinculado.

Falta-nos ainda, como anteriormente lembrámos, abordar um tema precioso: o da *inopugnabilidade* [1]. Será que o acto meramente anulável, transcorrido o prazo para a respectiva impugnação, é inopugnável? É o problema do acto ilegal (anulável) ser eficaz, produzir efeitos, e tornar--se mesmo firme quando não eliminado tempestivamente da ordem jurídica, sem que tal signifique a sua convalidação.

Será que a solução posta pelo artigo 38.º do CPTA resolve de todo o problema da inopugnabilidade, ao implicar uma espécie de "desaplicação" do acto firme? Qual a natureza jurídica do prazo de recurso?

Não deixa de ser curioso, tanto quanto o nosso conhecimento abarca, o relativo desinteresse da doutrina pelo problema jurídico dos prazos, sendo que com ele se firmou, com algumas matizações, a tese dos prazos de caducidade e até a delicada questão da aceitação do acto. Como não deixa de ser curiosa a abertura do legislador do contencioso administrativo (artigo 58.º/4 do CPTA) que, apontando para um modelo claramente subjectivista, não deixa de reafirmar o prazo de impugnação como prazo de caducidade. Prazo de caducidade que não pode deixar de ser visto como uma relevantíssima manifestação de uma justiça administrativa ambivalente e ambiguamente miscigenada.

Dito isto, não somos dos que sustentam a desnecessidade da existência de um prazo processual para a impugnação contenciosa de actos administrativos. O problema está noutro lado, mais exactamente nos efeitos do acto tornado inopugnável. O legislador, mais uma vez, não

---

[1] Sobre este tormentoso problema, cfr., por todos, S. RICHTER, *L'inoppugnabilità*, Milano, 1970.

ignorou o problema ao consentir uma apreciação indirecta desses efeitos com recurso a outra forma (via) processual. Mas será suficiente, à luz de uma justiça administrativa visivelmente marcada pelo princípio da tutela jurisdicional efectiva? Não conduzirá o princípio da caducidade à processualização excessiva do procedimento administrativo, com todas as sequelas patológicas da caducidade, da preclusão dos prazos e da aceitação tácita do acto?

É neste sentido expectante e de alguma perplexidade que julgamos oportuno, senão alargar a flexibilidade do prazo dos recursos-impugnações, reflectir em figuras como a prescrição.

Com isto não sustentamos qualquer animosidade contra o prazo de caducidade, cuja existência no modelo que sustentamos e na técnica processual é algo que não pode seriamente discutir-se. O que se pretende é equacionar o referido prazo processual em justos limites, evidenciando a sua invasão do território da prescrição, demonstrando, se formos capazes, uma certa confusão que, além de não beneficiar a técnica processual, produz o paradoxal efeito de colocar os direitos dos cidadãos ao serviço da actividade administrativa [1].

O prazo de caducidade tem, como se sabe, uma função diferente da prescrição. Quando o titular de um direito ou interesse legalmente protegido exige a sua satisfação e reconhecimento surge então uma relação jurídica administrativa de que resultam toda uma série de outros direitos ou faculdades que devem ser exercitados em prazos relativamente curtos.

---

[1] Cfr. SANTAMARÍA PASTOR, "El problema de los plazos en el recurso contencioso-administrativo. Prescripción o caducidad?", in *RAP*, n.ºs 58-60, 1969, p. 197.

Se num processo impugnatório o autor deixa passar o respectivo prazo, o que se extingue verdadeiramente é a pretensão do requerente e o processo, mas não o direito que continua a ter vida autónoma [1]. A não ser que a prescrição do direito coincida com o prazo de caducidade processual.

Importa, por isso, perceber que o pedido com que se inicia o processo não constitui o direito em si mesmo, sendo antes uma faculdade ou direito potestativo que a ordem jurídica confere a todos os que queiram recorrer a um tribunal.

Em extrema síntese, o que se extingue é o processo, que, em bom rigor, não se chegou a iniciar e nada mais do que isso. Já não o direito (ou interesse legalmente protegido), que continua a permanecer com todas as vicissitudes lesivas independentemente da relação processual.

A oportuna e tempestiva ausência da impugnação contenciosa (recurso contencioso de anulação) não afecta o direito mas a pretensão que se pretende exercer. O que se extingue é o pedido, não o direito [2].

A não utilização atempada da via processual não implica a renúncia ao direito nem este se extingue (ao contrário da doutrina italiana) mas o processo em causa. Sustentar outra tese suporia confundir o direito de acção com a posição jurídica substantiva, com o direito material, do recorrente. Creio que é este raciocínio e esta dogmática

---

[1] Pensamos ser esta posição sustentada, entre nós, por V. PEREIRA DA SILVA, "A acção para o reconhecimento de direitos", in *CJA*, n.º 16, 1999, p. 41 e ss.

[2] SANTAMARÍA PASTOR, "El problema de los plazos en el recurso contencioso-administrativo...", *op. cit.*, p. 198. No mesmo sentido, BELADÍEZ ROJO, *Validez y Eficacia de los Actos Administrativos*, Madrid, 1994.

que pode explicar, ao menos parcialmente, o regime processual posto pelo artigo 38.º do CPTA.

Concluindo, pelo menos os direitos que tenham um prazo de prescrição para o seu exercício não devem ser afectados pelas consequências do prazo de caducidade e, portanto, não se lhes pode aplicar a figura da aceitação do acto [1]. Outra coisa são as pretensões que sustentam ou esgrimem direitos ou interesses legalmente protegidos não sujeitos a prazos prescricionais. Mesmo aqui há que salvaguardar os direitos fundamentais, cuja violação resultará, em regra, na nulidade do acto.

Aspecto a ter em consideração, se se pretender aberto o sistema processual, é abordar a problemática da inopugnabilidade à luz da distinção entre o acto (já firme) e os seus efeitos jurídicos.

Imaginemos que um funcionário sofre de esquizofrenia e vê aplicada a sanção disciplinar mais grave, a demissão, sem que tenha recorrido tempestivamente do acto. Sendo este manifestamente ilegal, não será curta a solução posta no artigo 38.º do CPTA, especialmente no seu número 2? Não atentará, mesmo contando com a generosidade do artigo 58.º/4, contra o princípio da tutela jurisdicional efectiva? Só não será assim se entendermos que a hipótese anteriormente configurada cabe no disposto na alínea c) do n.º 4 do artigo 58.º do CPTA.

Outra via é alargar, à luz deste princípio e de outros, como o da justiça e da proporcionalidade, os casos de nulidade *sans texte*, uma vez que não prevalecem hoje algumas das razões que ditaram originariamente a regra da anulabilidade dos actos administrativos. Isto é, as causas de inadmissibilidade do processo devem ser vistas

---

[1] Cfr. COLAÇO ANTUNES, "O artigo 161.º do Código de Processo nos Tribunais Administrativos...", *op. cit.*, p. 18 e ss.

hoje pelo juiz de uma forma mais atenta à Constituição e aos seus princípios fundamentais. Com prudência, é certo, e com muita sabedoria, de maneira a não banalizar inutilmente os prazos de caducidade, que nunca deixaram de gozar da possibilidade de interrupção ou suspensão.

Não será ainda de admitir, antes de recorrer ao artigo 38.º do CPTA, a possibilidade de uma acção administrativa comum de reconhecimento de direitos ou interesses legalmente protegidos dentro do prazo de um ano, mesmo que não se tenham verificado os requisitos postos pelo número 4 do artigo 58.º do CPTA? Não tendo ainda o acto adquirido firmeza e eficácia, somos de parecer que, em certos casos, em obséquio à tutela judicial efectiva e até por razões de economia processual se deveria permitir o exercício da referida acção.

3. A revogação dos actos administrativos e a reforma da justiça administrativa

A profundidade da reforma do contencioso administrativo e a metodologia seguida pelo legislador ao dar início à modernização do direito administrativo, começando pelo seu direito processual, implica sérias consequências ao nível do direito substantivo e procedimental. É o que procuraremos ver, evitando repetições, dando especial ênfase à revogação dos actos administrativos ou, mais exactamente, ao poder de disposição da Administração sobre actos anteriormente praticados.

Esta observação (última) é pertinente, uma vez que apesar do CPA (artigo 138.º e segs.) tratar de uma forma unitária a figura da revogação, não deixou de estabelecer uma clara distinção entre a revogação propriamente dita e a anulação administrativa. Com efeito, o CPA estabelece distintos regimes conforme se trate de revogação de actos válidos, dita revogação (artigo 140.º do CPA), ou de anulação administrativa ou revogação anulatória para o caso da anulação de actos administrativos inválidos (artigos 141.º, 142.º, 145.º e 174.º do CPA).

Para esclarecimento da questão, reportamo-nos ao problema dos pressupostos de legalidade do acto revogatório e efeitos da reforma da justiça administrativa.

Vemos a anulação administrativa como o poder de disposição, relativamente discricionário, com eficácia retroactiva, de um acto administrativo originariamente inválido (anulável) [1]. A anulação é, assim, o acto através do qual a Administração pretende eliminar, com fundamento na sua ilegalidade, os efeitos de um acto anteriormente praticado, no pressuposto da existência de um interesse público à sua caducidade que se soma à exigência de reintegração da ordem jurídica violada [2]. Não basta, portanto, a necessidade de repristinar a legalidade do acto, devendo subsistir um interesse público concreto e actual que aconselhe a sua anulação, sendo que o melhor entendimento poderá exigir ainda um balanceamento entre o interesse público e as posições jurídicas sacrificadas com o acto de anulação.

Por sua vez, a revogação foi elaborada como o acto através do qual a Administração, por motivos de oportu-

---

[1] Sobre o complexo problema da vinculação ou discricionaridade da Administração quanto à "revogação" dos actos ilegais, cfr. FREITAS DO AMARAL, *Curso...*, vol. II, *op. cit.*, p. 463 e ss, que opta pela tese da vinculação da Administração. Na mesma linha de pensamento, PAULO OTERO, *O Poder de Substituição em Direito Administrativo – Enquadramento Dogmático-Constitucional,* II vol., Lisboa, 1995, p. 580 e ss.

[2] Neste sentido, M. S. GIANNINI, *Diritto amministrativo,* vol. II, Milano, 1993, p. 580.

nidade, faz cessar *ex nunc* os efeitos de um acto administrativo precedente. Pode suceder que a Administração pública decida remover o acto anteriormente praticado, com base numa nova avaliação da situação que presidiu inicialmente à sua emanação, ou então pode acontecer que sobrevenham circunstâncias que tornem sucessivamente inoportuno um acto no início adequado.

Na base da revogação do acto administrativo e do respectivo poder administrativo está a ideia de inoportunidade do acto em face das exigências actuais postas pelo interesse público [1]. Por outras palavras, a revogação do acto é feita em obséquio a um interesse público actual e não ao interesse público pretérito que esteve na base da emanação do acto. Parece óbvia a inexistência de sentido posta pela possibilidade da Administração revogar um acto para salvaguardar um interesse público passado, póstumo. Em suma, a inoportunidade inicial do acto, em si mesma, não é suficiente para justificar a sua revogação.

O tempo pode ter aqui uma enorme importância. O decurso do tempo pode ter um efeito "validante e saneador"; não no sentido do acto originariamente inoportuno se tornar oportuno *ex tunc*, mas no sentido inverso, de que entretanto se produziram novas circunstâncias que tornem oportuno aquele acto que originariamente o não era [2].

Ao invés, um acto inicialmente oportuno pode, pelo decurso do tempo, tornar-se inoportuno, desempenhando o tempo, neste caso, um efeito "invalidante", devendo a Admi-

---

[1] Assim, VIEIRA DE ANDRADE, "A revisão dos actos administrativos no direito português", in *Legislação – Cad. de Ciência de Legislação*, 1994, n.os 9 e 10, p. 185 e ss.

[2] F. BASSI, *Lezioni di diritto amministrativo*, Milano, 2000, p. 128.

nistração proceder à emanação de um novo acto apto a curar do interesse público. Nesta hipótese, não se trata de uma expressão de autotutela, uma vez que o poder revogatório vem exercitado como um poder idêntico ao posto em prática com a emanação do acto revogado.

Uma outra saliência relevante para o tema em análise, diz ainda respeito ao tempo administrativo. Se a revogação pode ser determinada a todo o tempo ou pelo menos a lei não impõe à Administração directamente um limite temporal preciso [1], o mesmo já não sucede com a anulação que só pode ser efectuada dentro do prazo da respectiva impugnação contenciosa do acto inválido ou até à resposta da entidade recorrida, havendo recurso (artigo 141.º/1 do CPA). Mesmo vigorando o prazo mais longo do caso decidido, que é de um ano (artigo 58.º/2/a) do CPTA), o limite temporal existe para a Administração poder validamente eliminar o acto viciado antes praticado.

Podemos aqui ser confrontados com um problema de todo particular quando a ilegalidade do acto resulta da violação de uma norma comunitária. A Administração estará, neste caso, vinculada a anular o acto administrativo ou tal vinculação apenas subsiste em relação à abertura do procedimento anulatório e não já relativamente ao acto final, que permanece discricionário? Por outras palavras, o tempo (e a autotutela) adquire(m) aqui uma nova feição, na medida em que interfere, entre outros aspectos, com a natureza do poder exercitado pela Administração e com a tutela das posições jurídicas dos particulares [2].

---

[1] Num breve parêntesis, diríamos, apesar da inexistência de qualquer prazo, que a revogação deveria operar num lapso de tempo razoável, sob pena da Administração dever indemnizar o particular.
[2] E. CASETTA, *Manuale di diritto amministrativo*, Milano, 1999, p. 520.

Em resposta à interrogação formulada anteriormente, diríamos que a segunda hipótese configura uma tentativa de conciliar a tutela dos direitos e interesses legalmente protegidos dos particulares, eventualmente já consolidadas, com a supremacia do direito comunitário sobre o direito interno. Todavia, se entendermos que o direito comunitário resulta de um pacto da República Portuguesa com os Estados que compõem a União Europeia, não pode deixar de se sustentar a natureza vinculada da anulação do acto, que com o tempo transcorrido tem forçosamente de decair. Mesmo com este entendimento não se pode afastar a existência e a exigência de um interesse público comunitário actual e a respectiva ponderação com os princípios da boa-fé e da protecção da confiança [1].

Mas também aqui não se pode confundir a protecção da confiança legítima com a consolidação das situações jurídicas, jogando o afastamento do princípio da presunção da legalidade do acto um efeito perversamente desfavorável ao particular. Ao invés, até porque a hipotética presunção de legalidade do acto se consuma no momento da prática do acto, ganhando, mais uma vez, relevo decisivo para a legitimação da anulação do acto o decurso do tempo (considerável) e a consolidação das posições jurídicas do particular. Com um advertência que nos merece grande preocupação. Nem sempre o tempo longo é um factor de consolidação das posições jurídicas dos particulares, dependendo também e muito da utilização ou não que foi feita do acto favorável. Se imaginarmos uma licença edificatória, poderemos constatar que num breve espaço de tempo o interessado pode ter aproveitado (intensamente)

---

[1] Cfr. GARCÍA LUENGO, *El Principio de Protección de la Confianza en el Derecho Administrativo*, op. cit., p. 301 e ss.

os efeitos favoráveis do acto para construir o imóvel. Inversamente, o tempo longo pode não ter sido utilizado pelo particular, o que significa que o tempo nem sempre é decisivo para a consolidação dos interesses do particular, dependendo igualmente da utilização do acto favorável requerido.

Sem esquecer outras diferenças importantes (cfr. os artigos 142.º e 174.º do CPA) entre as duas figuras, é tempo de problematizar dogmaticamente o poder de disposição da Administração e de reexame de actos precedentes. Matéria de muitas e diversas leituras, pelo que nos cabe aqui um particular trabalho de síntese, sem preocupações, portanto, de completude.

Tentemos um esboço dogmático.

Para uma boa parte da doutrina [1], o poder de disposição sobre actos precedentes configura um poder de segundo grau e daí que os actos que operam sobre actos anteriores sejam normalmente chamados de actos administrativos de segundo grau. Esta doutrina tem o mérito de destacar a dimensão procedimental da actuação administrativa e particularmente a tutela das posições jurídicas do destinatário do acto originário.

Uma outra parte da doutrina [2] propõe a tese da auto-impugnação, segundo a qual o poder de reexame consistiria no poder da Administração impugnar perante si própria os actos administrativos por si praticados. Tratar-se-ia de uma função semelhante à função judicial, como acontece em Espanha, com a diferença da impugnação

---

[1] Cfr. FREITAS DO AMARAL, *Curso...*, vol. II, *op. cit.*, p. 427; cfr. M. S. GIANNINI, *Diritto amministrativo, op. cit.*, p. 549 e ss.

[2] U. PAPINI, *L'annullamento d'ufficio degli atti amministrativi invalidi*, Firenze, 1939, p. 48 e ss. Para uma leitura mais acessível, vide F. CARINGELLA, *Corso di diritto amministrativo*, Milano, 2004, p. 1779 e ss.

administrativa ser normalmente proposta por um particular. Esta tese, muito sugestiva, levanta, contudo, uma série de questões, a começar pelo tempo administrativo, como sucede com a anulação administrativa que está sujeita a prazos, aliás, restritivos.

Por outro lado, parece assistir uma certa discricionaridade à Administração ao dispor sobre actos precedentes, fazendo cessar os seus efeitos, ao contrário do que sucede ao nível da tutela jurisdicional onde a Administração está essencialmente vinculada pela decisão judicial. Acresce que a referida auto-impugnação, evocando um procedimento dirigido à eliminação de um acto ilegal, dificilmente se concilia com o poder da Administração revogar um acto legal, tornado, entretanto, inoportuno pela superveniência de novas circunstâncias factuais.

Para outra orientação doutrinal [1], o poder de disposição de actos precedentes cai no âmbito da autotutela declarativa ou decisória. Esta figura tem o seu momento genético no Estado polícia. O poder de reexame seria a expressão de um privilégio da Administração, que desenvolvia funções materialmente jurisdicionais, enquanto os particulares teriam, em regra, o ónus de recorrer ao tribunal. Para esta postura doutrinal, a revogação e a anulação configuram-se como formas alternativas de resolução das controvérsias em relação à tutela jurisdicional.

Note-se que os dois tipos de tutela não se equivalem. Observa-se, com efeito, que sempre que se verifique a superveniência de um facto que torne inoportuno, no plano do interesse público, um acto originariamente válido e adequado, é possível à Administração revogar o acto (com os limites apertados postos pelo artigo 140.º do CPA, é certo), mas não impugná-lo administrativa ou contenciosa-

---

[1] F. BENVENUTI, "Autotutela", in *Enc. dir.*, IV, 1959, p. 537 e ss.

mente. Depois, exceptuando se o acto for renovável, a anulação contenciosa do acto tem efeitos retroactivos (artigo 128.º/1/b) do CPA), em coerência, aliás, com a circunstância do objecto do processo passar pela avaliação de um vício originário do acto impugnado. Ora, em sede de autotutela, a anulação administrativa tem efeitos *ex tunc,* enquanto a revogação tem efeitos *ex nunc,* portanto, apenas prospectivos (artigo 145.º do CPA) [1]. Acresce ainda que, ao juiz, constatada a invalidade do acto, não lhe compete verificar da subsistência ou não do interesse público à eliminação do acto.

Independentemente das dúvidas sobre a utilidade da noção de autotutela num sistema de justiça administrativa tão garantístico como o nosso, nomeadamente em sede de tutela cautelar, segundo esta última orientação doutrinal, o poder de disposição sobre actos administrativos anteriores, não seria mais do que a expressão do poder geral de proceder [2]. Por outras palavras, a norma atributiva do poder de adoptar o acto inicial ou originário reconhecia, pelo menos implicitamente, o poder de emanar todos os actos correctivos e sucessivos necessários. Esta tese tem, todavia, o mérito de resolver o problema da compatibilidade da actuação de segundo grau da Administração com o princípio da legalidade.

Impõe-se ainda perceber que o poder de disposição, em termos de autotutela ou de administração activa, por onde perpassa alguma diferença entre a revogação e a anulação, tem consequências práticas que importa analisar. Vejamos, se a Administração revoga ou anula um acto

---

[1] Este entendimento tem vindo a ser questionado pela jurisprudência comunitária.

[2] Neste sentido, CERULLI IRELLI, *Diritto amministrativo,* Torino, 2000, p. 601 e ss.

precedente não pode deixar de efectivar um balanceamento ou uma ponderação entre o interesse público que preside à eliminação do acto com outros interesses públicos e privados pertinentes à conservação do acto administrativo. Em bom rigor, a eliminação do acto anterior só deve ser possível se durante o procedimento não emergirem interesses públicos ou privados opostos que venham considerados mais relevantes em relação ao interesse público à eliminação do acto administrativo.

Acontece que, relativamente ao interesse público que preside à eliminação do acto, as teorias em presença conduzem a diferentes resultados. Sempre que o poder de disposição-eliminação se configure como um poder de auto-tutela, o interesse público à eliminação do acto não deve coincidir com o interesse público prosseguido pelo acto originário; se, por sua vez, se entende que o poder de disposição corresponde à Administração activa, parece óbvio que o interesse público à eliminação do acto precedente deve ser o mesmo que preside à norma administrativa atributiva do poder originário.

Já quanto aos efeitos da eliminação do acto anterior, se aderíssemos à última tese, tal comportaria admitir que a Administração gozaria de discricionaridade quanto à atribuição dos mesmos, podendo, assim, a Administração optar pela eliminação do acto produzir eficácia *ex tunc* ou *ex nunc* [1].

Apelando à economia discursiva, a tese que qualifica o poder de disposição como expressão da administração activa tem o seu ponto débil na escassa relevância atribuída à tutela dos direitos e interesses legalmente protegidos

---

[1] Cfr., entre nós, ROBIN DE ANDRADE, *A Revogação dos Actos Administrativos*, 2.ª ed., Coimbra, 1985, pp. 350 e ss e 384 e ss.

do cidadão. Com efeito, sempre que se sustente que o reexame consiste na renovação da ponderação que está na base do acto administrativo originário, dever-se-ia então concluir, o que é inaceitável à luz do artigo 140.º do CPA, que toda e qualquer posição jurídica deve ceder perante o interesse público à eliminação do acto (precedente) [1].

Refrescando a memória discursiva, vejamos o que se passa ao nível do direito comparado [2]. Começando pela França, a anulação de actos constitutivos de direitos só é admissível, tal como entre nós, num lapso de tempo relativamente curto. Inicialmente o prazo era coincidente com o prazo de impugnação contenciosa, sendo actualmente de quatro meses decorrentes da data da sua adopção. Ultrapassado o referido prazo, o acto torna-se firme e definitivo sem que o princípio da protecção da confiança adquira grande pujança garantística. Na base do sistema francês está uma concepção de autotutela como auto-impugnação, ou seja, como impugnação que a Administração promove contra si própria. Auto-impugnação que, em alternativa à tutela jurisdicional, pode ser dirigida contra o autor do acto ou contra o superior hierárquico.

Um sistema relativamente próximo do francês é o regime espanhol, que assenta também na concepção da autotutela como auto-impugnação. Mas, diferentemente do ordenamento jurídico francês, o sistema espanhol desenvolve-se em duas fases: uma administrativa e outra jurisdicional – *recurso de lesividade*.

---

[1] ROBIN DE ANDRADE, "Revogação administrativa e a revisão do Código do Procedimento Administrativo", in *CJA,* n.º 28, 2001, p. 40.

[2] Neste ponto, colhemos sobretudo o ensino de A. CASSATELLA, "L'annullamento d'ufficio. Modelli in comparazione", in *Dir. Form.*, n.os 1 e 2, 2004, pp. 68 e ss e 212 e ss.

A primeira – administrativa – é remetida à liberdade da entidade administrativa que emanou o acto favorável e conclui-se com a declaração de lesividade através da qual a Administração afirma a lesão do interesse público. Uma vez efectuada a declaração, o que pode decorrer num prazo de quatro anos após a emanação do acto, começa a decorrer o segundo prazo, de dois meses, dentro do qual a Administração deve agir judicialmente a fim de obter a eliminação do acto [1].

Resumidamente, o modelo alemão apresenta duas características fundamentais. Antes de mais, tal como sucede no ordenamento jurídico da União Europeia, a Administração goza do poder discricionário de decidir sobre os efeitos *ex tunc* ou *ex nunc* a atribuir à anulação administrativa, o que, obviamente, incide diversamente sobre as posições jurídicas do cidadão e respectiva protecção da confiança. Em segundo lugar, o ordenamento jurídico alemão prevê o direito do destinatário de boa-fé de um acto favorável ser adequadamente indemnizado.

No que respeita à *common law*, jurídica e linguisticamente menos perceptível, do que pudemos apurar, parece resultar a inexistência de um conceito idêntico ao de anulação (ou revogação anulatória), ressaltando antes a utilização de termos polissémicos como *revocation* ou *rescission*. Da elaboração doutrinal e jurisprudencial parece emergir um considerável poder de reconsideração das decisões administrativa anteriores, poder esse que se pode manifestar de diversas formas, desde a substituição à modificação ou simples eliminação da ordem jurídica [2].

---

[1] Cfr., por todos, V. PALOP, *El Recurso Contencioso-Administrativo de Lesividad*, Madrid, 2004, esp. p. 107 e ss.

[2] Ainda A. CASSATELLA, "L'annullamento d'ufficio...", *op. cit.*, pp. 73 e 74.

Neste sistema, como acontece em alguns casos do sistema de *civil law*, a protecção das posições jurídicas subjectivas do cidadão encontra também algum obstáculo no poder discricionário da Administração modelar a retroactividade ou não dos efeitos da anulação.

Para concluir esta breve passagem pelo direito comparado, faremos ainda uma referência, também lacónica, ao direito comunitário. Pelo seu estatuto supranacional e pelas características que regem o direito comunitário – primado e efeito directo – e até por se tratar de um direito em boa medida jurisprudencial, parecem-nos relevantes as anotações que se seguem. Note-se que a matéria que vimos tratando, mais precisamente a eliminação dos actos administrativos anteriores, tem sido fruto fundamentalmente de elaboração jurisprudencial por parte do Tribunal de Justiça.

Para começar, importa relembrar que os ordenamentos dos Estados-membros configuram o poder revogatório de diferentes modos, se bem que as soluções não sejam muito diferentes. Se o direito alemão, tal como nós, utiliza o conceito de revogação em sentido amplo (*Oberbegriff* ou *Aufhebung*), não deixa de distinguir o poder revogatório por motivos de (i)legalidade (*Rücknahme*) do que afecta os actos válidos (*Widerruf*). Já a doutrina francesa, pelo menos a maioritária, distingue a revogação com efeitos *ex tunc* (*retrait*) da revogação com efeitos *ex nunc* (*abrogation*).

Dito isto, o Tribunal de Justiça, ainda que com alguma incoincidência linguística, parece ter adoptado (pelo menos inicialmente) a expressão francesa *retrait*, traduzível genericamente por revogação anulatória. Curiosamente, a França, o Luxemburgo e Portugal parecem defender o paralelismo entre o tipo de ilegalidade para o exercício do poder revogatório e a que motiva a anulação contenciosa pelo juiz, daí a existência de um mesmo limite temporal, o prazo de interposição do recurso (acção) anulatório [1]. Com a diferença de nos ordenamentos jurídicos francês e luxemburguês, interposto o recurso, o limite temporal para o exercício do poder revogatório se poder estender até ao termo da controvérsia, isto é, à resolução da controvérsia, o que também deve passar a suceder entre nós depois da reforma.

Se bem que no ordenamento comunitário não parece admitir-se a distinção conceptual com base nos conceitos de legalidade-ilegalidade e de eficácia *ex tunc* e *ex nunc*, a jurisprudência parece admitir a distinção entre a revogação do acto administrativo com efeitos *ex nunc* (que não incide sobre situações jurídicas consolidadas e, por isso, é sempre admitida) e a revogação com efeitos *ex tunc*, a qual não opera automaticamente. Na verdade, deve ser precedida de uma ponderação entre o interesse da Administração comunitária à caducidade do acto e o interesse à conservação do acto por parte dos particulares. Isto quer dizer que ao direito comunitário não basta a ilegalidade para legitimar a revogação, devendo ainda a Administração justificar a sua necessidade [2]. Assim sendo, a Administração, antes de anular (com eficácia retroactiva) o acto precedente, deverá ainda verificar da consistência da protecção de confiança legítima gerada no destinatário do acto, tendo em consideração para esse efeito o lapso de tempo transcorrido desde a sua adopção. O tempo administrativo, ligado ao princípio da protecção da confiança legí-

---

[1] Sobre esta matéria, cfr. A. SANTISTEBAN, *Concepto y Régimen Jurídico del Acto Administrativo Comunitario*, Oñati, 1998, p. 631 e ss.

[2] A. SANTISTEBAN, *Concepto y Régimen Jurídico...*, op. cit., p. 676.

tima, releva para determinar a legitimidade do poder revogatório, mesmo que tenha sido constatada a ilegalidade do acto precedente.

Em extrema síntese, a jurisprudência comunitária tem entendido que o decurso de um período de tempo significativo é suficientemente idóneo para garantir a confiança nas posições jurídicas adquiridas através do acto e precludir a sua eliminação *ex tunc*, determinando a intangibilidade dos efeitos já produzidos. Para testemunhar o que acabámos de sustentar, lembramos o caso *Consorzio Cooperative d'Abruzzo* [1], em que o Tribunal de Justiça se pronunciou sobre a revogação anulatória (portanto, com efeitos *ex tunc*), ao considerar excessivo o lapso de tempo transcorrido entre a emanação do acto e a sua eliminação administrativa. Outro exemplo é o caso *Algera*. Note-se que no direito comunitário a revogação pressupõe a existência de um acto contrário.

Em conclusão, no ordenamento jurídico comunitário a revogação anulatória (anulação) só é admitida num prazo de tempo razoável de modo a não ferir desproporcionadamente as posições jurídicas dos particulares e ainda assim sujeito a uma justa ponderação dos interesses públicos e privados envolvidos.

Tanto quanto sabemos, o Tribunal de Justiça, em quase cinquenta anos de jurisprudência, não determinou a duração do prazo razoável, mantendo-se uma considerável indeterminação do conceito. O tribunal e a sua jurisprudência não parecem, assim, ter-se inspirado no direito alemão (§§ 48/4 e 49/2 VwVfG), que consagra, com algumas excepções, o prazo de um ano a partir do conhecimento das circunstâncias que justifiquem a revogação do acto.

---

[1] COLAÇO ANTUNES, "Um tratado francês lido em alemão?...", in *Colóquio Luso-Espanhol, op. cit.*, pp. 91 e 92.

Apesar disso, há pelo menos uma pronúncia do Tribunal de 1.ª Instância (Processo T-107/92, com sentença de 10 de Fevereiro de 1994), no qual o Tribunal esclareceu que a noção de prazo razoável "deve apreciar-se em função das circunstâncias próprias de cada caso, em conjugação com a gravidade da ilegalidade cometida...". Noutro caso (*Costacurta*), o mesmo tribunal, sem ser concludente, considerou razoável o prazo de um ano e um mês e meio. A função do conceito indeterminado de *prazo razoável* assenta no direito comunitário no princípio da protecção da segurança jurídica, encontrando no factor tempo um limite ao poder revogatório com características anulatórias [1].

Tudo visto, o direito comunitário parece aproximar-se do direito inglês, onde o princípio da legalidade não é o único fundamento dos poderes revogatório-anulatórios. O mesmo parece suceder com o direito italiano, onde se exige também a presença de um interesse público concreto e actual distinto do restabelecimento da ordem jurídica (legalidade). Enquanto no direito espanhol este interesse público parece estar implícito na exigência de uma ilegalidade qualificada, porque para as demais ilegalidades é necessária a declaração de lesividade e a posterior impugnação junto dos tribunais.

Vejamos, por último, as implicâncias da reforma da justiça administrativa no direito substantivo e procedimental.

Tem-se advogado entre nós, com matizações diferenciadas, através de uma doutrina de prestígio [2], a supe-

---

[1] A. SANTISTEBAN, *Concepto y Régimen Jurídico...*, op. cit., p. 680 e ss.

[2] É a opinião de VIEIRA DE ANDRADE, *A justiça administrativa,* op. cit., p. 443, nota 969, PAULO OTERO, "Impugnações administrativas", in *CJA,* n.º 28, 2001, p. 53, nota 6, e ROBIN DE ANDRADE, "Revogação administrativa..." op. cit., p. 44 e ss; cfr. ainda AROSO DE

ração do regime disposto no artigo 141.º/1 do CPA, ao estabelecer um limite temporal relativamente curto para a eventualidade da Administração proceder à revogação anulatória. Nesse sentido, sustenta-se que a relação processual deve acompanhar o arco da relação material, em obséquio aos princípios da economia processual e da tutela jurisdicional efectiva, aproveitando a possibilidade oferecida pelo CPTA (artigo 63.º e segs.) de estender o objecto do processo aos actos sucessivos. Segundo esta orientação, parece lógico que também a Administração possa actuar sobre os actos (que praticou) durante a lide processual, permitindo que a Administração possa renovar o acto impugnado antes que o tribunal determine a eliminação dos actos consequentes [1]. Tese que parece ajustada quer ao interesse público que a Administração visa prosseguir, quer à tutela efectiva e adequada dos direitos e interesses legalmente protegidos dos cidadãos.

Tese sem dúvida sugestiva, na medida em que o artigo 141.º/1 do CPA garante de uma forma muito ampla e rígida a segurança jurídica com a aplicação do prazo de impugnação contenciosa se este vier identificado com o prazo de impugnação dos particulares, que é de três meses (artigo 58.º/2/b) do CPTA). Mas já não será assim, quando se entenda, como sucede normalmente, que o caso decidido se forma ao fim de um ano, correspondendo ao prazo do Ministério Público, permitindo, inclusive, a lei (artigo 141.º do CPA) alargar o prazo até à resposta da entidade recorrida.

A pergunta que se pode e deve fazer é a de saber se o prazo de um ano (que pode até ser mais largo, uma vez

---

ALMEIDA, "Implicações de direito substantivo da reforma do contencioso administrativo", in *CJA*, n.º 34, 2002, p. 77.

[1] AROSO DE ALMEIDA, *O Novo Regime...*, op. cit., pp. 182 e 183.

que pode alargar-se até à resposta da Administração) não constituirá um prazo razoável para a Administração anular o acto inválido? A nossa dúvida reside em saber se é boa "doutrina" sustentar que a Administração possa intervir sobre o acto impugnado durante toda a pendência da acção-processo impugnatório.

Tendo evidentes vantagens a solução proposta, que, segundo alguns [1], poderá até implicar a revogação parcial do artigo 141.º do CPA pelo novo Código de Processo Administrativo, gostaria de advertir para os seus riscos. Veja-se que na prática tal proposta pode resultar menos favorável para o cidadão do que parece à primeira vista. Note-se que determinados pressupostos, como, por exemplo, a utilização de impugnações administrativas (ainda que facultativas) ou as incidências processuais podem prolongar desnecessariamente a duração do processo, inclusive por vários anos. Acontece ainda que o CPTA (artigo 59.º/4) consagra a suspensão do prazo de impugnação contenciosa do acto quando este venha precedido de uma impugnação administrativa, o que parece configurar uma boa hipótese de a Administração repor a legalidade.

Depois, o artigo 64.º do CPTA, embora não o diga expressamente, parece admitir que a revogação anulatória pode determinar a extinção do processo, diversamente do que sucede com a revogação propriamente dita (artigo 65.º do CPTA), utilizando para o efeito a cumulação de pedidos, nomeadamente de condenação da Administração a reconstituir a situação que deverá existir na ausência do acto ilegal (artigo 47.º/2/b) do CPTA).

As implicações de direito substantivo da reforma do contencioso administrativo a tocarem no artigo 141.º do

---

[1] ROBIN DE ANDRADE, "Revogação administrativa...", *op. cit.*, p. 47 e ss.

CPA não poderão deixar de mexer igualmente no artigo 140.º Creio que se impõe, por um lado, temperar a revogabilidade dos actos válidos pelo conceito de prazo razoável e, portanto, dar abertura à revogação de actos discricionários constitutivos de direitos e interesses legalmente protegidos, o que deveria ser acompanhado da fixação de uma indemnização adequada sempre que daí resultasse um dano especial ou desproporcionado [1]. Não se percebe, aliás, que as situações jurídicas criadas através de um acto administrativo gozem de uma maior rigidez e protecção do que quando criadas por contrato administrativo (artigos 180.º e 185.º do CPA) [2]. Com efeito, é manifestamente excessiva a limitação posta pelo artigo 140.º do CPA (que mais parece consagrar o princípio da irrevogabilidade dos actos), ao incluir a irrevogabilidade dos actos constitutivos de interesses legalmente protegidos, prejudicando terceiros e o interesse público, sem atender à invalidade sucessiva, aspecto que tem sido ignorado pela teoria da invalidade do acto. A alternativa pode estar numa interpretação restritiva, abrangendo-se aí (artigo 140.º do CPA) os actos estritamente vinculados constitutivos de direitos e interesses legalmente protegidos.

Em síntese, não acompanhamos, por inteiro, a prestigiada doutrina nesta matéria, para o que gostaríamos de juntar mais um ou outro argumento. Note-se que à Administração não é consentido, ao anular um acto com efeitos para o passado, modelar a retroactividade dos referidos efeitos, o que já não sucede em sede judicial. Repare-se ainda que na hipótese de anulação contenciosa do acto, a retroactividade não está tão ligada à natureza do acto como

---

[1] Assim, ROBIN DE ANDRADE, "Revogação administrativa...", *op. cit.*, p. 39 e ss.
[2] Cfr. VIEIRA DE ANDRADE, "A revisão...", *op. cit.*, p. 196 e ss.

à necessidade e função de protecção e de garantia do autor e das suas posições jurídicas [1]. Na hipótese de anulação administrativa não se vêem razões para excluir, tendo sobretudo presente a protecção da confiança legítima do interessado, a possibilidade da Administração eliminar o acto apenas para o futuro, deixando intocados os efeitos já produzidos. Pensamos mesmo que não será possível revogar retroactivamente actos constitutivos de direitos, decorrido o prazo de impugnação contenciosa.

Em suma, a solução proposta, a que nos temos vindo a referir, talvez ganhasse em ser um pouco mais comedida, acolhendo a ideia de prazo razoável para a revogação de actos precedentes (mesmo) durante o processo.

Há ainda mais um argumento a que já fizemos noutro ponto referência. Como decorre de uma justiça material (artigo 7.º do CPTA), que deve valer para ambas as partes de um processo justo e equitativo, a nova justiça administrativa não pode deixar intocada a doutrina e o regime da invalidade do acto. Parece-me, tal como acontece nos ordenamentos jurídicos que nos são próximos como a Alemanha, a Espanha e, mais recentemente, a Itália (que consagra um regime próximo aos §§ 45 e 46 da lei do procedimento administrativo alemã), que os vícios formais e procedimentais de natureza vinculada ou de baixa discricionaridade não devem poder ser causa de anulação (administrativa ou contenciosa) de um acto cujo conteúdo não poderia ser outro. Por outras palavras, de um acto administrativo substancialmente bom e justo mate-

---

[1] G. FALCON, "Questioni sulla validità e sull'efficacia del provvedimento amministrativo nel tempo", in *Dir. amm.*, 2003, p. 39 e ss.

rialmente. Nestes casos, a anulabilidade deve decair a favor de uma mera irregularidade não impugnável administrativa ou contenciosamente [1].

Conclui-se, assim, que subsiste a exigência de restringir as causas de anulabilidade em sede de autotutela, uma vez que a anulação ou revogação anulatória, ao invés da tutela jurisdicional, não assume necessariamente natureza vinculada, apresentando, isso sim, margens de discricionaridade apreciáveis.

Soma-se a tudo isto a questão da indemnização, que o legislador deveria expressamente incluir, nomeadamente a favor dos beneficiários de actos de eficácia duradoura e anulados administrativamente. Na verdade, é possível que este tenha confiado na estabilidade do acto ilegal sempre que o vício não seja manifesto ou de difícil identificação para um sujeito de boa-fé.

Pergunta-se ainda se tal indemnização, tal como acontece em matéria contratual (artigo 180.º/c) do CPA), deverá cobrir a totalidade do prejuízo, compreendendo os lucros cessantes e os lucros emergentes ou ser apenas parcial. Tratando-se de responsabilidade civil extracontratual por acto lícito, poder-se-ia sustentar a reparação integral, mas tal solução pode criar uma ilógica disparidade de tratamento entre uma revogação legítima e uma revogação ilegítima, pelo que talvez seja mais prudente uma leitura restritiva e, portanto, prever-se apenas uma indemnização limitada aos danos emergentes.

Tudo somado, quer a solução legal em vigor, quer a proposta avançada pela doutrina, apresentam-se de certo

---

[1] Neste sentido, ROMANO TASSONE, *Contributo sul tema dell'irregolarità degli atti amministrativi*, Torino, 1993, p. 59 e ss.

modo rígidas, se bem que ambas estejam apostadas num *tónus* garantístico que, a meu ver, melhor se concretiza no actual regime do CPA. Assim sendo, a melhor solução talvez passasse por flexibilizar, tal como faz o direito comunitário, o lapso de tempo da anulação para lá do prazo estrito de impugnação contenciosa, mas sem deixar de fixar um prazo-limite razoável, que até pode ser o de um ano (que neste caso coincidiria com o prazo do caso decidido) ou então variável em função das circunstâncias de cada caso e da natureza dos direitos envolvidos. Excessivo e porventura pouco equitativo ou justo para o particular será admitir que a Administração possa intervir sobre o acto impugnado judicialmente durante todo o lapso de tempo em que o processo esteja pendente.

Uma observação última sobre a invalidade (ilegalidade) sucessiva de um acto originariamente legal. Esta matéria, um pouco esquecida, demonstra bem a incompletude da doutrina da invalidade dos actos e a necessidade de rever a figura da revogação pelo nosso legislador, pois trata-se de uma matéria que deve ser solucionada por este e não pela doutrina.

Independentemente do artigo 65.º do CPTA conter *in nuce* a problemática dos actos sucessivamente ilegais, impõe-se aqui uma alteração do regime posto pelo CPA. Não creio que assistam grandes dificuldades dogmáticas a este respeito, porque, ao contrário do que sucede com o disposto no artigo 140.º do CPA, no caso de invalidade sucessiva do acto ela deve-se sobretudo à actuação do particular, beneficiário do acto favorável. É certo que a ilegalidade sucessiva de um acto originariamente são pode resultar da alteração da lei, de um plano ou até de novas circunstâncias, o que tem implicações diversas no plano da indemnização, bem como na configuração da responsabilidade civil extracontratual por actos lícitos ou ilícitos, sem excluir a presença de um acto ablativo [1].

Naturalmente que a invalidade sucessiva e a correspondente revogação do acto deve obedecer a determinados pressupostos, desde logo a audiência do interessado e a eventual ressarcibilidade do dano originado pelo acto revogatório. Por outras palavras, devem estar presentes todas as garantias procedimentais e contenciosas. Acto revogatório que deveria ganhar alguma retroactividade, delimitada, porventura, pelo momento em que o acto se tornou ilegal ou foi conhecida a ilegalidade (manifestamente reconhecida) pelo beneficiário do acto.

Ainda que não expressamente reconhecida, a solução poderia ser a prevista no § 49/2 da VwVfG, que parece assentar precisamente na teoria da invalidade sucessiva, ao admitir que a revogação de actos válidos ou favoráveis pode ser determinada quando haja uma alteração normativa e não apenas por razões de oportunidade. Havendo aqui, obviamente, uma tensão entre o princípio da legalidade-juridicidade e os princípios da segurança jurídica e da protecção da confiança, parece-nos que esta relação conflitual deve ser vista pelo legislador de forma dialéctica e não estática. Em síntese, independentemente de haver já legislação avulsa, de influência comunitária, em matéria ambiental, esta questão, pela sua relevância e implicações dogmáticas, deveria ser regulada genericamente no CPA [2].

---

[1] Sobre esta delicada questão, cfr. GOMES CANOTILHO, "Actos autorizativos jurídico-públicos e responsabilidade por danos ambientais", in *BFDUC (Separata)*, 1993, esp. p. 34 e ss.

[2] COLAÇO ANTUNES, *Para um Direito Administrativo de Garantia...*, *op. cit.*, p. 107 e ss.

Note-se que os conceitos de invalidade sucessiva e de revogação são autónomos mas não excludentes, pelo que esta não pode ser a solução global daquela.

À margem de disputas conceptuais e dogmáticas, há toda a conveniência de introduzir no CPA (artigos 140.º e 141.º) uma regulação da revogação por ilegalidade sucessiva. Desta regulação devem constar, como parte essencial, os pressupostos da revogação e da anulação e as garantias dos interessados – procedimentalização da actuação administrativa, audiência dos interessados e regime indemnizatório para os casos em que seja necessário ressarcir os lesados. Uma lei ou um código que pela sua vocação geral e de completude não contempla esta realidade corre o risco de não cumprir eficazmente o seu fim institucional e constitucional.

Naturalmente que uma reforma do CPA bem pensada (o que nos dias de hoje parece utópico), exigiria também a atenção do legislador para aspectos como a tutela judicial do beneficiário do acto ou de terceiros, que merecem aqui uma atenção particular face à natureza crescentemente poligonal da relação jurídica administrativa e a reabertura dos prazos de impugnação contenciosa dos actos sucessivamente ilegais a partir do momento em que o interessado tenha possibilidade de conhecer o vício que entretanto emergiu.

O problema está posto e urge que o legislador lhe dê, em sede própria (o CPA, com implicações no CPTA), uma resposta ajustada à relação jurídica administrativa actual, completando, assim, a inacabada teoria da invalidade do acto administrativo.

Em síntese, o legislador parece ter optado por um conceito restrito e garantístico de revogação propriamente dita, pondo o acento tónico na validade inicial do acto, de tal forma que a revogação só é configurável por razões de oportunidade, deixando cair no esquecimento a possibilidade da referida validade poder desaparecer posteriormente e a que a revogação deveria dar resposta. Advoga-se, portanto, uma concepção mais ampla de revogação, pois as fronteiras actuais entre a revogação e a anulação administrativa são agora outras. A revogação pode, então, obedecer a razões de legalidade ou de oportunidade, tendo consciência que tal comporta consequências jurídicas importantes relativamente aos seus limites, em função do tipo de acto que se pretende revogar [1], do procedimento a seguir num e noutro caso ou aos efeitos (*ex tunc* ou *ex nunc*) ou até soluções intermédias como no caso de invalidade sucessiva. Esta solução seria, aliás, mais conforme com a forma "unitária" que o CPA dá à figura da "revogação".

Uma resposta parcial pode encontrar-se nas cláusulas acessórias [2], sem que esta questão fique globalmente resolvida. O que pode suceder é a proliferação de cláusulas acessórias, mas só isso, sendo que a reserva de revogação dá apenas uma resposta insuficiente e incompleta à invalidade sucessiva.

Atendo-nos ao direito positivo (artigos 140.º e 141.º do CPA), creio que a jurisprudência poderia aplicar à ilegalidade sucessiva os princípios gerais de direito administrativo, configurando uma espécie de acção por enriquecimento sem causa ou então uma revogação retroactiva (ampliando o n.º 2 do artigo 145.º do CPA), inclusive por alteração dos pressupostos de facto, não sendo de excluir a configuração de uma situação de abuso de

---

[1] ROBIN DE ANDRADE, "Revogação administrativa...", *op. cit.*, p. 43 e ss.

[2] ROGÉRIO SOARES, *Direito Administrativo...*, *op. cit.*, p. 284 e ss.

direito [1]. Obviamente que esta ideia só colhe perante os actos duradouros (*Dauerwirkung*); referimo-nos à aplicação dos princípios, e apenas aos princípios, que regem a anulação administrativa, uma vez que para determinar a ilegalidade do acto se há-de ter em conta o momento em que se procede à revogação anulatória e não ao momento em que o acto foi ditado pela Administração.

Segundo a lição de SANTI ROMANO [2], o conceito de invalidade sucessiva exige os seguintes pressupostos: um acto que originariamente continha todos os elementos necessários, portanto sem qualquer mácula legal; depois, que o referido acto, num segundo momento, seja afectado por um verdadeiro vício, que não um simples impedimento à sua eficácia; por último, que, em consequência, o acto seja nulo ou anulável. Em sua opinião, deve tratar-se, portanto, de actos administrativos que não tenham esgotado a sua eficácia.

Coloca-se aqui, como é bom de ver, a problemática da reabertura do prazo contencioso (visto que acto inicial se consolidou), sendo que nem sempre será fácil determinar com precisão o momento em que o acto se tornou inválido. Ora este momento é importante não só para que a sua anulação não retroaja a momento anterior como para determinar a tempestividade da impugnação contenciosa. A nosso ver a tempestividade do recurso deve referir-se à data em que a invalidade deve considerar-se legalmente conhecida pelo recorrente. Pela nossa parte, não vemos razões para configurar um direito à acção no caso de ilegalidade originária e negá-lo na situação de uma ilegalidade

---

[1] H. WOLFF/O. BACHOF/R. STÖBER, *Verwaltungsrecht*, II, op. cit., p. 55.

[2] "Osservazioni sulla invalidità successiva degli atti amministrativi", in *Scritti minori*, Milano, 1950, p. 338.

superveniente, até pela inércia da Administração em revogar o acto autorizativo claramente ilegal.

Acrescentaríamos apenas que, tratando-se de acto que já produziu todos os seus efeitos, o interessado não pode ser impedido de o impugnar para remover os efeitos já produzidos e que continuam a lesar a sua esfera jurídica.

Já na situação inversa, isto é, de um acto anti-jurídico que se torna supervenientemente legal, por alteração das circunstâncias de facto ou de direito, colocam-se menos dificuldades, visto que o princípio da economia processual aponta para a sua manutenção. Isto é assim quer no caso de acto vinculado, em que a Administração deverá adoptar um acto semelhante, se revogar o primeiro, como no caso de se tratar de um acto discricionário, sendo que, neste caso, a Administração já realizou a opção em que a discricionaridade se materializa, pelo que ficou igualmente vinculada, uma vez que, alteradas as circunstâncias, o acto em questão se tornou entretanto legítimo (legal).

4. Inventário de outras implicações substantivas

Sem desenvolver esta matéria, mas antes esquematicamente, propomos ainda as seguintes alterações ao Código do Procedimento Administrativo.

Antes de mais, como paciente e reiteradamente temos vindo a sustentar noutros estudos, o silêncio positivo (mais conhecido por deferimento tácito) não tem dogmaticamente qualquer sentido; nem mesmo processualmente à luz do artigo 66.º e segs. do CPTA. A nova acção de condenação pode incluir perfeitamente este tipo de silêncios sem necessidade de violentar a letra ou o espírito da lei. Tratando-se apenas de um problema de certeza do tempo administrativo, o actual artigo 108.º do CPA não tem qualquer utilidade jurídica, a não ser favorecer o que, por vezes, está descaradamente silenciado.

Depois há "pequenas alterações" que se podem revelar importantes, como a consagração legal (e não apenas doutrinal) dos vícios do acto administrativo. Seria também uma oportunidade para repensar alguns deles, como o vício de violação de lei que tem assumido um papel excessivamente modesto e secundário.

Naturalmente que haverá outras alterações a fazer na arquitectura do CPA e que já foram assinaladas pela doutrina, nomeadamente quanto às impugnações administrativas necessárias, com destaque para o recurso hierárquico (necessário).

Basta recordar que a substituição ou subrogação administrativa tem sido perspectivada no sentido de uma Administração piramidal e hierárquica que começa a não corresponder à realidade administrativa dos nossos dias, multipolar e descentralizada. Neste sentido, o próprio procedimento administrativo adquire uma fisionomia cada vez mais complexa e articulada, com uma intervenção dinâmica de múltiplas entidades administrativas.

Impõe-se uma leitura menos rígida quer do princípio da hierarquia como do princípio da competência, não só em obséquio à eficiência da actividade administrativa como à tutela administrativa das posições jurídicas subjectivas favoráveis, com evidência para as pretensões de natureza prestacional.

A substituição administrativa poderia ter então outro alcance e eficácia, sob pena de se esvaziar no seio de algumas figuras como a substituição vicária ou ainda no seio dos impedimentos e dos incidentes da escusa e da suspeição (artigos 41.º e 44.º a 51.º do CPA). Note-se que a figura da substituição ou subrogação administrativa, sem se confundir com o princípio da subsidiariedade (artigo 6.º/1 da CRP), ganha outro fôlego com a integração da Administração nacional na Administração da União Europeia.

Curiosamente, também no domínio da substituição administrativa, como sucede com a substituição judicial (sentenças substitutivas, artigos 167.º/6 e 179.º/5 do CPTA), o Código de Processo nos Tribunais Administrativos (artigo 167.º/3) admite uma solução original sob a forma de substituição, ainda que subsidiária.

Sob pena de ilegitimidade, os pressupostos da substituição administrativa intersubjectiva, em especial da substitutição administrativa em sede de execução das sentenças, deverão ser a inércia da entidade administrativa e a urgência, adivinhando-se, através desta figura, uma resposta capaz de ajudar a acabar também com esse moderno atavismo que são os deferimentos tácitos, contrários, aliás, ao direito comunitário, como tem afirmado crescentemente a jurisprudência comunitária.

Bastaria, regressando à substituição meramente administrativa, introduzir alguma flexibilidade aos princípios da hierarquia e da competência.

O pressuposto da urgência para a actuação da substituição administrativa não deve ser interpretado como um meio-pressuposto alternativo ao silêncio (inércia), mas simplesmente como um modo de especificação particular da urgência. A excepcionalidade da situação pode justificar que um sujeito administrativo possa substituir o titular da competência sem que este tenha ficado inerte ou negligente, mas porque o comportamento requerido deve, dada a excepcionalidade da situação, exigir a antecipação temporal da decisão administrativa. Naturalmente que uma solução legislativa deste tipo exige todos os cuidados hermenêuticos e todo o bom senso. No caso especial da urgência, esta exige o encurtamento do tempo da inércia administrativa e dos seus prazos.

Relativamente à inércia administrativa, a substituição administrativa pode adquirir fórmulas diferentes consoante o motivo que a determina. Desde a negligência até à ausência do titular de um órgão ou ainda outros motivos (artigo 41.º do CPA). Assim sendo, não teria sido possível juridicamente ao Estado e à sua Administração substituir-se às Autarquias Locais (que a lei obriga) no corte e limpeza das matas junto dos aglomerados populacionais, praticando, por conta delas, os actos devidos (tutela substitutiva)? Tal solução violaria o princípio constitucional da autonomia local (artigos 235.º e 237.º)? Não creio, face à manifesta negligência manifestada pelos entes locais e à excepcionalidade da situação (incêndios dantescos). Somos mesmo de opinião que, pelo menos, a responsabilidade civil deve ser também imputada ao Estado. Outra coisa seria a possibilidade de desencadear, nos termos do artigo 37.º/2/c)/d) do CPTA, uma acção administrativa comum de condenação da Administração à adopção das condutas necessárias à defesa e restabelecimento dos direitos ou interesses violados.

Como em tudo, recorrendo a um velho provérbio alemão, *darf die Polizei mit kanonen auf Spatzen Schiessen* ?

Antes de encerrar as nossas reflexões, ainda uma breve suspensão reflexiva sobre a fundamentação sucessiva do acto (já no decorrer do processo).

Tendo a subjectivação da justiça administrativa destacado o contraste entre a legalidade formal e a legalidade material ou substancial e a exigência do acto, tocado por vícios formais e procedimentais não invalidantes, respeitar o parâmetro de conformidade ao escopo (*Zweckmässigkeit*), põe-se o problema da admissibilidade da fundamentação póstuma do acto, isto é, no decurso do processo.

Pelo menos nestes casos, embora haja que atender à natureza do acto administrativo praticado e à natureza da posição jurídica do interesse que se pretende tutelar, seria de admitir a fundamentação sucessiva do acto, tanto mais que a Administração pode praticar um novo acto no decorrer do processo administrativo.

O limite temporal para a integração processual da fundamentação do acto bem poderia coincidir com o momento anterior à pronúncia cautelar ou a uma sentença parcial (artigo 87.º do CPTA), ficando a partir daí impedida (preclusão) a Administração de aclarar os elementos que estiveram na base da prolação do acto e do exercício do poder.

A admitir-se a possibilidade de fundamentação póstuma do acto, o que a meu ver não violaria a natureza plurifuncional da fundamentação do acto [1], ela deve produzir efeitos *ex tunc,* ou seja, como se ela fosse presente no momento da emanação do acto administrativo. Precisamente ao invés do que sucede com o acto superveniente que opera *ex nunc.*

Naturalmente que também esta proposta de alteração deve ser desenhada com todo o cuidado. Neste sentido, não se poderá falar de integração da fundamentação do acto se ela contradiz o acto em questão. Por exemplo, o acto declarativo de utilidade pública não pode ser posteriormente motivado através de elementos de que se possa deduzir claramente o interesse de um particular na obra a realizar.

Por outro lado, a fundamentação sucessiva deve assumir, em relação ao acto praticado, uma forma lógica, wittgensteiniana, isto é, a imagem discursiva deve estar

---

[1] COLAÇO ANTUNES, *Para um Direito Administrativo de Garantia...*, *op. cit.*, p. 28 e ss.

em perfeita consonância com a realidade do acto administrativo praticado. Se a fundamentação do acto administrativo não é outra coisa que um elemento essencial da determinação do direito do caso concreto, a fundamentação sucessiva (não meramente integrativa, como sucede com a jurisprudência alemã sobre a *Bergründung*) pode ser admitida e até aplaudida à luz de um processo de partes baseado na (figura da) relação jurídico-administrativa.

Creio que o novo processo administrativo e a sua justiça obriga, desde já, a uma jurisprudência criativa em matéria de fundamentação sucessiva. Como é óbvio, a existência de uma disciplina dos vícios do acto administrativo e a respectiva clarificação dos vícios não invalidantes (irregularidades) seria de bom préstimo para o intérprete e o aplicador do direito administrativo. Precisamente em obséquio à referida combinação entre a eficácia da actividade administrativa e a tutela efectiva dos direitos e interesses legalmente protegidos dos cidadãos.

Na verdade, como o fim é o princípio das coisas, a finalidade domina a causalidade. A actual desvalorização do fim, que caracteriza a doutrina, é um dos pecados mais graves que o jurista pode cometer.

No Direito, ao contrário da história, o fim não é um *posterius* mas antes um *prius*.

Uma última nota para reforçar a necessidade de alterar o CPA no ponto maioritariamente estudado. Pondo de parte o debate sobre a existência de um direito administrativo europeu (comunitário) ou vinte e cinco administrativos nacionais, não há qualquer dúvida que no âmbito da nossa disciplina se constata uma convergência dos vários direitos administrativos (nacionais) ou uma integração (comunitária) do direito administrativo.

Constata-se igualmente que a convergência ou integração comunitária do direito administrativo se iniciou precisamente em torno dos princípios gerais, com destaque especial para os princípios da proporcionalidade, da boa administração e da transparência administrativa (artigos 41.º e 42.º da Carta dos Direitos Fundamentais da União Europeia), sendo certo que alguns deles foram reelaborados pela jurisprudência do Tribunal de Justiça sob o impulso de ordenamentos jurídicos mais maturados e da doutrina mais reflectida.

A natureza das coisas e o direito comparado vão no sentido por nós indicado, sendo que a anulabilidade material do acto é já uma consequência inevitável da nova justiça administrativa.

O que verdadeiramente conta, desde que devidamente inspirada na melhor doutrina, é a *law in action* e não tanto a *law on the books*.

V

ENSINAR A JUSTIÇA DO DIREITO ADMINISTRATIVO NUM TEMPO GLOBAL

ENSINAR A JUSTIÇA DO DIREITO ADMINISTRATIVO NUM TEMPO GLOBAL

Não vamos aqui tecer considerações pedagógicas de ordem geral, o que já feito repetidamente, inclusive por nós [1]. Julgamos oportuno e útil, dizer o que dizemos para iluminar a nossa visão pedagógico-científica deste ramo do Direito.

Vivemos tempos complexos e globalizantes que, no entanto, não devem iludir a especialidade do Direito Administrativo e da sua Justiça. Curiosamente, isto sucede ao mesmo tempo que caminhamos para uma certa homogeneidade do direito administrativo, sendo que, reafirmamos, a especialidade da jurisdição administrativa se mantém apesar da actual diversidade dos sistemas de justiça administrativa dos países europeus.

Creio que o panorama do contencioso administrativo europeu reúne três características, aparentemente contraditórias: especialidade, diversidade e homogeneidade [2].

---

[1] COLAÇO ANTUNES, *Direito Urbanístico. Um Outro Paradigma: A Planificação Modesto-Situacional*, op. cit., p. 221 e ss.

[2] Por todos, S. CASSESE, *Lo spazio giuridico globale*, Roma-Bari, 2003.

Ainda que a especialidade da justiça administrativa apresente variações de país para país, em obséquio à criatividade dos juristas nacionais, a tutela jurisdicional apresenta-se diferenciada, apesar das aproximações verificadas relativamente ao direito processual civil. O espaço reconhecido ao direito público, não sendo uniforme, mantém-se. Os critérios poderão ser distintos, é verdade, mas o espaço do direito administrativo vem globalmente reconhecido, seja recorrendo ao critério italiano do interesse legítimo ou, mais recentemente, à jurisdição exclusiva por matérias, seja recorrendo ao direito ordenador e à tutela pública do *öffentliches Recht,* como sucede na Alemanha.

Não muito diferentemente, o critério francês, do Conseil d'État, do acto de império ao serviço público ou mesmo o critério britânico da *public law questions.* Todos os exemplos referenciados, ainda que com diferenças notórias entre si, nos ensinam um espaço onde operam regras especiais de direito administrativo tanto a nível substantivo como adjectivo. Naturalmente que o sistema de *common law* é o que apresenta maiores especificidades nacionais, onde a *judicial review of administration action* se desenvolve praticamente ao nível da *High Court* e dos tribunais comuns. É certo que mesmo aí deparamos com uma certa especialização, *Divisional Court,* recentemente crismada de *Administrative Court,* vocacionada para as questões de *judicial review.*

Assistimos também, não só entre nós (artigos 1.º e 4.º do ETAF), a um alargamento da jurisdição administrativa.

Um dos aspectos mais interessantes é o de que o processo administrativo soube manter a sua especialidade, suportando a introdução de institutos e técnicas oriundas do processo civil, como também soube fazer a convivência de instrumentos processuais inspirados em modelos de justiça administrativa distintos. Curiosamente, esta miscigenação dos modelos da justiça administrativa veio reforçar a especialidade do contencioso administrativo, como é particularmente visível na relação entre o contencioso por natureza e o contencioso por atribuição, fundindo-se ambos no contencioso de plena jurisdição.

Outra coisa é a mentalidade privatística estar a invadir o pensamento jurídico, mas isso é apenas uma perversão ideológica.

A especialidade do direito processual administrativo europeu passa também por alguns traços comuns, como a legitimidade, o prazo de impugnação contenciosa e as modalidades processuais, particularmente as acções em torno do acto e do seu silêncio, bem como os poderes de cognição e de decisão do juiz administrativo. A existência de traços comuns não elimina, obviamente, as diferenças existentes dos ordenamentos nacionais, notando-se uma legitimidade processual mais ampla na tutela objectiva (França) do que sucede no sistema de tutela subjectiva (Alemanha). Portugal usufrui de um sistema compósito, como referenciámos oportunamente. Curiosamente, é na Alemanha que se nota um dos prazos de impugnação mais curtos, um mês a contar da decisão de impugnação administrativa, sendo que os ordenamentos jurídicos nacionais contemplam mecanismos que mitigam o rigor dos prazos, ora ampliando a nulidade ou inexistência do acto, ora recorrendo à impugnação indirecta, com destaque para a *collateral challenge* britânica, ora contemplando normas como o n.º 4 do artigo 58.º do CPTA.

Dois dos aspectos que têm contribuído para uma certa homogeneização dos sistemas de justiça administrativa devem-se à influência do direito comunitário em relação à noção de Administração pública e à tutela jurisdicional, especialmente a cautelar. Quanto à primeira, é de evidenciar a noção de organismo de direito público, que veio ampliar a noção material de Administração pública para efeitos contenciosos, sendo que em relação à tutela cautelar a questão é tão evidente que não necessita de qualquer esclarecimento, bastando citar os Acórdãos *Atlanta* e *Zuckerfabrik*.

Neste contexto, é de salientar, se não a originalidade, pelo menos a peculiaridade da justiça administrativa comunitária, que tem procurado conciliar, recorrendo aos melhores modelos nacionais, o efeito útil do direito comunitário (primado e efeito directo) com o princípio da tutela jurisdicional efectiva. Refiro-me particularmente à prevalência jurisprudencial da justiça comunitária, com destaque para o seu Tribunal de Justiça, conferindo ordem à torrencialidade legislativa comunitária [1].

O mais surpreendente do sistema comunitário de justiça está em receber os princípios ordenadores dos ordenamentos nacionais e, depois, relançá-los nas ordens jurídicas internas segundo um circuito tonificante do sistema jurídico, sendo que o referido e renovado circuito não está (em regra) baseado em qualquer norma jurídica ou praxis consuetudinária. Curiosamente, o modelo procedimental parece neste caso ter uma influência regeneradora não só do direito substantivo como do direito processual. Procurando uma explicação, creio que a virtude do método comunitário está não só na natureza supranacional do ente como nas características da ordem jurídica comunitária (primado e efeito directo). Mas isto não basta para explicar a dimensão renovadora do sistema de justiça comunitário, se não acrescentarmos que o juiz comunitário

---

[1] S. CASSESE, "I lineamenti essenziali del diritto amministrativo comunitario", in *Riv. it. dir. pubbl. com.*, 1991, p. 3 e ss.

se tem servido, em cada acção, do melhor dos instrumentários dos vários tipos de tutela jurisdicional oferecido pelos ordenamentos dos Estados-membros.

Naturalmente que este modelo de criação e aplicação do Direito encontra, por vezes, certas tensões com os ordenamentos nacionais, mesmo com os mais inspiradores. Foi o que aconteceu no Processo C-217/88, Comissão v. República Federal Alemã, em virtude de vigorar no direito processual alemão a regra (com muitas excepções, é certo) da suspensão da eficácia do acto em consequência da interposição da acção de anulação do acto (§ 80 VwGO).

Como recentemente tentámos demonstrar, o contencioso impugnatório, também a nível comunitário, é essencial e definidor da especialidade da justiça administrativa. Seria um erro pensar que a subjectivação e a transnacionalidade do contencioso administrativo lhe retirou a especialidade que o caracteriza. O direito administrativo prepara-se para perder a sua referência maior – o Estado – mas não a sua especialidade. Esta é a lição do direito administrativo europeu.

Num direito administrativo sem Estado (nacional), o acto perderá a sua centralidade (procedimentalmente mitigada)? A resposta a esta pergunta depende da resposta a outra pergunta. A europeização do direito administrativo determinou uma contracção ou uma expansão do direito administrativo?

Não nos propomos dar aqui uma resposta conclusiva às perguntas antes formuladas, limitando-nos a observar que a doutrina portuguesa está a dar os seus primeiros passos nesta matéria. Na verdade, o fenómeno é contraditório e pouco linear, pelo que é cedo para retirar conclusões certeiras, sendo que a redução (e revisão) de certos institutos da nossa disciplina vêm reduzido o seu tempo de aplicação, enquanto outros vêm ampliando o seu território. É o que sucede com o acto administrativo no âmbito de determinados procedimentos concursais, ainda que espreite o perigo da sua revisão conceptual pela via jurisdicional.

Ao Professor cabe, pedagógica e cientificamente, fornecer ao aluno as lentes que lhe permitam *ver* para além da torrencialidade de produtos confeccionados que lhe são postos à disposição. Os raios infra-vermelhos da melhor dogmática, o que exige do docente uma enorme honestidade intelectual e humildade. Desta forma, os detectores de metais permitirão aos alunos cultivar autonomamente o que lhe foi ensinado e afrontar preparadamente a meta-estabilidade jurídica que caracteriza a nossa disciplina num tempo global.

Não se pode ensinar hoje o direito processual administrativo sem o direito substantivo, tal como o direito processual civil.

MODESTAS CONCLUSÕES

A justiça administrativa sofreu, por efeito de uma profunda reforma, enormes alterações, particularmente visíveis em relação às novas vias de acesso aos tribunais administrativos, à tutela cautelar e à tutela executiva. Naturalmente que uma reforma deste alcance não poderia deixar de se projectar sobre toda a arquitectura do novo contencioso e até sobre o direito administrativo substantivo.

Um aspecto nos merece toda a atenção e que pode correr o risco de passar despercebido. Vivemos, por razões conhecidas, os últimos vinte e cinco anos sob uma cultura das reformas constitucionalmente orientada; tendência esta que apresenta um cariz iusnaturalista marcado sob a forma da ideia do garantismo. Estamos agora numa fase de regresso ao Código e de retoma das construções dogmáticas ou das categorias ordenadoras. Foi nesta perspectiva que encarámos o nosso trabalho e daí as interrogações que nos colocamos.

Mudou assim tanto o controlo contencioso do acto administrativo? Não cremos que assim tenha sido, pelos menos directamente. O que mudou ou, mais exactamente, o que pode mudar é o olhar da doutrina e da jurisprudência sobre o nosso objecto, o que não é pouco, convenhamos.

O método por nós seguido foi o de uma análise transversal do direito administrativo e do seu direito processual, o que nos permitiu reconstruir, em conjugação com o novo modelo de justiça administrativa, categorias essenciais da nossa disciplina. Reconstrução dogmática indispensável, se quisermos manter uma leitura exacta e adulta do novo contencioso administrativo. Até por ser inútil e perigosa a deformação dogmática destas categorias, visto que a justiça administrativa não carece de noções amplas e inexactas de acto administrativo para oferecer uma tutela efectiva e plena às legítimas pretensões subjectivas dos particulares.

Quando age, as apreciações da Administração são de dois tipos: uma instrumental e qualificatória dos factos, plenamente sindicável sob a forma de controlo do vício de violação de lei; a outra, inerente à decisão discricionária, controlável graças ao desvio de poder, que é agora sintomático do vício de violação de lei através do recurso aos princípios que regem a actividade administrativa, *maxime* o princípio da proporcionalidade.

Por outras palavras, o princípio da proporcionalidade como meio autónomo de controlo directo da actividade administrativa discricionária através do vício de violação de lei. Uma visão substancial e não apenas residual do vício de violação de lei, a par da descida do juiz à arena processual do facto permite agora um controlo judicial de fundo da actividade administrativa.

Dizer que o trabalho é passível de outros desenvolvimentos, é uma sincera e honesta banalidade que não impede uma refrescante satisfação depois de um fatigante caminho de procura de algo não repetido.

Este percurso de profundo exílio académico e epistemológico, que nunca deixou de se acentuar, não nos impede um profundo e sincero agradecimento aos Autores com quem temos dialogado ao longo de uma árdua vivência universitária de quase trinta anos.

Quis a vida, entretanto, bafejar-nos com o contacto e até a amizade de alguns dos maiores Autores portugueses e estrangeiros.

Apesar da ausência de uns claustros estruturantes, ou talvez por isso, foi possível desenvolver, com extrema persistência, alguns trabalhos que marcam o perfil de quem escreve.

O trabalho árduo que nos foi sempre exigido, é, em boa medida, explicado por um percurso académico que, vindo do território do direito administrativo especial, se tem vindo a acercar dos temas centrais do direito administrativo e do seu direito processual. Pensamos que é também isso que ajuda a explicar e a compreender alguma especificidade, se a houver, da nossa obra.

Seja qual for o julgamento que vier a ser feito, o que naturalmente não nos deixa indiferentes, chegados aqui temos a consciência tranquila pelo trabalho realizado, cumprindo escrupulosamente a regra das oito horas diárias, incluindo feriados e fins-de-semana.

Quando chegados os momentos difíceis das provas académicas, nunca deixámos de eleger temas que nos fascinam, apesar do cansaço e do risco que tal opção implica.

Esta é a nossa maneira de estar na vida, que nunca deixou de ser um permanente assalto e confronto com as nossas debilidades e convicções.

Sem querer cair num estilo diarístico, podemos dizer que não nos envergonhamos de quem somos.

Se este trabalho for digno de apreço e reconhecido algum mérito, gostaria de o dedicar a meu Pai, que me legou uma boa dose de sensibilidade inquebrantável, sem a qual não teria sobrevivido com dignidade. Também não esqueço os alunos que nos têm ensinado o prazer de ensinar.

As diferenças dependem das coisas e dos princípios e não das palavras, por isso uma reforma processual não se pode bastar com a sua adequação às modernidades sociais. Precisa de algo mais que as palavras já não sabem traduzir. De algo que tínhamos e não soubemos preservar.

Através da sublimação repressiva dos neoprogressistas tardios, ficámos a saber que não sabemos distinguir ARNOLD SCHOENBERG de JIMMY SCHOENBERG.

O ideal de *Gebildete* do jurista em versão alemã deu lugar ao modelo do *Código Da Vinci*.

Zeitgeist. Mais uma vez, o Senhor IMMANUEL KANT tem razão, tragicamente.

BIBLIOGRAFIA

BIBLIOGRAFIA

ACHTERBERG, N., *Allgemeines Verwaltungsrecht,* Heidelberg, 1986

ALEXANDRA LEITÃO, *O Enriquecimento sem Causa na Administração Pública,* Lisboa, 1998

ALLEGRETTI, U., *L'imparzialità amministrativa,* Padova, 1965

ALONSO GARCIA, "*El acto administrativo comunitario: imprecisión normativa, y luces y sombras al respecto en la doctrina del Tribunal de Justicia*", in COLAÇO ANTUNES/SÁINZ MORENO, *O Acto no Contencioso Administrativo – Tradição e Reforma (Colóquio Luso-Espanhol),* Coimbra, 2005

AMORTH, A., *Il merito dell'atto amministrativo,* Milano, 1939

ANABITARTE, G./REXACH, M., *Acto y Procedimiento Administrativo,* Madrid, 2001

ANGIONI, V., *Il pericolo concreto come elemento della fattispecie penale,* vol. I, Sassari, 1984

ANGIULI, A., *Studi sulla discrezionalità amministrativa nel quando,* Bari, 1988

AROSO DE ALMEIDA, "Regime jurídico dos actos consequentes de actos administrativos anulados", in *CJA,* n.º 28, 2001

AROSO DE ALMEIDA, "O objecto do processo no novo contencioso administrativo", in *CJA,* n.º 36, 2002

AROSO DE ALMEIDA, *Anulação de Actos Administrativos e Relações Jurídicas Emergentes,* Coimbra, 2002

AROSO DE ALMEIDA, *O Novo Regime do Processo nos Tribunais Administrativos,* 4.ª ed., Coimbra, 2005

AROSO DE ALMEIDA/ALBERTO CADILHA, *Comentário ao Código de Processo nos Tribunais Administrativos*, Coimbra, 2005

AUBY, J. M./DRAGO, R., *Traité de Contentieux Administratif*, 2.º vol., Paris, 1984

AZEVEDO MOREIRA, "Conceitos indeterminados: sua sindicabilidade contenciosa", in *Rev. Dir. Públ.*, 1985

BACHOF, O., "Vertrauensschutz im Verwaltungsrecht. Aussprache und Schlussworte", in *VVDStRL*, 1974

BADER, J., "Die Ergänzung von Ermessenserwägungen im verwaltungsgerichtlichen Verfahren", in *NVwZ*, 1999

BADURA, P., "Das Verwaltungsverfahrensgesetz", in *Allgemeines Verwaltungsrecht* (sob a direcção de ERICHSEN e MARTENS), Berlin, 1977

BAPTISTA MACHADO, *O Sistema Científico e a Teoria de Kelsen (policopiado)*, 1977

BAPTISTA MACHADO, *Obra Dispersa*, vol. I, Braga, 1991

BARTOLOMEI, F., *Giudizio di ottemperanza e giudicato amministrativo (Contributo per un nuovo processo amministrativo)*, Milano, 1987

BASSI, F., *Lezioni di diritto amministrativo*, Milano, 2000

BELADÍEZ ROJO, *Validez y Eficacia de los Actos Administrativos*, Madrid, 1994

BENVENUTI, F., *L'istruzione nel processo amministrativo*, Padova, 1953

BENVENUTI, F., "Autotutela", *Enc. dir.*, IV, 1959

BERTI, G., *La pubblica amministrazione come organizzazione*, Padova, 1968

BINDING, *Die Normen und ihre Übertretung*, vol. I, Leipzig, 1996

BOCANEGRA, R., *Lecciones Sobre el Acto Administrativo*, 2.ª ed., Madrid, 2004

CAIANIELLO, V., *Manuale di diritto processuale amministrativo*, Torino, 1994

CALAMANDREI, P., *Introduzione allo studio sistematico dei provvedimenti cautelari,* Padova, 1936

CAMMEO, F., *Corso di diritto amministrativo,* Padova, 1960

CANNADA BARTOLI, "Decisione amministrativa", in *Nov. dig. it.,* V, Torino, 1960

CAPACCIOLI, E., *Manuale di diritto amministrativo,* Padova, 1983

CAPPELLETTI, M., *Procédure Orale et Procédure Écrite,* Milano, 1971

CARINGELLA, F., *Corso di diritto amministrativo,* Milano, 2004

CARNELUTTI, *La prova civile,* Roma, 1915

CASETTA, E., *Manuale di diritto amministrativo,* Milano, 2000

CASSARINO, S., *Le situazioni giuridiche soggettive e l'oggetto del processo amministrativo,* Milano, 1956

CASSATELLA, A., "L'annullamento d'ufficio. Modelli in comparazione", in *Dir. Form.,* n.ºs 1 e 2, 2004

CASSESE, SABINO, "I lineamenti essenziali del diritto amministrativo comunitario", in *Riv. it. dir. pubbl. com.,* 1991

CASSESE, SABINO (Coord.), *Trattato di diritto amministrativo,* Torino, 2000

CASSESE, SABINO, *Lo spazio giuridico globale,* Roma-Bari, 2003

CASTANHEIRA NEVES, *Questão de Facto-Questão de Direito ou o Problema Metodológico da Juridicidade,* I, A Crise, Coimbra, 1967

CASTANHEIRA NEVES, *Curso de Introdução ao Estudo do Direito,* Coimbra, 1971-72

CASTANHEIRA NEVES, *O Instituto dos 'Assentos' e a Função Jurídica dos Supremos Tribunais,* Coimbra, 1983

CASTANHEIRA NEVES, "Interpretação jurídica", in *Polis,* II, 1985

CASTILLO BLANCO, *La Protección de Confianza en el Derecho Administrativo,* Madrid, 1998

CAUPERS, JOÃO, "Imposições à Administração Pública", in *CJA,* n.º 16, 1999

CAUPERS, JOÃO, *Introdução ao Estudo do Direito Administrativo,* 8.ª ed., Lisboa, 2005

CAVALLO, B., *Processo amministrativo e motivi assorbiti,* Chieti, 1975

CERINO CANOVA, "La domanda giudiziale ed il suo contenuto", in Allorio (coord.), *Commentario al Codice di procedura civile,* II, Torino, 1980

CERULLI IRELLI, *Diritto amministrativo,* Torino, 2000

CEZZI, G., *La ricostruzione del fatto nel processo amministrativo,* Napoli, 2003

CHAPUS, R., *Droit du Contentieux Administratif,* 8.ª ed., Paris, 1999

CHINCHILLA, C., "La invalidez de los actos administrativos", in SANTAMARÍA PASTOR/PAREJO ALFONSO, *Derecho Administrativo. La Jurisprudencia del Tribunal Supremo,* Madrid, 1989

CHIOVENDA, G., *Principi di diritto processuale civile,* Napoli, 1923

CLARICH, M., *Giudicato e potere amministrativo,* Padova, 1988

COEN, L., *Disparità di trattamento e giustizia amministrativa (Principio di eguaglianza e tecniche di motivazione della senteza),* Torino, 1998

COLAÇO ANTUNES, "À margem de uma recente orientação do Supremo Tribunal Administrativo: um olhar ecológico sobre o artigo 268.º/4 da Constituição", in *RMP,* n.º 63, 1995

COLAÇO ANTUNES, *O Procedimento Administrativo de Avaliação de Impacto Ambiental – Para uma Tutela Preventiva do Ambiente,* Coimbra, 1998

COLAÇO ANTUNES, *Para um Direito Administrativo de Garantia do Cidadão e da Administração – Tradição e Reforma,* Coimbra, 2000

COLAÇO ANTUNES, "Constituição, Administração e interesse público. O eterno retorno ao momento originante ou o Estado contra a Administração", in *Nos 25 anos da Constituição da República Portuguesa de 1976,* Lisboa, 2001

COLAÇO ANTUNES, *O Direito Administrativo e a sua Justiça no Início do Século XXI – Algumas Questões,* Coimbra, 2001

COLAÇO ANTUNES, "Interesse público, proporcionalidade e mérito - Relevância e autonomia processual do princípio da proporcionalidade" in *Estudos em Homenagem à Professora Doutora Isabel de Magalhães Collaço*, Coimbra, 2002

COLAÇO ANTUNES, *Direito Urbanístico – Um Novo Paradigma: A Planificação Modesto-Situacional*, Coimbra, 2002

COLAÇO ANTUNES, "O artigo 161.º do Código de Processo nos Tribunais Administrativos: uma complexa simplificação", in *CJA*, n.º 43, 2004

COLAÇO ANTUNES, "Introdução ao Colóquio Luso-Espanhol", in COLAÇO ANTUNES/SÁINZ MORENO, *O Acto no Contencioso Administrativo – Tradição e Reforma (Colóquio Luso-Espanhol)*, Coimbra, 2005

COLAÇO ANTUNES, "Um tratado francês lido em alemão? O acto administrativo no direito comunitário e na sua jurisprudência", in COLAÇO ANTUNES/ SÁINZ MORENO, *O Acto no Contencioso Administrativo – Tradição e Reforma (Colóquio Luso-Espanhol)*, Coimbra, 2005

COLAÇO ANTUNES, "A acção de condenação e o direito ao acto", in COLAÇO ANTUNES/SÁINZ MORENO, *O Acto no Contencioso Administrativo – Tradição e Reforma (Colóquio Luso-Espanhol)*, Coimbra, 2005

D'ORSOGNA, M., *Il problema della nullità in diritto amministrativo*, Milano, 2004

DAVID DUARTE, *Procedimentalização, Participação e Fundamentação: Para uma Concretização do Princípio da Imparcialidade Administrativa como Parâmetro Decisório*, Coimbra, 1996

DIAS GARCIA, M. GLÓRIA, *Da Justiça Administrativa em Portugal – Sua Origem e Evolução*, Lisboa, 1994

DÍEZ PICAZO, "La doctrina del precedente administrativo", in *RAP*, n.º 98, 1982

DINIZ DE AYALA, "Monismo(s) ou dualismo(s) em direito administrativo", in SÉRVULO CORREIA/DINIZ DE AYALA/RUI MEDEIROS, *Estudos de Direito Processual Administrativo*, Lisboa, 2002

ESTEVES DE OLIVEIRA, "Reflexão sobre o conceito de acto administrativo", in *RDA*, 1982

ESTEVES DE OLIVEIRA, *Direito Administrativo*, I Coimbra, 1984

ESTEVES DE OLIVEIRA/PEDRO GONÇALVES/PACHECO DE AMORIM, *Código do Procedimento Administrativo*, 2.ª ed., Coimbra, 1997

FALCON, G., "Questioni sulla validità e sull'efficacia del provvedimento amministrativo nel tempo", in *Dir. amm.*, 2003

FARIA COSTA, *O Perigo em Direito Penal*, Coimbra, 1992

FAUSTO DE QUADROS, "O acto administrativo comunitário" in COLAÇO ANTUNES/SÁINZ MORENO, *O Acto no Contencioso Administrativo – Tradição e Reforma (Colóquio Luso-Espanhol)*, Coimbra, 2005

FAUSTO DE QUADROS/ANA MARTINS, *Contencioso Comunitário*, Coimbra, 2002

FLUME, W., *Das Rechtsgeschäft*, 2.ª ed., Berlin, 1975

FORSTHOFF, E., *Lehrbuch des Verwaltungsrechts*, Berlin, 1973

FORSTHOFF, E., *Traité de Droit Administratif Allemand*, Bruxelles, 1969

FRANCISCA PORTOCARRERO, "Discricionaridade e conceitos imprecisos: ainda fará sentido a distinção?", Anotação ao Acórdão do STA, de 20/11/97, Processo n.º 39512, in *CJA*, n.º 10, 1998

FREITAS DO AMARAL, *Direito Administrativo*, vol. II, Lisboa, 1988

FREITAS DO AMARAL, "Régimen jurídico de la ejecución de sentencias de los tribunales administrativos en Portugal", in *REDA*, n.º 70, 1991

FREITAS DO AMARAL, *Curso de Direito Administrativo*, vol. I, 2.ª ed., Coimbra, 1996

FREITAS DO AMARAL, *Curso de Direito Administrativo*, vol. II, Coimbra, 2001

FREITAS DO AMARAL/AROSO DE ALMEIDA, *Grandes Linhas da Reforma do Contencioso Administrativo*, Coimbra, 2002

FREITAS DO AMARAL/M. GLÓRIA DIAS GARCIA, "O estado de necessidade e a urgência em direito administrativo", in *ROA*, 1999

GALLO, C., *La prova nel processo amministrativo*, Milano, 1994

GARCÍA DE ENTERRÍA, "La doctrina de los actos propios y el sistema de la lesividad", in *RAP*, n.º 20, 1956

GARCÍA DE ENTERRÍA/RAMÓN FERNÁNDEZ, T., *Curso de Derecho Administrativo*, vol. II, 7.ª ed., Madrid, 2001

GARCÍA LUENGO, *El Principio de Protección de la Confianza en el Derecho Administrativo*, Madrid, 2002

GARCÍA LUENGO, *La Nulidad de Pleno Derecho de los Actos Administrativos*, Madrid, 2002

GARDNER, J. F., *Administrative Law*, London, 1980

GEIS, M. E., "Josephine Mutzenbacher und die Kontrolle der Verwaltung", in *NVwZ*, 1992

GIANNINI, M. S., *Il potere discrezionale della pubblica amministrazione. Concetto e problemi*, Milano, 1939

GIANNINI, M. S., "Decisioni amministrativi contenziose", in *Foro amm.*, I, 1949

GIANNINI, M. S., *Lezioni di diritto amministrativo*, Milano, 1950

GIANNINI, M. S., "Accertamenti amministrativi e decisioni amministrative", in *Foro it.*, IV, 1952

GIANNINI, M. S., "Atto amministrativo", in *Enc. dir.*, 1959

GIANNINI, M. S., *La giustizia amministrativa*, Roma, 1963

GIANNINI, M. S., *Istituzioni di diritto amministrativo*, Milano, 1981

GIANNINI, M. S., *Diritto amministrativo*, vol. II, Milano, 1993

GIANNITI, L. / STELLA RICHTER, "Urgenza", in *Enc. dir.*, vol. XLV, Milano, 1992

GÖLDNER, D., "Die Rücknahme rechtswidriger begunstigender Verwaltungsakte nach dem neuen Verwaltungsverfahrenrecht", in *DöV*, 1979

GOMES CANOTILHO, *Fidelidade à República ou Fidelidade à Nato?*, (Separata), Coimbra, 1987

GOMES CANOTILHO, *Direito Constitucional*, Coimbra, 1991

GOMES CANOTILHO, "Actos autorizativos jurídico-públicos e responsabilidade por danos ambientais", in *BFDUC* (Separata), 1993

GOMES CANOTILHO, "Relações poligonais, ponderação ecológica de bens e controlo judicial preventivo", in *RJUA*, n.º 1, 1994

GOMES CANOTILHO/VITAL MOREIRA, *Constituição da República Portuguesa Anotada*, Coimbra, 1993

GONZÁLEZ-CUÉLLAR SERRANO, *La Prueba en el Proceso Administrativo (Objeto, Carga y Valoración)*, Madrid, 1992

GONZÁLEZ PÉREZ, J., *El Principio General de la Buena Fe en el Derecho Administrativo*, 3.ª ed., Madrid, 1999

GRABITZ, M., "Der Grundsatz der Verhältnismäßigkeit in der Rechtsprechung des Bundesverfassungsgerichts", in *AöR*, 1973

GUICCIARDI, E., Recensione a K. H. Schmitt, "Treu und Glauben im Verwaltungsrecht. Zugleich ein Beitrag zur jurisitischen Methodenlehre", in *Arch. giur. dir. pubbl.*, 1936

HENKE, W., *Das subjektive öffentliche Recht*, Tübingen, 1968

HESSE, K., *Grundzüge des Verfassungsrechts der Bundesrepublik Deutschland*, Heidelberg, 1993

HUBER, H., "Vertrauensschutz", in *Verwaltungsrecht zwischen Freiheit, Teilbare und Bildung. Festgabe aus Anlass des 25 jährigen Bestehens des Bundesverwaltungsgericht*, München, 1978

HUERGO LORA, "El derecho a la tutela judicial efectiva de las Administraciones públicas en la jurisprudencia constitucional", in *Repertorio Aranzadi del Tribunal Constitucional*, III, 1999

HUERGO LORA, "Irrecurribilidad de los actos confirmatorios y reproductorios y prescripción de derechos", in *REDA*, 1999

HUFEN, F., *Fehler im Verwaltungsverfahren*, Baden-Baden, 1998

HUFEN, F., *Verwaltungsprozeßrecht*, 5.ª ed., München, 2003

IANNOTTA, R., *La giurisdizione del giudice amministrativo*, Milano, 1985

IÑAKI AGIRREAZKUENAGA, *La Coacción Administrativa Directa*, Madrid, 1990

ISABEL FONSECA, *Introdução ao Estudo Sistemático da Tutela Cautelar no Processo Administrativo*, Coimbra, 2002

JORGE MIRANDA, *Manual de Direito Constitucional*, IV vol., Coimbra, 2002

JORGE MIRANDA, "Os parâmetros constitucionais da reforma do contencioso administrativo", in *Reforma do Contencioso Administrativo*, vol. I (Debate Universitário), Lisboa, 2003

KELSEN, "Über Staatsungrecht", in *GrünhZ*, XL, 1914

KINDHAÜSER, *Gefährdung als Straftat: Rechtstheoretische Untersuchungen zur Dogmatik der abstrakten und konkreten Gefährdungsdelikte*, Frankfurt, 1989

KOPP, F. O. / RAMSAUER, U.,*Verwaltungsverfahrensgezetz. Kommentar*, München, 2003

KOPP, F. O./RAMSAUER, U., *Verwaltungsverfahrensgesetz. Kommentar*, Köln, Berlin, Bonn, München, 2000

KORMANN, K., *System der rechtsgeschäftlichen Staatsakte*, Aalen, 1962

KRAUSE, P., *Rechtsformen des Verwaltungshandelns. Überlegung zu einem System der Handlungsformen der Verwaltung mit Ausnahme der Rechtssetzung*, Berlin, 1974

KTISTAKI, S., *L'Évolution du Contrôle Juridictionnel des Motifs de l'Acte Administratif*, Paris, 1991

LANDON, P., *Histoire Abrégée du Recours pour Excès de Pouvoir des Origines à 1954*, Paris, 1962

LEDDA, F., *Il rifiuto di provvedimento amministrativo*, Torino, 1964

LEDDA, F., "Potere, tecnica e sindacato giudiziario sull'amministrazione pubblica", in *Dir. proc. amm.*, 1983

LEDDA, F., "La giurisdizione amministrativa raccontata ai nipoti", in *Jus*, 1997

LEHNER, M., "Der rückwirkende Widerruf von begüngstigenden Verwaltungsakten nach dem Eintritt einer Sachverhaltsänderung", in H. MAURER, *Allgemeines Verwaltungsrecht*, München, 13.ª ed., 2000

LEMASURIER, J., *Le Contentieux Administratif en Droit Comparé*, Paris, 2001

LENZ, K. H., *Das Vertrauensschutzprinzip. Zugleich eine notwendige Besinnung auf die Grundlage unserer Rechtsordnung*, Berlin, 1968

LERCHE, P., *Übermass und Verfassungsrecht. Zur Bindung des Gesetzgebers an die Grundsätze der Verhältnismässigkeit und der Erforderlichkeit*, München / Bonn / Berlin, 1961

LOMBARDI, L., *Dalla "fides" alla "bona fides"*, Milano, 1961

LONG, M./WEIL, P./BRAIBANT, G./DELVOLVÉ, P./GENEVOIS, B., *Les Grands Arrêts de la Jurisprudence Administrative*, Paris, 2001

LUCIANI, F., *Il vizio formale nella teoria dell'invalidità amministrativa*, Torino, 2003

MANGANARO, F., *Principio di buona fede e attività delle amministrazioni pubbliche,* Napoli, 1995

MANUEL DE ANDRADE, *Noções Elementares de Processo Civil,* Coimbra, 1976

MARCELLO CAETANO, *Manual de Direito Administrativo*, vol. I, 10.ª ed., Coimbra, 1980

MARGARIDA CORTEZ, "Responsabilidade civil da administração por danos decorrentes de actos administrativos ilegais", in *Seminário Permanente de Direito Constitucional e Direito Administrativo*, vol. I, Braga, 1999

MARIA JOÃO ESTORNINHO, *A Fuga Para o Direito Privado – Contributo para o estudo da actividade de direito privado da Administração Pública,* Coimbra, 1996

MÁRIO ESTEVES DE OLIVEIRA / RODRIGO ESTEVES DE OLIVEIRA, *Código de Processo nos Tribunais Administrativos – Estatuto dos Tribunais Administrativos e Fiscais – Anotados*, vol I, Coimbra, 2004

MARZUOLI, C., *Potere amministrativo e valutazioni tecniche,* Milano, 1985

MAURER, H., *Allgemeines Verwaltungsrecht*, 13.ª ed., München, 2000

MAYER, F., *Das Opportunitätsprinzip in der Verwaltung,* Berlin, 1963

MAYER, O., "Zur Lehre von der materiallen Rechtskraft in Verwaltungssachen", in *Arch. öff. Rechts,* 1906

MELO RIBEIRO, TERESA, "O risco de os processos cautelares se transformarem em processos principais: alguns exemplos práticos", in *CJA,* n.º 52, 2005

MERKL, A., *System der rechtsgeschäftlichen Staatsakte,* Berlin, 1910

MERKL, A., "Zum Problem der Rechtskraft in Justiz und Verwaltung", in *Zeitschr. öff. Rechts,* 1919

MERKL, A., *Die Lehre von der Rechtskraft,* Leipzig, Wien, 1923

MERUSI, F., *L'affidamento del cittadino,* Milano, 1970

MERUSI, F., "Il principio di buona fede nel diritto amministrativo", in *Scriti per Mario Nigro, II, Problemi attuali di diritto amministrativo,* Milano, 1991

MERUSI, F./TOSCANO, G., "Decisioni amministrative", in *Enc. giur. (Treccani),* vol. II, 1988

MORTATI, C., *La volontà e la causa n'ell atto amministrativo e nella legge,* Roma, 1935

NIGRO, M., *Le decisioni amministrative,* Napoli, 1953

NIGRO, M., "Decisione amministrativa", in *Enc. dir.,* XII, Milano, 1962

NIGRO, M., "Esperienze e prospettive del processo amministrativo", in *Studi in onore di A. Amorth,* vol. I, Milano, 1982

NIGRO, M., *Giustizia amministrativa,* 5.ª ed. revista por E. CARDI/A. NIGRO, Bologna, 2000

OLIVIER DUGRIP, *L'Urgence Contentieuse Devant les Juridictions Administratives,* Paris, 1991

OSSENBÜHL, F., *Die Rücknahme fehlerhafter begüngstigender Verwaltungsakte,* 2.ª ed., Berlin, 1965

OSSENBÜHL, F., "Vertrauensschutz im sozialen rechtsstaat", in *DöV,* 1972

PALOP, V., *El Recurso Contencioso-Administrativo de Lesividad,* Madrid, 2004

PAPINI, U., *L'annullamento d'ufficio degli atti amministrativi invalidi,* Firenze, 1939

PARADA VÁSQUEZ, "La expropiación urgente", in *Homenaje al Prof. Sayagués Laso,* Madrid, 1969

PATTI, S., "Libero convincimento e valutazione delle prove", in *Riv. dir. proc.,* 1985

PAULO OTERO, *O Poder de Substituição em Direito Administrativo. Enquadramento Dogmático-Constitucional,* II vol., Lisboa, 1995

PAULO OTERO, "Impugnações administrativas", in *CJA,* n.º 28, 2001

PAULO OTERO, *Legalidade e Administração Pública. O Sentido da Vinculação Administrativa à Juridicidade,* Coimbra, 2003

PEDRO GONÇALVES, "Advertências da Administração Pública", in *Estudos em Homenagem ao Prof. Doutor Rogério Soares,* Coimbra, 2001

PEDRO GONÇALVES, "A justiciabilidade dos litígios entre órgãos da mesma pessoa colectiva", in *CJA,* n.º 35, 2002

PERA VERDAGUER, F., *Expropiación Forzosa,* 4.ª ed., Barcelona, 1992

PEREIRA DA SILVA, V., *Para um Contencioso Administrativo dos Particulares – Esboço de uma Teoria Subjectivista do Recurso Directo de Anulação,* Coimbra, 1989

PEREIRA DA SILVA, V., *Em Busca do Acto Administrativo Perdido,* Coimbra, 1996

PEREIRA DA SILVA, V., "Breve crónica de uma reforma anunciada", in *CJA,* n.º 1, 1997

PEREIRA DA SILVA, V., "A acção para o reconhecimento de direitos", in *CJA,* n.º 16, 1999

PEREIRA DA SILVA, V., "2001: Odisseia no espaço conceptual do acto administrativo", in *CJA,* n.º 28, 2001

PEREIRA DA SILVA, V., *O Contencioso Administrativo no Divã da Psicanálise (Ensaio sobre as acções no novo processo administrativo),* Coimbra, 2005

PETTENKOFER, H., *Der Vertrauensschutz bei behördlichen auskünften und Zusagen,* Wüzburg, 1969

PHILIPPE, L., *Le Contrôle de Proportionnalité dans les Jurisprudences Constitutionnelles et Administratives Françaises,* Paris, 1990

PIETZKER, J., "Selbstbindung der Verwaltung", in *Neue Juristische Wochenschrift,* 1981

PIETZNER, R. / RONELLENFITSCH, M., *Das Assessorexamen im Öffentlichen Recht. Widerspruchverfahren und Verwaltungsprozess,* 10.ª ed., Düsseldorf, 2000

PIRES, R. CALÇADA, *O Pedido de Condenação à Prática de Acto Administrativo Legalmente Devido,* Coimbra, 2004

POLICE, A., *La predeterminazione delle decisioni amministrative. Gradualità e trasparenza nell'esercizio del potere discrezionale,* Napoli, 1997

PROTO PISANI, "Dell'esercizio dell'azione", in Allorio, *Commentario del codice di procedura civile,* I, Torino, 1973

PROTO PISANI, "Procedimenti cautelari", in *Enc. giur. (Treccani),* XXIV, Roma, 1991

QUEIRÓ, AFONSO, *Estudos de Direito Público,* vol. I, Coimbra, 1989

RANELLETTI, O., *Le guarentigie della giustizia nella pubblica amministrazione,* Milano, 1937

REBELO DE SOUSA, M., *O Pedido e a Causa de Pedir no Recurso Administrativo Contencioso,* Lisboa, 1972

REBELO DE SOUSA, M., "Regime do acto administrativo", in *Dir. Just.,* vol. VI, 1992

RICHTER, S., *L'inoppugnabilità,* Milano, 1970

RIVERO, J., "La distinction du droit et du fait dans la jurisprudence du Conseil d'État français", in *Le Fait et le Droit. Études de Logique Juridique,* Bruxelles, 1960

RIVERO, J., *Droit Administratif,* Paris, 1983

RIVERO, J., "Dualité de juridictions et protection des libertés", in *RFDA,* n.º 6, 1990

ROBIN DE ANDRADE, *A Revogação dos Actos Administrativos,* 2.ª ed., Coimbra, 1985

ROBIN DE ANDRADE, "Revogação administrativa e a revisão do Código do Procedimento Administrativo", in *CJA,* n.º 28, 2001

ROGÉRIO SOARES, *Direito Administrativo,* Coimbra, 1978

ROGÉRIO SOARES, *Interesse Público, Legalidade e Mérito,* Coimbra, 1955

ROGÉRIO SOARES, "A propósito dum projecto legislativo: o chamado Código de Processo Administrativo Gracioso", in *RLJ,* ano 115

ROGÉRIO SOARES, "O acto administrativo", in *Scientia Iuridica,* 1990

ROMANO TASSONE, *Contributo sul tema dell'irregolarità degli atti amministrativi,* Torino, 1993

RUI MACHETE, "A condenação à prática de acto devido – Algumas questões", in *CJA,* n.º 50, 2005

RÜPING, U., *Verwaltungswille und Verwaltungsakt,* Bonn, 1986

SACHS, M., *Grundgesetz Kommentar,* 2.ª ed., München, 2000

SÁINZ MORENO, "La buena fe en las relaciones de la Administración con los administrados", in *RAP,* n.º 89, 1979

SANDULLI, A., *La proporzionalità dell'azione amministrativa,* Padova, 1998

SANDULLI, A., "Il procedimento", in *Trattato di diritto amministrativo,* II (coord. S. Cassese), Milano, 2000

SANDULLI, A. M., *Manuale di diritto amministrativo,* Napoli, 1984

SANDULLI, A. M., "Questioni recenti di silenzio della pubblica amministrazione", in *Scritti giuridici,* Napoli, V, 1990

SANTAMARÍA PASTOR, "El problema de los plazos en el recurso contencioso-administrativo. Prescripción o caducidad?", in *RAP,* n.ºˢ 58-60, 1969

SANTAMARIA PASTOR, *La Nulidad de Pleno Derecho de los Actos Administrativos. Contribución a una Teoría de la Ineficacia en el Derecho Público,* Madrid, 1975

SANTI ROMANO, *Corso di diritto costituzionale,* Roma, 1926

SANTI ROMANO, "Osservazioni sulla invalidità successiva degli atti amministrativi", in *Scritti minori,* Milano, 1950

SANTISTEBAN, A., *Concepto y Régimen Jurídico del Acto Administrativo Comunitario,* Oñati, 1998

SCHMIDT, W., "Vertrauensschutz im öffentlichen Recht", in *JuS,* 1973

SCHMIDT-AßMANN, in T. MAUNZ/G. DÜRIG, *Kommentar zum Grundgesetz*, München, 2002

SCHMITT-GLAESER, W., "Anspruch Hoffnung und Erfüllung. Das Verwaltungsverfahren und sein Gesetz – eine einleitende Bemerkung", in W. SCHMITT-GLAESER, *Verwaltungsverfahren*, Stuttgart, 1977

SCHOCH, F./SCHMIDT AßMANN, E./PIETZNER, R.,*Verwaltungsgerichtsordnung, Kommentar*, 2.ª ed., München, 2003

SCHOLLER, H., "Selbstbindung und Selbstfreiung der Verwaltung", in *Verwaltungs Archiv*, 1968

SCHRÖDER, A., "Die Gefährdungsdelikte im Strafrecht", in *ZStW*, 1969

SCOCA, G., *Contributo sul tema della fattispecie precettiva*, Perugia, 1979

SEBOK, A. J., "The insatiable Constitution", in *South. Cal. Law Rev.*, 1997

SÉRVULO CORREIA, "O controlo jurisdicional da Administração no direito inglês", in *Estudos de Direito Público em Honra do Professor Marcello Caetano* (coord. de Freitas do Amaral e Outros), Lisboa, 1973

SÉRVULO CORREIA, *Noções de Direito Administrativo*, I, Lisboa, 1982

SÉRVULO CORREIA, *Legalidade e Autonomia Contratual nos Contratos Administrativos,* Coimbra, 1987

SÉRVULO CORREIA, "A arbitragem voluntária no domínio dos contratos administrativos", in *Estudos em Memória do Prof. Doutor João de Castro Mendes,* Lisboa, 1994

SÉRVULO CORREIA, "Impugnação de actos administrativos", in *CJA*, n.º 16, 1999

SÉRVULO CORREIA, "Acto administrativo e âmbito da jurisdição administrativa", in *Estudos em Homenagem ao Prof. Doutor Rogério Soares,* Coimbra, 2001

SÉRVULO CORREIA, *Direito do Contencioso Administrativo*, I, Lisboa, 2005

SÉRVULO CORREIA/DINIZ DE AYALA/RUI MEDEIROS, *Estudos de Direito Processual Administrativo*, Lisboa, 2002

SMITH, S. A. DE, *Constitutional and Administrative Law*, London, 1978

SOMMERMANN, P., "Die deutsche Verwaltungsgerichtsbarkeit", in *Speyerer Forschungsberichte*, Speyer, 1991

SORIANO GARCÍA, "Evolución del concepto de relación jurídica en su aplicación al Derecho Público", in *RAP*, n.º 90, 1979

TEIXEIRA DE SOUSA, *Estudos Sobre o Novo Processo Civil*, Lisboa, 1997

TEIXEIRA DE SOUSA, "Cumulação de pedidos e cumulação aparente no contencioso administrativo", in *CJA*, n.º 34, 2002

TOMMASEO, G., "I poteri a contenuto oggettivo. I profili sistematici", in *Riv. dir. civ.*, 1998

TRAVI, A., *Lezioni di giustizia amministrativa*, 5.ª ed., Torino, 2002

ULE, C. H., "Zur Anwendung unbestimmter Rechtsbegriff im Verwaltungsrecht", in *Gedächtnisschrift für Walter Jellinek*, München, 1955

ULE, C. H., *Verwaltungsprozeßrecht*, München, 1987

ULE, C. H. / LAUBINGER, H. W., *Das Verwaltungsverfahrensgesetz*, Köln, 1986

VEDEL, G., *Essai sur la Notion de Cause en Droit Administratif Français*, Toulouse, 1934

VEDEL, G., *Droit Administratif*, Paris, 1968

VIEIRA DE ANDRADE, "A revisão dos actos administrativos no direito português", in *Legislação – Cad. de Ciência de Legislação*, n.ºs 9 e 10, 1994

VIEIRA DE ANDRADE, "Algumas reflexões a propósito da sobrevivência do conceito de acto administrativo no nosso tempo", in *Estudos em Homenagem ao Prof. Doutor Rogério Soares*, Coimbra, 2001

VIEIRA DE ANDRADE, "A aceitação do acto administrativo", in *BFDUC* (Separata), 2002

VIEIRA DE ANDRADE, *"Tutela cautelar"*, in *CJA*, n.º 34, 2002

VIEIRA DE ANDRADE, *A Justiça Administrativa (Lições)*, 6.ª ed., Coimbra, 2004

VIEIRA DE ANDRADE, "O novo modelo de impugnação judicial dos actos administrativos – tradição e reforma", in COLAÇO ANTUNES / /SÁINZ MORENO, *O Acto no Contencioso Administrativo – Tradição e Reforma (Colóquio Luso-Espanhol)*, Coimbra, 2005

VILLATA, R., "Nuove riflessioni sull'oggetto del processo amministrativo", in *Studi in onore di A. Amorth*, vol. I, Milano, 1982

VILLATA, R., "Riflessioni introduttive allo studio del principio del libero convincimento del giudice nel processo amministrativo", in *Dir. proc. amm.*, n.º 2, 1990

VIRGA, G., *Attività istruttoria primaria e processo amministrativo*, Milano, 1990

VIRGA, P., *Il provvedimento amministrativo*, Milano, 1968

VITTA, C., "Nozione degli atti amministrativi e loro classificazione", in *Giur. it.*, IV, 1906

VITTA, C., "Gli atti certificativi e le decisioni amministrative", in *Giur. it.*, IV, 1924

WADE, W., *"Administrative Justice in Great Britain"*, in A. PIRAS, *Administrative Law: The Problem of Justice*, I, Milano, 1991

WADE, W./FORSYTH, C., *Administrative Law, Oxford,* 2000

WOEHRLING, J.-M., "Le contrôle juridictionnel du pouvoir discrétionnaire en France", in V. PARISIO, *Potere discrezionale e controllo giudiziario,* Milano, 1998

WOLFF, H./BACHOF, O./STOBER, R., *Verwaltungsrecht*, I, München, 1994

WOLFF, H./BACHOF, O./STOBER, R., *Verwaltungsrecht*, II, München, 2000

ZANOBINI, G., *Scritti vari di diritto pubblico,* Milano, 1955

ZANOBINI, G., *Corso di diritto amministrativo,* vol. I, Milano, 1958

ÍNDICE

Nota prévia 9

I – Quadro compreensivo da justiça administrativa
1. A justiça administrativa no dealbar do terceiro milénio. Abertura problematizante 13
2. O processo administrativo como objecto dogmático de uma justiça insaciável 21
3. Centralidade da relação jurídica administrativa na concepção do direito administrativo e do seu processo 28
4. A matriz subjectivista do processo administrativo 35
5. Os conceitos de acção e de pretensão 43
6. O processo administrativo como processo especial de partes... 47
7. O princípio da justiça material. O mérito 53
8. O âmbito da jurisdição administrativa portuguesa 58
9. Unidade e dualidade de jurisdições: um olhar pelo direito comparado 64

II – Uma pequena viagem pela teoria do acto administrativo: refracções processuais
1. A decisão administrativa como pensamento do acto 79
2. O princípio da boa-fé como regra fundamental da actividade administrativa 106
3. O conceito de acto administrativo e a sua relevância para a nova justiça administrativa 118
4. A impugnabilidade do acto administrativo 137

III – O controlo jurisdicional do acto administrativo

1. O objecto do processo administrativo impugnatório 151
2. À procura de um controlo jurisdicional mais intenso: do desvio de poder à violação de lei 161
3. Facto administrativo indeterminável e controlo jurisdicional 182
4. Relevância e autonomia processual do controlo de proporcionalidade 206
5. Um caso especial: a acção de condenação na presença de discricionaridade administrativa 221

IV – Implicâncias dogmáticas da reforma da justiça administrativa no direito substantivo

1. Metaestabilidade substantivo-processual. Considerações introdutórias 235
2. Aprofundamento substantivo-processual das implicações dogmáticas da reforma 241
3. A revogação dos actos administrativos e a reforma da justiça administrativa 255
4. Inventário de outras implicações substantivas 280

V – Ensinar a justiça do direito administrativo num tempo global 289

Modestas conclusões 295

Bibliografia 301